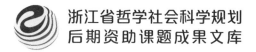

浙江省哲学社会科学规划
后期资助课题成果文库

社群交往
与情感团结

对网络游戏社群的互动仪式链观察

诸葛达维　著

社会科学文献出版社
SOCIAL SCIENCES ACADEMIC PRESS (CHINA)

■ 2021 年度浙江省哲学社会科学规划后期资助课题"情感交往与社群团结研究——以网络游戏社群的互动仪式链为视角"（21HQZZ026YB）成果

序言：知识大融通背景下的人类心灵研究

李思屈

情感与游戏，是人类精神运动的两大内生动力，也是迄今为止尚未被破解的两大奥秘。

面对日益加速发展的社会，当今学术很容易迷失在表象层面的追新求异，而丢失核心问题，从而影响到学理研究的深度和知识的有效积累。在互联网时代，网络正聚合产生着新型的社群关系，人们通过网络完成情感共享与互动交流，形成共同的精神空间。而网络游戏社群的形成，正是这种精神空间和人际互动的预演。所以，不管有多少变换着的网络新用语、炒作中的网络资本新概念，只要我们抓住情感与游戏这类精神现象及其符号表现，就有可能从无际的"变易"中抓住永恒的"不易"，并获得理论把握上的"简易"。

因此，当我打开这部《社群交往与情感团结——对网络游戏社群的互动仪式链观察》的时候，心中有一种喜悦。这种专注于核心问题的深入研究，能够在喧哗的时代给人一种思想的宁静。

这本书是关于情感与游戏的系统深入的实证研究，作者力图突破单一学科限制而运用综合的学科视野，同时在符号学应用方面实现一些推进。我想借此机会从下面三个方面略做展开，谈一谈自己的体会和想法，与同好者交流。

一　更加系统的实证研究

游戏作为一种特殊形态的互动，是人类情感互动的独特现象。尽管游戏在很多严肃的学者和道德界人士那里，往往会未经思考就被划入"小儿科"，但事实上它却是人类文化的一种基本结构。在这种意义上，人其实就是赫伊津哈所说的"游戏者"，"游戏是文化本质的、固有的、不可或缺的、绝非偶然的成分，游戏就是文明，文明就是游戏"（赫伊津哈，2007）。

赫伊津哈之前，康德、席勒等思想家都对游戏的本质和特征有经典的论述，只是当代长于实证而拙于思辨的学术界未能很好地承接其学统，推进其研究。如何充分利用当代自然科学和社会科学的方法与成果，推进游戏与情感的研究，既关系到我们对人类心灵的深入探究，也关系到我们对时代精神在永恒运动中的细节把握。

如果说，此前关萍萍博士（2012）的《互动媒介论：电子游戏多重互动与叙事模式研究》是以"互动媒介"之名对游戏互动叙事的纵深式探索的话，那么诸葛达维博士的这部《社群交往与情感团结——对网络游戏社群的互动仪式链观察》则是对游戏与情感的一次更系统的研究。诸葛达维博士在理论脉络与研究框架方面都做了扎实的准备，其在相关的现当代学术文献回顾与概念梳理上所下的功夫，能为相关的研究提供一个清楚的学术图景。从中，我们能够快捷地了解学术界关于网络空间中社群互动交往与情感团结研究、网络空间中族群认同的传播机制研究、网络空间互动交往中的互动仪式研究、网络游戏的一般互动机制研究、网络游戏的情感体验机制研究、游戏动机与社会交往研究、游戏玩家的文化认同研究、游戏社群交往与资本积累研究等研究领域的大致情况。本书探讨了游戏与情感在推动人类文明进程中的作用与机制，展现了网络游戏社群互动仪式的生成机制，以及中国游戏玩家人群画像分析等相关进展与成果。

二　更加广泛的综合视野

琴棋书画作为古代文人游戏的高雅的方式，在中国文化有突出的精神内容。所以，中国的游戏研究动辄以康德、席勒、赫伊津哈等人为前驱的时候，我们需要提醒自己的是：如何保持一种中西交融、学科互补的综合视野？

"昨夜敲棋寻子路，今朝对镜见颜回"。

稍有中国传统文化素养的人能够瞬间明白上面这句诗的弦外之音：其中的"子路"和"颜回"都是双关语。"子路"指围棋棋子安放的位置，"颜回"指照镜子看看自己的容颜。

我们不必知道孔门弟子子路和颜回是不是下围棋以自乐，但《论语·阳货》里确实有孔子对围棋这种游戏的评价："子曰：饱食终日，无所用心，难矣哉！不有博弈者乎？为之，犹贤乎已。"孔老先生一句"犹贤乎已"，足可成许多担心下围棋影响修齐治平的君子的心理安慰和精神支持。

博弈，其实可以泛指诸多游戏，这并不妨碍中国古代传统上用博弈特指下围棋。在中国文化里，游戏远远超越了棋局本身。

许慎就直接将"弈"解释为："弈，围棋也。"至于孟子关于"弈秋"的那段话，如今已经进入中国的语言课本，成为国民文化素养的一部分了："弈秋，通国之善弈者也。使弈秋诲二人弈，其一人专心致志，惟弈秋之为听。一人虽听之，一心以为有鸿鹄将至，思援弓缴而射之，虽与之俱学，弗若之矣。为是其智弗若与？曰：非然也。"（《孟子·告子上》）

在把游戏当成"小儿科"的人看来，这段话只是单纯的励志教训，但客观地说，这段文字也是十分难得的古代"围棋指导课"的记录，生动地记载了当时的围棋国手和教师弈秋在课堂上教两个学生下棋的故事。我们在其中得到以小见大的儒家教育思想的启发的同时，从游戏史和游戏与情感研究的角度也能得到一些宝贵的线索：那个时代，围棋已经有了专门的教师和专业的教学。那个时代，围棋这种游戏已经比较普及，进而成为圣人和亚圣随口引证的"例子"。至于后来围棋被列入"琴棋书画"中，它们共同成为文化的固定板块和文人士大夫身份的符号，则是中国文化精神的合逻辑运动演进的结果。其中围棋的技术理论、围棋哲学、围棋思维，以及围棋与生活智慧，都是在这一精神演进的历史中不断丰富完成的。

在21世纪的今天，人类的精神演进逻辑被人工智能与基因编程注入新内容。情感与游戏这两大奥秘的破解，也直接关系到人与高智能机器人的区别的界定和"新轴心时代"对人的本质和价值的重新确立。因此，在今天的学术研究中，我们需要更大范围的视野融合。

按照爱德华·威尔逊在其《知识大融通：21世纪的科学与人文》对未来学科的融合趋势的描述，那将是跨越伦理与艺术、哲学与宗教、人类学、心理学、物理学、数学及新兴的人工智能、机器人科学等学科领域，走向高度融合的人文科学、社会科学与自然科学。在此融合中，人机将实现共存，物理世界与虚拟世界将更加交互并行，人－物理世界的二元空间将转变为人－物理世界－智能机器－虚拟世界的四元空间，学科界限将被进一步打破，呈现出知识大融通之下学科交叉汇聚并深度融合的蓬勃发展之态势（威尔逊，2016）。

今天的科技已让人类拥有可以改变自身生物本性的力量，人性与文化、自我与社会都将被重新定义。现代学科体制下破碎的知识风景，需要有雄心大志的新学者将其重新整合。对游戏与情感的重要理解，需要人文、社科、认知科学的视野融合。

我们知道，情感是人的认知、行为及其社会组织方式潜在的重要影响力量，因而集体情感同时也是摧毁一种社会结构、变革社会文化的动力来源。网络游戏与传统的电影、音乐等娱乐媒介相比，最大的特点在于其情感的沉浸体验和互动性。网络社会在情感与互动方面表现出的一些基本特征，如"身体不在场"而情感在场、陌生人之间的互动等，都是我们理解网络社会的重要线索。可喜的是，在《社群交往与情感团结——对网络游戏社群的互动仪式链观察》这部书中，其诸多研究内容已经表现出迈向综合视野方向的努力。

在学科融合的大背景下，眼动研究等认知实验研究手段在当代传播学、符号学中的应用，是当前学术界追求融合的重要努力。诸葛达维博士应用眼动实验研究发现，在微观心理与生理机制上，网络游戏互动能够激发游戏玩家的社会情感认知。这一社会情感会在情感能量的跨情境动力机制作用下，沿着玩家与玩家的游戏内互动延伸到现实生活中的人际关系与文化情感认知中。玩家通过游戏互动传播文化符号，分享情感体验，建构了志同道合的游戏玩家社群。玩家通过组织互动仪式活动增进了社群成员的情感团结与文化认同，建构了新型的仪式化生活。

如果未来有更多的青年学者加入这一方向的努力上来，则完全有希望获得"新文科"所追求的突破性成果。

三　符号学的动态考察

从符号学切入游戏与情感问题的研究，长期受到学术界的重视。但也许是由于定位于"共时研究"的缘故，源自欧美的符号学传统常常难免有静态考察的偏向，从而与中国传统的周易符号学"生生之谓易"的动态观大异其趣。

从 2015 年开始，我就特别看重符号的动态属性，关注仪式与符号的
内在关系，提出了"仪式是动态的符号，符号是静态的仪式"（李思屈，
2015）的观点。然而要影响目前传播符号学研究的静态文本认知倾向谈
何容易。在此背景下，本书引用互动仪式链理论，从玩家的游戏交往与
符号互动角度进行的符号学研究就成为一大亮点。

互动仪式链理论是当代西方符号学理论中较少地关注符号与动态交
往，而是强调仪式、情感与符号在人类传播与文化建构过程的重要作用
的理论。诸葛达维博士把网络游戏作为文化创意产品、作为精神符号的
一种创造，将游戏世界中的情感互动与交往视为纯粹的精神符号传播活
动，较好地发挥了互动仪式链理论的解释力，同时也通过一系列研究在
许多方面推进了互动仪式链理论。

诸葛达维在博士生阶段就完成了针对兰德尔·柯林斯《互动仪式
链》的细读训练，对相关理论做了较为深入的研究。因此他对这一理论
的应用相对显得更加得心应手，不仅有游戏互动与互动仪式的联系与区
别的考察，有对互动仪式（IRs）链理论"身体共在"条件的认真讨论，
还有当代中国游戏爱好者及其在场互动特征的描述。在有关网络游戏的
互动仪式机制研究部分，"玩游戏"与"看游戏"的互动仪式机制分别
得到了分析，使其"游戏互动仪式的情感传播机制模型"有了较好的学
理基础。

在游戏玩家社群交往与情感团结研究部分，我对以"仙剑后援会"
社群为个案的互动仪式市场团结研究比较感兴趣。其中关于玩家社群情
感团结的仪式机制和作为新型仪式化生活与情感传播的网络游戏的讨论，
既有民族志研究的可读性，又有理论洞察的思辨性，对我很有启发意义。

四　精神的运动超越知性

与抽象的概念运动不同，心灵往往只是一连串有意识或无意识的主
观体验，它不能直接像物质事件那样呈现，却可以某种密码的方式通过
物质现象表现出来，成为各种精神符号。

游戏与情感就是这类精神符号密集产生、呈现和消失的领域。对游
戏与情感，包括网络沉迷，这类人的非理性部分的探索，有望打通人文、
社会科学和自然科学之间的区隔，从而让人文社会科学理论增加宝贵的

预测能力。

人的知性，即对抽象概念的把握和把世界概念化的能力，只是精神运动的特定形态和特定阶段。只是在工具理性和科技中心主义的条件下，知性被误解成为理性，工具异化成主体，手段异化成目的。但是，正如爱德华·威尔逊所言，如果我们依赖人工替代品来维持自身和生物圈的活力，所有的事物终将变得脆弱；如果我们抛弃其他生命形态，人类必定永远贫乏；如果我们放弃人类天性，接受仪器辅助下的理性，并且以进步为名，将伦理、艺术和生命意义屈服于散漫不经的习惯之下，幻想自己如神一般尊贵而不受古老精神传承的束缚，那么我们将变得什么也不是。

经典的精神价值形态，如宗教、艺术、哲学中那些流传久远的作品，尽管有太多的个人想象成分，但其内在的动力，仍然是精神运动的力量，其所凭借的仍然是人类本质的根源。当今天一部分人"沉迷"于比旧石器时代的仪式更为久远的游戏中，从沉浸式的体验中获得情感能量和社会团结强化的纽带时，我们要吁请理性的学术给非理性的体验多一点理解。科学技术的进一步发展将会证明，无论在人类文明进步的历时维度，还是在社群团结的共时维度，游戏和游戏中的情感对人类文明的建构和人类社会的整合都具有重要意义。我们期待更多更深入的相关成果出现。

谨以此文祝贺《社群交往与情感团结——对网络游戏社群的互动仪式链观察》的正式出版，是为序。

参考文献：

爱德华·威尔逊：《知识大融通：21 世纪的科学与人文》，梁锦鋆译，中信出版社，2016。

关萍萍：《互动媒介论：电子游戏多重互动与叙事模式研究》，浙江大学出版社，2012。

李思屈：《精神符号学导论》，《中外文化与文论》2015 年第 3 期。

约翰·赫伊津哈：《游戏的人：文化中游戏成分的研究》，何道宽译，花城出版社，2007。

目　录

第一章 绪论：开启情感传播的跨情境视角

21 世纪初，社会学家曼纽尔·卡斯特指出，互联网的崛起形塑了一种与工业时代以能源为基础的技术范式迥然不同的信息技术范式，这一新的技术范式促进了网络社会的崛起。他指出："作为一种历史趋势，信息时代的支配性功能与过程日益以网络组织起来。网络建构了我们社会的新社会形态。"① 随着万物互联时代的到来，互联网对人们的生产生活实现了全面渗透，互联网不仅使人们的生产生活方式发生了变化，而且使人们的思维方式、行为模式、社会组织形态也发生了潜移默化的转变，人类社会的互动交往与传播形态正在经历"重新部落化"。网络社群作为一种基于互联网聚合产生的新型人际关系，是当今互联网社会人际关系的重要组织形态。人们因共同的兴趣爱好与文化价值取向在互联网空间聚集，通过情感共享与互动交往形成诠释性社群，实现了人与人从媒介技术的连接到情感的团结。

在互联网影响世界的众多应用中，网络游戏②自互联网诞生之日起就对人们的生活产生重要影响。网络游戏社群也是互联网中用户规模最大、活跃度最高、存在时间最长久的社群之一。同时，随着游戏化思维的普及，许多移动 App 都融入了游戏的色彩，如微信抢红包、微信运动、滴滴打车、支付宝蚂蚁森林等。有学者曾将网络空间的人际交往比喻成一种重塑自我的游戏。③ 未来学家简·麦戈尼格尔（Jane McGonigal）甚至提出游戏是通往未来的重要线索。④ 可见，网络游戏及

---

① 引自曼纽尔·卡斯特，《网络社会的崛起》，夏铸九、王志弘等译，社会科学文献出版社，2003，第 569 页。
② 根据中国语境，本研究将基于计算机、手机、视频等数字技术的游戏统称为网络游戏，因本研究聚焦的是游戏社群，因此不再具体区分单机游戏、手机游戏、电脑游戏等以媒介载体为划分的类型。
③ 黄少华、陈文江：《重塑自我的游戏：网络空间的人际交往》，兰州大学出版社，2002。
④ 参见简·麦戈尼格尔，《游戏改变世界——游戏化如何让现实变得更美好》，闾佳译，浙江人民出版社，2012。

其社群是我们在互联网时代进行人际互动与数字化生存的重要预演。对网络游戏及其社群的研究也成为传播学、社会学、心理学等学科共同关注的重要领域。

第一节　研究问题与研究意义

一　研究缘起与研究问题

社会结构在现实中具有三个水平：人际互动的微观水平、社群单元的中观水平、国家体制等构成的宏观水平。这三个水平相互嵌套、相互影响。中观水平的社会结构，即社群单元，是宏观与微观力量交互作用的媒介，它不仅受到自上而下的宏观社会制度与文化的影响，而且受到自下而上的微观社会互动的建构。中观水平的社群单元是宏观社会结构建立的基本材料，同时，从本质上来说，中观水平的结构是宏观水平作用于微观水平人际互动的渠道。① 因此，中观水平的社会建构成为传播学、社会学研究的重点。目前关于社群单元建构的研究，大多偏重于宏观的制度层面，而未充分考虑到微观互动的主观维度（成伯清，2011）。宏观角度的研究主要是从民族—国家视角为切入点，是自上而下的社会建构的路径。微观角度的研究主要是从人与人的微观社会互动为切入视角，是自下而上的社会建构的路径。宏观与微观视角代表着两种不同的社会建构进路。在如今的后现代社会中，自下而上的微观社会互动与社会运动正在成为社会与文化建构的突出现象。在我国，从改革开放初期的家庭联产承包责任制的大胆探索，到阿里巴巴开创"天下没有难做的买卖"的互联网商业模式；从闲置资源优化配置的共享经济，到新冠肺炎疫情期间企业自发探索的共享员工模式等，都是社会成员微观社会互动的创新性成果。社会学家乔纳森·特纳指出，社会结构从终极意义上来看是由微观人际互动建立的，宏观结构是由中观的社群单元有机建构而成的。微观层面的人际互动能够挑战、强化或者潜在建构社群单元的文化，如果这种建构力量足够强的话，那么宏观层面的体制及整个国家

---

① 参见乔纳森·特纳《人类情感——社会学的理论》，孙俊才、文军译，东方出版社，2009，第60～71页。

的文化也可能被建构。① 因此，通过微观的社会互动去探索中观与宏观社会的建构具有合理的事实逻辑。

受传统西方经济学思维的影响，传统的社会学研究习惯将人假设为理性人，认为人是自身利益的追求者，以实现自身利益的最大化为目标（丘海雄、张应祥，1998）。然而理性人假设无法对社会传播现象中的情感问题、潜意识行为等做出有效的解释，更无法对社会交往中的非理性行为做出令人满意的回答。因此，20 世纪 70 年代以后，情感研究在社会科学领域开始出现并受到重视。

情感是微观互动的关键力量。情感社会学认为，情感一方面是文化和社会结构动力机制的关键，另一方面是人际互动的关键。② 人的认知、行为及其社会组织方式几乎都受到情感的影响。在人际互动和群体中，情感是隐藏在对他人的社会承诺背后的力量，也是决定社会结构形成的力量。同时也是摧毁社会结构和变革社会文化的集体行动的动力来源。③ 在微观的人际互动水平上，情感是非常重要的力量，情感唤醒正是这种微观层面人际互动最终导致中观和宏观水平社会文化建构的导火索。④ 社会建构论认为，情感与社会是相互建构的关系。一方面，社会文化对于情感形成和传播具有重要影响；另一方面，情感也建构着社会文化。作为社会价值观内化载体的情感，具有指示社会的宗教、政治、道德、美学、社会实践等文化体系的作用，它的表达和使用也必将支持和维护这一整套社会文化系统。⑤ 心理学研究者（隋岩，2020）将人们的情感传播行为称为情绪社会分享（social sharing of emotion）。可见，情感通过社会互动与传播分享，能够影响宏观的社会关系。个体的微观情感一旦被分享出来，进入人际传播渠道，就可能沿着人们的社会关系网络快速

---

① 参见乔纳森·特纳《人类情感——社会学的理论》，孙俊才、文军译，东方出版社，2009，第 63~64 页。
② 参见乔纳森·特纳、简·斯戴兹《情感社会学》，孙俊才、文军译，上海人民出版社，2007，第 242 页。
③ 参见乔纳森·特纳《人类情感——社会学的理论》，孙俊才、文军译，东方出版社，2009，第 7 页。
④ 参见乔纳森·特纳《人类情感——社会学的理论》，孙俊才、文军译，东方出版社，2009，第 64 页。
⑤ See Armon-Jones C., "The Social Functions of Emotion," in Harré Rom ed., *The Social Construction of Emotions* (New York, NY: Blackwell, 1986), pp. 57–82.

蔓延和传递。因此，有学者提出，关于情感社会传播的研究"应当聚焦于网络组织结构分析，考虑网络中成员的相关地位对于增进情绪体验社会分享的作用"。① 社会网络组织作为一种共同体单元，其实质是一种充满情感的社会关系网络。成伯清（2011）认为，"无论从哪个方面，我们都有充分的理由将共同体的实质归结为共同情感"。马克米兰和查韦斯（McMillan and Chavis, 1986）认为，"共享的情感纽带"是"真正的共同体的决定性因素"。鲍曼在探讨共同体时，也引用了"相互的、联结在一起的情感""温馨的圈子"的说法。② 郭景萍（2006）指出，集体行动是情感性的，情感成为新社会运动内在的本质构成。可见，情感是社群等社会网络凝聚与团结的关键要素。正因为情感在人类社会建构中拥有如此核心的位置，我们应该重视情感的分析角度，通过观察人们的情感交往与社会互动去研究社会与文化的建构问题。

那么，情感是如何在社会网络中传播的？社会网络中的哪些因素又影响着情感的传播？互动仪式理论为我们解答这一问题提供了重要启发。仪式与情感具有密切联系。仪式能够产生情感，是激发情感的刺激活动。怀特海指出，当全社会维系于同一仪式、同一情感时，仪式活动就显得尤其威严，情感也变得特别活跃。③ 涂尔干指出，宗教仪式通过赋予文化符号以神圣意义，唤醒膜拜者的情感，使他们体验到团结感。④ 欧文·戈夫曼进一步指出，这种仪式的情感机制不仅存在于宗教活动中，它还广泛渗透到面对面的日常互动中。美国社会学家兰德尔·柯林斯在前人基础上提出了互动仪式链（IRs）理论，对社会互动仪式中的情感传播机制做了系统解答。柯林斯认为，仪式是一种相互专注的情感和关注机制，它形成了一种瞬间共有的现实，因而会形成群体团结和群体成员

---

① 引自 Curci, A., and Bellelli, G., "Cognitive and Social Consequences of Exposure to Emotional Narratives: Two Studies on Secondary Social Sharing of Emotions," *Cognition and Emotion* 18（7），2004, pp. 881 - 900.
② 参见齐格蒙特·鲍曼《共同体》，欧阳景根译，江苏人民出版社，2007，第 5～6 页。
③ 参见 A. N. 怀特海《宗教的形成·符号的意义及效果》，周邦宪译，贵州人民出版社，2007，第 5 页。
④ 参见乔纳森·特纳、简·斯戴兹《情感社会学》，孙俊才、文军译，上海人民出版社，2007，第 59～61 页。

性的符号。① 柯林斯指出，互动仪式（IR）是人们最基本的活动，是一切社会结构形成的基础。"社会中的大部分现象，都是通过各种互动仪式形成和维持的。"② "小范围的即时即地发生的面对面互动，是行动的场景和社会行动者的基点……也是人们互动的情感和无意识方面的基点。"③ 柯林斯将整个社会看作一个长的互动仪式链条，并指出，社会结构的基础是"互动仪式链"。④ 人们通过互动仪式获得情感能量与符号资本的满足。与人们日常生活中短暂情绪体验不同，情感能量作为互动仪式的产出结果是一种长期的较为稳定的积极情感。因此，互动仪式实际上是一个情感变压器（emotion transformer）⑤，能够将投入其中的个体情绪转换凝聚为一种集体性的长期情感。这与特纳关于微观水平的情感互动是宏观社会与文化建构的基质的情感社会学观点是一致的。因此，互动仪式链是我们研究情感是如何在社会网络中形成、传播，进而促进群体团结的重要理论视角。

过去由于传播条件的限制，人类在很长一段时间内的社会活动被限制在较小的空间范围，这一时期关于社会网络组织的情感传播研究也大多局限于地缘、血缘等具有亲密关系的人际圈层。如今，随着互联网与通信技术对人们社会生活的全面渗透，人们不可避免地进入数字化生存状态，人们的社交范围也随着互联网的延伸而极大拓展，网络空间成为人们社会活动与互动交往的重要情境。随着网络空间互动已成为现代社会人际交往的重要方式，网络空间成为当今时代人们进行仪式化的社会交往与文化传播的重要公共领域。

目前关于互联网公共领域的交往与传播研究逐渐引起传播学者的注意，相关研究在近几年也呈现快速增长趋势。但现有研究所采取的范式与视角大多沿用传统媒介研究的分析思路，对互联网公共领域传播中出现的新现象与新问题关照不够，相关理论的解释性与研究创新性也稍显不足。具体体现在以下两方面。

---

① 兰德尔·柯林斯，《互动仪式链》，林聚任、王丽君译，商务印书馆，2009，第36页。
② 兰德尔·柯林斯，《互动仪式链》，林聚任、王丽君译，商务印书馆，2009，第3页。
③ 兰德尔·柯林斯，《互动仪式链》，林聚任、王丽君译，商务印书馆，2009，第31页。
④ 兰德尔·柯林斯，《互动仪式链》，林聚任、王丽君译，商务印书馆，2009，第1~2页。
⑤ 兰德尔·柯林斯，《互动仪式链》，林聚任、王丽君译，商务印书馆，2009，第160~164页。

　　一方面，在目前关于网络社会公共领域的交往与传播研究大多沿革哈贝马斯开创的理性协商范式，对互联网中的情感传播问题关照不足。哈贝马斯强调公众的理性能力在公共领域辩论与协商机制中的重要性。他认为"舆论是依赖公共理性和审议而形成，假设所有参与者都具有理性能力，愿意遵守共同制定的规范并以平等、真诚的态度参与审议"。[①]可以看出，哈贝马斯的公共领域理论沿用了经济学中理性人的假设，强调公众的理性人角色。在此范式的影响下，目前关于互联网公共领域的探讨多是偏重于讨论网民能成为哈贝马斯所希望的理性公众，而现实的情况是互联网中的公众在舆论与热点事件中大多是情绪化的。可见，哈贝马斯的理论对公共领域中情感问题探讨不足。越来越多的学者在反思哈贝马斯公共领域解释性的时候也提出，哈贝马斯忽略了公共领域社会交往中的"情感"要素，呼吁研究者重视"情感"在公共领域构成中的作用。Goodman（2006）在研究公共领域传播问题时发现其中既有理性的讨论，也有媒体的煽情和炒作、消费主义文化、故事化的讲述、对公众的道德呼吁、公众的激情等感性因素。这些在建构公众主体性的过程中都发挥着重要作用。我们应该把这些纳入公共领域的研究。杨国斌（2009）通过对网络事件的研究发现，"公共领域未必仅仅是冷冰冰的话语，激情反而可能给公共领域带来活力"，活跃的公共领域应该是有激情的公共领域。林宇玲（2014）指出，"哈贝马斯的审议模式不适用于多元价值的社会或虚拟的网路空间，乃因它太强调沟通理性和共识"，我们"应跳脱'网路是不是公共领域'的争论，转向关注'网路的众声喧哗，究竟对公共领域造成何种影响'"。袁光锋（2014）指出，互联网中的"情感"具有仪式性的特征。互联网对社会传播的影响并不在于它仅仅为信息传达提供了新的渠道，更在于它构造了人们借"情感"形成的意义互动关系。可见，公共领域研究的传统理论对情感问题解释不足，情感传播在互联网公共领域研究中长期处于缺位状态。因此，对互联网公共领域的情感传播研究就显得尤为重要。

　　另一方面，互联网虚拟情境与以往的面对面的实体情境不同，不同

---

① 转引自林宇玲《网路与公共领域：从审议模式转向多元公众模式》，《新闻学研究》2014 年第 118 期。

传播情境塑造的传播现象与传播规律是不同的。互动仪式理论作为情境动力学，强调以情境为研究出发点。情境有其自己的规律或过程，这是互动仪式理论关注的内容。不同情境的互动结构是不同的，进而会导致不同的宏观社会结构。因此，我们需要有一种格式塔的转变。① 在以往的面对面互动情境中，互动的存在者都是以身体在场为特征的社会交往，而互联网虚拟情境的社会交往是以"身体不在场"为基本特征的（黄少华，2002）。存在论认为，存在是存在者的存在。情境存在方式的不同必然导致存在者在传播现象与规律方面的一系列变化。

值得注意的一点是，不同情境虽然有不同的传播特点，但有一个要素是跨情境流动的，这就是情感。柯林斯指出，情感能量的形成和维持是跨情境的。② 因此，我们可以通过对情感能量在不同情境中的流变进行观察，进而研究穿梭于不同情境间的人际关系与传播议题。

综上所述，在传统媒体时代，受制于媒介传播的限制，面对面的人际交往与基于地缘关系的社会关系是传播研究关注的重点议题。在互联网上半场，基于互联网虚拟情境的线上社交进入大众视野，网络传播成为学术界关注的重点议题。而以元宇宙为发展趋势的互联网下半场，融入了线上虚拟社群又关照现实世界的数字化生存，这将成为今后传播研究的新议题。我们需要对线上与线下跨情境的社会交往现象研究进行系统考察。本书的研究站在互联网转场的交接点上，以跨情境的情感能量为线索，考察人类的情感交往在联结与促进虚拟世界与现实世界互动中的作用与机制，为解答跨情境的社群交往与情感团结现象进行系统探究。

二 研究视角与研究意义

在进行理论研究时，我们需要寻找典型对象作为切入点。社会科学经验研究通常需要通过选择典型的对象作为样本，通过对该对象的深入分析揭示出其背后普遍的规律，从而为理论研究做出贡献。

目前，关于网络社群情感传播与互动仪式研究大多是基于论坛、网

---

① 兰德尔·柯林斯，《互动仪式链》，林聚任、王丽君译，商务印书馆，2009，第32～36页。

② 乔纳森·特纳、简·斯戴兹，《情感社会学》，孙俊才、文军译，上海人民出版社，2007，第63页。

站、微博来研究的。这些研究包括民族宗教社群的网络认同研究，也有青年亚文化研究，也有媒介使用研究等。这些研究都从各种视角为研究网络空间中人们情感互动与社群建构议题做出了自己的贡献。为了更典型地研究情感在网络社群中的传播与社会建构机制，笔者选择以网络游戏社群作为切入视角，其理由与研究意义如下。

第一，网络游戏是典型的网络互动媒介，研究网络游戏互动机制对于认识网络互动具有重要意义。网络游戏是互动性极强的媒介。网络游戏与传统的电影、音乐等娱乐媒介相比最大的特点在于其互动性。无论是计算机游戏还是与其他玩家游戏，网络游戏的叙事进程与意义体验都需要玩家的互动操作才能进行。可以说，不同玩家的互动与玩家的不同互动操作都能带来不同的游戏意义与情感体验。因此，网络游戏具有彻底的互动性，这是其他娱乐媒介所不能比拟的。格罗戴尔（Grodal，2000）也指出，网络游戏与传统娱乐媒体（电视剧与电影）最显著的区别在于其互动性（Interactivity）。这一互动性方式调动了玩家在互联网游戏世界中的社会互动的积极性。网络游戏的互动性也正是网络社会交往的基本特征。网络交往是一种以"身体不在场"为基本特征的人际交往，是一场陌生人之间的互动游戏（黄少华，2002）。在网络社会，网络游戏是基于计算机中介的互动媒介，网络游戏互动行为天然地就与网络互动联系在一起。玩家操作游戏、交流心得、分享体验等都是网络互动的典型方式。因此，研究网络空间的游戏互动机制对于认识网络互动具有重要意义。

第二，人是情感的动物，网络游戏是典型的情感互动媒介，通过研究游戏玩家互动中的情感能够发现人类最原始的属性。网络游戏是互联网中的娱乐类应用，欢愉体验与情感传播是其主要媒介特征。刘研（2014）认为，游戏者使用网络游戏文本进行多态互动的实质是进行情感传播。徐静（2015）也认为，游戏玩家尤其是青少年玩家全情投入到网络游戏世界中主要是由于网络游戏的情感驱动。而情感性结果是网络游戏行为对玩家产生的最显著性影响。因此，情感体验和互动居于核心的重要地位，它既是一种青少年游戏玩家的网络游戏核心动力因素，也是一种结果性的产出。许多游戏玩家在访谈中也表示，之所以玩游戏是因为"游戏好玩""紧张""刺激""开心"等充满情感体验。简·麦戈尼格尔提出过游戏是我们乐观向上地做着一件自己擅长并享受的事情。游戏活动的全情投入，能提升人们的幸福感。赫伊津哈（2007）指出，"正是这样的激情投入和全神贯注里存在着游戏的本质，存在着它最原始的属性"。

第三，玩网络游戏是一种社交互动方式，游戏社群是网络社群共同体中的典型代表。国内外许多研究者都发现，社会交往是人们玩游戏的主要动机之一（Bartle，1990；Leung，L，2001；Yee，2006a；才源源等，2007；钟智锦，2010）。许多网络游戏爱好者在访谈中表示，玩游戏可以"认识新的朋友""联系好久不见的朋友"。因此，网络游戏是开展人际交往的重要途径之一，我们能够通过游戏互动观察网际空间的人际互动。社群化是当今互联网中社会关系的主要组织形式。网络游戏与互联网的天然联系使得游戏玩家具有熟练地利用网络建构文化社群的能力，游戏玩家组织的公会、论坛、群组、后援会、帮会等都是游戏社群的具体形态。中国互联网信息中心发布的《第44次中国互联网络发展状况统计报告》显示，截至2019年6月，我国网民规模达8.54亿人。[①] 而中国音数协游戏工委等发布的《2019年中国游戏产业报告（摘要版）》显示，2019年中国游戏用户规模达到6.4亿人，较2018年提高了2.5%，并处于持续扩大中。[②] 可见，游戏玩家的规模非常庞大。游戏玩家及其组织社群是我们研究网络社会不可忽视的重要群体。早在2015年，腾讯企鹅智酷公布的《中国移动社群生态报告》就显示，兴趣爱好、交友情感与网络游戏社群是陌生人社群中最活跃的代表。而网络游戏具有兴趣爱好与社交情感的综合特点，在所有热门社群类型中，游戏类社群的粉丝与用户访问量最多，是互联网虚拟社群中的典型代表。[③] 因此，对游戏玩家社群互动研究能够发现网络社群形成与发展的内在动力机制，对研究网络社会的社群认同与情感团结具有重要意义。

第四，游戏范式对洞察未来的传播实践范式研究具有重要意义。随着万物互联时代的到来，受众获得信息的方式越来越便捷，信息与娱乐

---

① 中国互联网信息中心，《第44次中国互联网络发展状况统计报告》，2019，第1页。

② 中国音像与数字出版协会游戏出版工作委员会（GPC）、国际数据公司（IDC），《2019年中国游戏产业报告（摘要版）》，中国书籍出版社，2019，第1页。

③ 企鹅智酷，《中国移动社群生态报告》，2015年8月6日。

不再是简单的二分对立,游戏的需求日益成为人们日常休闲娱乐的重要组成部分,其内在的逻辑与规则也逐渐在传播活动中发挥着重要作用。我们可以看到,游戏化思维正在对包括新闻、短视频、直播、社交媒体等所有媒介及应用进行广泛渗透,受众的传播模式日渐趋向于游戏模式。因此,对网络游戏及其社群的解剖研究也将对互联网中广泛存在的娱乐与社交互动具有实际参考价值。喻国明等人(2019)研究指出,技术变革下媒介对受众的赋能方式趋近于游戏,游戏范式正成为未来传播的主导性实践范式,在游戏范式视角下,未来线上用户所处的媒介景观是类似于游戏的存在。随着游戏精神与游戏化思维的普及,会有越来越多的互联网应用采用游戏化思维运用。因此,游戏理论与游戏研究可以为互联网空间的人际交往研究提供有益启发。

　　第五,网络游戏不只是"小孩子玩的",它已成为网络社会的大众流行文化。对网络游戏玩家社群的研究不只对青少年研究有意义。在今天,没有人会与网络游戏完全隔绝。几乎所有的泛用型计算设备都可以玩网络游戏。即使不常玩游戏的人们其手机中也存有几款休闲类的小游戏。世界范围内,在29.7亿互联网网民中,约有18亿人是网络游戏玩家,占网民总人数的60.6%。[①]网络游戏从小众文化发展成大众流行文化,游戏玩家从边缘群体转变成普通人群,网络游戏所处的时代语境发生了显著的变化。而且,网络游戏不是小孩子的专利,游戏玩家的平均年龄正在逐渐上升。美国娱乐软件协会(Entertainment Software Association;ESA)在2011年的调查显示,美国网络游戏玩家平均年龄37岁,[②]网络游戏已不局限于仅是"小孩子玩的"东西。此外,研究显示,网络游戏与学习成绩并不是简单线性负相关关系,成绩优秀的女生非游戏玩家的比例较低(刘德寰、肖轶,2014)。何威等人通过对《人民日报》近40年关于电子游戏报道的话语分析发现,以《人民日报》为代表的主流媒体对电子游戏的报道发生了从"洪水猛兽""电子海洛因"到"载舟覆舟""中国创造"的转变。可见,中国主流媒体已经对网络游戏实

---

① 游迅网,《2014年全球游戏产业报告:日本玩家最爱花钱、美国产值最高》,http://www.yxdown.com/news/201407/129458.html,最后访问日期:2015年11月30日。

② ESA,《美国网络游戏玩家平均年龄37岁》,http://news.17173.com/content/2012-01-13/20120113163622747.shtml,最后访问日期:2015年11月30日。

现了认知上的转向。因此，我们对网络游戏的研究也要与时俱进，将其纳入更广阔的文化范畴来思考与研究，通过科学研究破除偏见式的意见表达，用更加理性的视角审视游戏及其社会意义。

第六，游戏作为文明诞生的摇篮，对社会发展具有重要推动作用。传统的游戏学研究关注游戏对个人发展与文明进化的关系。游戏是通向精神自由与推动文明进步的桥梁，是人类最原始的生存方式。康德认为，"游戏"是"活动的自由和生命力的畅通"，是人的诸多认识能力中的一种自由协调活动，是一种"无目的的合目的性"的追求自由的行为。席勒更是提出了弥合人性分裂与"追求自由的形式"的活动，他指出："只有当人在充分意义上是人的时候，他才游戏；只有当人游戏的时候，他才是完整的人。"① 赫伊津哈将游戏视为产生文化与孕育文明的摇篮。他通过文化史学研究指出，人类文明是在游戏中孕育和成长的。"初始阶段的文明是游戏的文明，它在文明之中诞生，它就是游戏，且绝不会离开游戏。"② 游戏往往促进社群的形成，游戏社群往往笼罩着神秘的气氛，即使游戏结束之后，这些游戏的社群往往也能成为永久性的社群。③ 因此，游戏已经成为在人类文化所有领域中的一种基本结构。"游戏是文化本质的、固有的、不可或缺的、绝非偶然的成分，游戏就是文明，文明就是游戏。"④ 因此，赫伊津哈将人视为游戏者，并将整个人类历史视为游戏发展进化的过程。网络游戏是古老游戏文化在当代的具体形式，因此，笔者选择网络游戏作为研究人类互动交往与社群团结的对象具有历史传统。

第七，在理论层面，从网络游戏互动仪式链视角切入研究人类社会的社群交往与情感团结议题不仅对于古老的游戏学研究具有推进作用，而且对从动态符号机制角度研究传播符号学具有推动作用，也有助于丰富情感社会学的理论。

---

① 席勒，《审美教育书简》，张玉能译，译林出版社，2012，第48页。
② 约翰·赫伊津哈，《游戏的人：文化中游戏成分的研究》，何道宽译，花城出版社，2007，第5页。
③ 约翰·赫伊津哈，《游戏的人：文化中游戏成分的研究》，何道宽译，花城出版社，2007，第13~14页。
④ 约翰·赫伊津哈，《游戏的人：文化中游戏成分的研究》，何道宽译，花城出版社，2007，第6~7页。

在游戏学方面，古老的游戏学研究传统大多是从哲学抽象层面与宏观的历史文化层面对游戏与文明发展的关系进行研究，缺乏从日常生活的微观社会互动层面的研究。并且，传统的游戏研究缺少从社会情感方面对其进行动力性的建构研究。史丹纳在给赫伊津哈《游戏的人：文化中游戏成分的研究》一书作序时指出，赫伊津哈本人的偏见使他的游戏文明论没有吸收最新研究成果，尤其是心理学的成果。① 而且他研究游戏采用的是历史的方法，这使得他无法充分利用科学研究（自然科学与社会科学）的方法与成果。网络游戏作为文化与科技融合的符号形态，是古老游戏学研究对象中不曾出现过的新的游戏形式。因此，网络游戏研究是游戏学研究的重要补充。网络游戏研究是一个技术与内容、科技与文化相互交织的研究领域，是一个横跨自然科学与人文社科两大科学部类的综合研究领域。国际游戏开发者协会（International Game Developer Association；IGDA）提出的研究网络游戏的框架包括游戏与社会、游戏系统与游戏设计、技术技能、互动性、故事设计、创作与脚本。② 关于社群交往与情感团结的网络游戏研究正是游戏与社会研究框架中的重要选题。因此，对网络游戏情感互动仪式的研究，能够观察游戏活动与日常生活的连接关系，是传统游戏研究的重要补充。同时，融合了符号互动论、拟剧论、常人方法论、社会建构论和情感社会学等理论的互动仪式链理论，可以弥补传统游戏学理论研究的不足，对于丰富游戏学理论具有重要意义。

在传播符号学方面，从互动仪式角度研究游戏的符号互动问题对丰富传播符号学理论研究具有重要的创新意义。目前关于传播符号学的研究大多停留在文本层面的静态符号学研究。偶有关于网络游戏的传播符号学研究也大多停留在游戏文本层面的符号分析与内容叙事研究，较少从玩家的游戏交往与符号互动角度进行传播符号学研究。我们知道，仪式是动态的符号，符号是静态的仪式。运动是永恒的，静止是相对的。我们从互动仪式角度研究游戏情感互动议题对传播符号学理论研究来说

---

① 史丹纳在为赫伊津哈作序时提出对赫伊津哈的三大批评之一。另两个批评分别是："赫伊津哈混淆高雅和猥琐，对当代文明抱悲观的态度"与"赫伊津哈的许多论述缺乏佐证"。

② 关萍萍，《互动媒介论——网络游戏多重互动与叙事模式》，浙江大学出版社，2012，第16页。

具有重要的理论创新意义。卡西尔曾经说过，人是符号的动物。"符号化的思维和符号化的行为是人类生活中最富于代表性的特征。"① "我们应当把人定义为符号的动物（animal symbolicum）来取代把人定义为理性的动物。只有这样，我们才能指明人的独特之处，也才能理解对人开放的新路——通向文化之路。"② 米德进一步指出，人类互动的本质是符号互动。③ 互动仪式链理论作为当代符号互动论的最新成果，强调仪式、情感与符号在人类传播与文化建构过程中的重要作用，是研究人类社会互动与情感传播规律的重要理论工具。网络游戏作为文化创意产品，是精神符号创造的产物。游戏是意义隽永的文化现象，玩家在游戏世界中的情感互动与交往是纯粹的精神符号传播活动。因此，以网络游戏互动仪式为视角进行社群交往与情感团结研究，能够观察人类精神演化与交往的互动传播规律，对于传播符号学向精神符号学方向推进具有重要意义。从仪式互动角度研究意义传播中的情感问题将开启传播符号学在语用维度与认知维度之外另一个新的探索维度。

此外，以网络游戏的情感交往与社群互动为视角的研究对情感社会学理论推进也具有重要意义。情感社会学研究发现，情感对于个人与社会发展具有重要作用。情感是把人与人联系起来的"粘合剂"，可以生成对广义的社会与文化结构的承诺。情感社会学研究指出，情感不仅产生于生物结构的大脑，也产生于持久的社会关系互动。④ 社会学家戈登指出，一个社会的文化情感不仅通过语言，而且通过仪式、艺术形式和其他文化成分揭示出来。⑤ 游戏玩家的社会情感也产生于持久的社会关系互动，通过互动仪式表现出来。这种文化情感是形成游戏玩家社群组织的内在动力。游戏社群反过来又为玩家的情感交往与认同实践提供了社会场域。因此，游戏玩家的社群交往与情感团结也是情感社会学的研究对象。传统的情感社会学大多关注的是面对面的、身体在场的社会情

---

① 恩斯特·卡西尔，《人论》，甘阳译，上海译文出版社，1985，第35页。
② 恩斯特·卡西尔，《人论》，甘阳译，上海译文出版社，1985，第37页。
③ 乔治·H. 米德，《心灵、自我与社会》，赵月瑟译，华夏出版社，1998，第11页。
④ 乔纳森·特纳、简·斯戴兹，《情感社会学》，孙俊才、文军译，上海人民出版社，2007，第26页。
⑤ 乔纳森·特纳、简·斯戴兹，《情感社会学》，孙俊才、文军译，上海人民出版社，2007，第26页。

境中的情感传播问题。而网络游戏的情感互动主要是发生在虚拟情境中的，以身体不在场为特征的社会交往。虚拟情境中的情感交往与社会传播是情感社会学研究中的新现象。包括互动仪式链在内的大多数情感社会学理论大多是基于现实社会的社会互动与社会运动提出的，它们在以互联网为代表的虚拟情境中的理论适用性有待检验。因此，笔者通过对网络游戏的互动仪式活动进行研究，对情感社会学的相关理论进行检视，从而丰富情感社会学的理论。

第二节　理论脉络与研究框架

游戏是人类最为古老的活动之一，也是迄今为止参与人数最多、活跃度最高的人类文化活动之一。历史上，游戏作为一种意义隽永的存在，对个人发展与社会进化都具有重要促进作用。我们对游戏情感互动与社会团结的研究实际上是在研究人类意义生产与文化建构的永恒主题。网络游戏作为游戏文化在当代社会的集中体现，是我们进行游戏研究的重点领域。网络游戏的传播与组织方式是网络社会人际互动与组织生存的基本形态。因此，我们以网络游戏玩家互动仪式的切入研究人类社群交往与情感团结的议题，需要具体从游戏玩家的微观社会互动入手，研究他们从微观游戏互动到宏观社群组织建构，从虚拟游戏关系拓展到现实生活关系的一系列互动仪式过程，从而揭开情感在互联网时代促进互动交往与社群团结建构的传播特点与机制。

一　理论脉络

柯林斯指出，互动仪式（IR）是人们最基本的活动，是一切社会学研究的基点。这里就是我们的社会心理学、我们的符号互动或策略互动、我们的存在主义现象学或常人方法论、我们的讨价还价、游戏、交换或理性选择方面的经验的/体验的场所。① 人类社会的交往与互动本质上是符号互动。我们知道，仪式是动态的符号，符号是静态的仪式。互动就是传播，传播必然互动。因此，互动仪式属于广义的符号互动，是传播

---

① 兰德尔·柯林斯，《互动仪式链》，林聚任、王丽君译，商务印书馆，2009，第31页。

符号学的重要理论。我们知道，网络游戏行为是典型的符号互动，是互动仪式，也是典型的传播符号活动。

因此，网络游戏理论研究的语境势必随同人文社会学科的文化研究的总体趋势，由现象描述转向深层结构研究。这是深刻研究网络游戏互动传播与社会发展的必由之路。传播符号学作为研究意义生成与文化建构的科学，并与社会学、文化学、心理学等学科在符号学原理层面相互对话，可以实现网络游戏研究的深化，即可以通过研究网络游戏符号互动的机制探索网络游戏对社会发展的深远影响。

在游戏学研究传统中，仪式是游戏研究的重要视角。仪式行为具有游戏的一切形态特征和基本特征。柏拉图毫无保留地承认仪式和游戏的同一性。① 赫伊津哈也指出，游戏与仪式在形式上没有明显的区别，原始社会的仪式是纯粹精神意义上的游戏。② 可见，游戏与仪式在历史上具有很深的渊源。网络游戏作为游戏文化在当代的具体表现形态具有仪式的特征。在历史上，仪式是人类精神生活的第一缕曙光，③ 仪式激发了社会取向的情感，形成和保持对社会结构与文化承诺的重要力量。这与游戏作为孕育文明的摇篮，是文明的基础柱石的作用机制具有相似性。因此，本研究以传播符号学为理论取向，以游戏玩家的互动仪式为视角，探讨人类社群交往与情感团结的传播机制与特点。

（一）仪式在传播符号学研究中的兴起

传播学研究的是"交流"问题，而任何形式的交流都需要借助符号互动来完成。结构主义符号学认为，"大体来说，符号学的疆界（如果它有的话）和结构主义接壤：两个学科的兴趣基本上是相同的。从长远看来，两者都应被囊括在第三个容量很大的学科内。它简单地叫作交流。"④ 可见，符号学是传播研究重要组成部分。

---

① 约翰·赫伊津哈，《游戏的人：文化中游戏成分的研究》，何道宽译，花城出版社，2007，第19页。
② 约翰·赫伊津哈，《游戏的人：文化中游戏成分的研究》，何道宽译，花城出版社，2007，第6~11页。
③ A. N. 怀特海，《宗教的形成：符号的意义及效果》，周邦宪译，贵州人民出版社，2007，第5页。
④ 特伦斯·霍克斯，《结构主义和符号》，瞿铁鹏译，刘峰校，上海译文出版社，1997，第127页。

　　传播学与符号学的天然联系产生了传播符号学。约翰·费斯克（John Fiske）指出，传播是意义的生产与交换，并鲜明地指出传播研究不仅有过程学派，还有符号学派。过程学派视传播为信息的传递，关注的焦点在于传送者和接收者如何进行译码和编码，以及传送者如何使用传播媒介和管道。它探讨传播的效果和正确性问题。符号学派则视传播为意义的生产与交换，关注的是讯息以及文本如何与人们互动并产生意义。①符号学派之所以重要，是因为人的传播行为深层次上是意义建构，而符号是意义的载体。

　　因此，传播符号学的基本的逻辑是：传播离不开符号，符号的意义在传播中生成，其生成和流变的规律，构成了人类意义生产和文化建构的基本法则。②这一学理逻辑揭示的不仅是传播学的关切问题，也是社会科学所关注的问题。因此，构成文化的整个社会行为领域事实上也是按照符号的运行机制在活动的。

　　詹姆斯·凯瑞关于传播的仪式观使得仪式进一步进入传播研究的视野。凯瑞在《传播的文化取向》中首次提出"传播的仪式观"，以区分传统的"传播的传递观"。传递观指信息的"传授、发送、传送，或把信息传给他人，源自地理和信息方面的隐喻，指信息得以在空间传递和发布的过程，以达到对距离和人的控制"。仪式观视角里的传播与分享、参与、联合、团体、拥有共同信仰这一类词有关，反映了共性、共有、共享与沟通在古代有着同一性和共同的词根，指讯息"在时间上对一个社会的维系"。③凯瑞以"仪式"作为传播的隐喻，将传播视为维系社会存在的纽带，意味着传播活动与人类社会历时同样悠久，传播在本质上不仅仅是信息的物理传输过程，而是社会关系和社会生活得以维系的一切文化与意义活动。郭建斌等人辨析了"传播的仪式观"与"传播的传递观"的研究区别指出，这是一种范式取向的不同，"传播的仪式观"走的不是传统的"效果"研究的思路，而是对人类传播活动的"意义"

---

① 约翰·菲斯克，《传播符号学理论》，张锦华等译，远流出版事业有限公司，1995，第14页。
② 李思屈、刘研，《论传播符号学的学理逻辑与精神逻辑》，《新闻与传播研究》2013年第8期。
③ 詹姆斯·凯瑞，《作为文化的传播："媒介与社会"论文集》，丁未译，华夏出版社，2005，第3～7页。

阐释。因此，詹姆斯·凯瑞"传播的仪式观"在传播研究学术史上具有"文化转向"的意味，这是文化人类学意义上的文化（也即"意义之网"），而不仅仅是文本或实物意义上的文化。这一文化人类学意义上的转向表明仪式是一种表意的文化实践活动，也印证了"仪式是动态的符号"的传播符号学观点。刘建明（2018）通过对凯瑞的仪式观研究指出，仪式与传播是一种本体关系，而不是以往认为的类比关系，这关涉传播学研究基本的本体论问题，他指出，仪式与互动是同一关系，仪式作为一种符号互动是传播的本体。此外，蒋晓丽和何飞（2016）研究指出，仪式传播、符号传播在本质上是共通的。我们暂且不去讨论仪式是不是传播的本体，单就仪式作为人们符号互动与情感传播的重要方式而言，对我们进行传播研究就具有重要意义。

（二）互动仪式理论的发展脉络

虽然各学科对仪式的解释不同，但各个学科在某些方面也形成了一定的共识。邓志强（2019）通过对仪式的多维学科诠释指出，各学科关于仪式的界定都具有参与者的亲身在场、特定的时空场域、具有象征符号、具有结构化程序等构成要素。并且，各学科都承认仪式具有能够激发情感能量、协调社会关系、强化个体认同、推动义务转为习惯、表明身份转变、促进社会团结等共性功能。这一梳理为仪式在人文社科各领域的研究打通了学理脉络。

在纵向的历史脉络中，关于仪式理论的研究传统大致经历了潜认知仪式主义、功能主义仪式主义和探寻纲领及其文化转向。由于本书重点使用的是互动仪式链理论，故在梳理有代表性的仪式理论传统后，重点介绍互动仪式链理论。

潜认知仪式主义的代表人物是涂尔干。他指出，"仪式是行为规则，这些规则规定了一个人在那些神圣的对象面前应该如何表现自己"（Durkheim 1912/1965，56）。这一仪式分析传统的目的在于了解思想观念如何产生于社会实践。涂尔干1912年鲜明地提出了这一点，开始时作为特例，后来变成了一般性的观点。我们发现，仪式的潜认知主义通常是根据现实的仪式实践去解释人的认知。符号学一直关注意义的认知作用，其讨论的问题有许多实际上是属于认知范畴。很多符号学者都在做认知符号学研究，却没有自称"认知符号学者"的，实际上索绪尔、皮尔斯、艾柯、霍夫迈尔都是认知符号学者。赵毅衡（2015）指出，符号学本来就是认知符号学。皮尔斯在为符号学奠基时，就已经极端强调认知与解释。可以说，符号学，尤其是延续至今的皮尔斯符号学，实际上一直是认知符号学，皮尔斯本人也是最早探讨认知问题的学者之一。①从符号与认知的关系来看出，以涂尔干为代表的前认知主义仪式传统实际上就是符号学的传统。

　　来自功能主义仪式论的最重要的贡献者是欧文·戈夫曼。戈夫曼将仪式描述为确立社会道德秩序的人人遵守的行为规则，具有功能主义特点。戈夫曼认为，仪式可以是一种非正式和世俗的活动，代表了一种个体必须守卫和设计的行动的符号意义方式，同时直接呈现对其有特别价值的对象。戈夫曼在继承了涂尔干理论的基础上，将仪式分析运用到日常生活互动的方方面面，拓展了仪式的应用场景。这为我们用仪式机制研究日常生活中的互动提供了理论依据。

　　仪式的准则探寻纲领及其批判实际上是仪式分析的结构主义及其文化转向。准则探寻纲领将仪式看成社会结构的结点，而且正是在仪式中群体创造出它的符号。这一传统使人们不去关注仪式行动的微观人类学研究，而只关注符号系统。这一传统遭到了其追随者的批评，因为他们忽略了意义实际上是被情境建构的。准则探寻纲领完全丢弃了涂尔干的仪式行动。对准则探寻纲领的批判产生了文化转向。文化转向是对涂尔干—戈夫曼仪式分析传统的回归和提升，提出了互动仪式理论。互动仪式理论强调，互动仪式首先是一种关于情境的理论，互动仪式是一个动态的符号过程，而非静态的符号。它在符号意义认知的基础上，趋向文化符号的情境属性。互动仪式理论为符号建构提供了一个过程模型；它在说明何时及在何种程度上这些意义被分享、被具体化和被强加，什么时候它们是短暂的以及大多数介于其间的情况之时，有更大优势。②

　　从以上仪式理论的演变传统来看，源自涂尔干并经由戈夫曼等人发展而来的基于情境的互动仪式理论是我们研究互动传播现象最有用的仪式理论脉络。兰德尔·柯林斯在梳理了这一仪式理论传统的基础上提出

---

① Stephens. G. L. , "Cognition and Emotion in Peirce's Theory of Mental Activity," *Transactions of Charles Sanders Peirce Society* 2 （Spring Issue）, 1981, pp. 131 – 140.

② 兰德尔·柯林斯，《互动仪式链》，林聚任、王丽君译，商务印书馆，2009，第67页。

了综合符号互动论、拟剧论、常人方法论、社会建构论和情感社会学及有关社会心理学理论的互动仪式链理论。他指出：仪式是一种相互专注的情感和关注机制，它形成了一种瞬间共有的现实，因而会形成群体团结和群体成员性的符号。[①] 这为研究情感是如何通过仪式化的微观互动促进群体团结提供了系统性的路径。

二　传播符号学视野下的互动仪式（IRs）链理论框架

（一）兰德尔·柯林斯的互动仪式理论

柯林斯指出，"社会中的大部分现象，都是由人们的相互交流，通过各种互动仪式形式形成和维持的"。[②] "小范围的即时即地发生的面对面互动，是行动的场景和社会行动者的基点……也是人们互动的情感和无意识方面的基点。无论用哪种基本术语说，这里就是我们的社会心理学、我们的符号互动或策略互动、我们的存在主义现象学或常人方法论、我们的讨价还价、游戏、交换或理性选择方面的经验的/体验的场所。"[③] 因此，从某种意义上说，互动仪式是微观情境行动的主要形式，强调了社会传播现象微观分析的基础性与优先性。他指出，宏观过程来自互动网络关系的发展，来自局部际遇所形成的链条关系，即互动仪式链。微观层面的互动是行动的场景和社会行动者的基点，它将揭开大规模宏观社会变迁的一些秘密。因此，柯林斯将整个社会看作一个长的互动仪式链条，并指出，社会结构的基础是"互动仪式链"。[④] 郭建斌等人最新的研究指出，在人类学、社会学关于仪式的讨论中，兰德尔·柯林斯的《互动仪式链》是直接对仪式与传播问题进行系统讨论并且做出最为精妙论述的成果。这为我们从传播符号学视野下开展互动仪式链研究奠定了坚实的理论基础。

1. 互动仪式链理论模型

兰德尔·柯林斯将互动仪式描绘成一组具有因果关联与反馈循环的过程。该理论模型如图 1 - 1 所示。

---

① 兰德尔·柯林斯，《互动仪式链》，林聚任、王丽君译，商务印书馆，2009，第 36 页。

② 兰德尔·柯林斯，《互动仪式链》，林聚任、王丽君译，商务印书馆，2009，第 3 页。

③ 兰德尔·柯林斯，《互动仪式链》，林聚任、王丽君译，商务印书馆，2009，第 31 页。

④ 兰德尔·柯林斯，《互动仪式链》，林聚任、王丽君译，商务印书馆，2009，第 1~2 页。

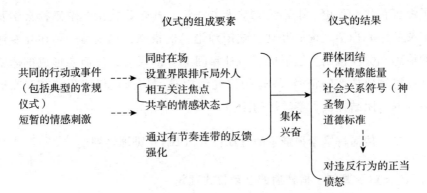

图 1 - 1　互动仪式链的相互关注/情感连带模型

该模型具有四个组成要素或起始条件：（1）两个或两个以上的人聚集在同一场所，因此不管他们是否会特别有意识地关注对方，都能通过其身体在场而相互影响。（2）对局外人设定了界限，因此参与者知道谁在参加，而谁被排除在外。（3）人们将其注意力集中在共同的对象或活动上，并通过相互传达该关注点，彼此知道了关注的焦点。（4）人们分享共同的情绪或情感体验。

当组成要素有效地综合，并积累到高程度的相互关注与情感共享时，参与者会有以下四种互动体验的结果：（1）群体团结，一种与认知相关的成员身份感。（2）个体的情感能量（Emotion Energy；EE），即一种采取行动时自信、兴高采烈、有力量、满腔热忱与主动进取的感觉。（3）代表群体的符号，使成员感到自己与集体相关。这也是涂尔干说的"神圣物"。（4）道德感：维护群体中的正义感，尊重群体符号，防止受到背弃者的侵害。与此相对的是违背群体团结及其符号标志所带来的罪恶或不得体的感觉。[①]

2. 互动仪式的核心机制——共同关注与情感连带

从互动仪式理论模型可以看出，互动仪式的核心是一个过程，在该过程中参与者发展出共同的关注焦点，并彼此相应感受到对方身体的微观节奏与情感。[②] 其中，共同关注的焦点与有节奏的情感连带是互动仪

---

① 兰德尔·柯林斯，《互动仪式链》，林聚任、王丽君译，商务印书馆，2009，第86～87页。

② 兰德尔·柯林斯，《互动仪式链》，林聚任、王丽君译，商务印书馆，2009，第85页。

式运行的核心机制，即模型中第三项与第四项。这两项有节奏地相互强化与彼此反馈，造成集体兴奋，成为互动仪式发展共享情感的关键机制。柯林斯指出，"互动仪式理论的核心机制是，高度的相互关注，即高度的互为主体性，跟高度的情感连带——通过身体的协调一致、相互激起/唤起参加者的神经系统——结合在一起，从而导致形成了与认知符号相关的成员身份感；同时也为每个参加者带来了情感能量，使他们感到有信心、热情和愿望去从事他们认为道德上容许的活动"。① 这一机制与米德所说的扮演他人的角色具有相似性。大量关于发展认知的研究证明了相互关注与情感连带在情感符号与认知形成方面的重要性。儿童在经历了共同关注与情感连带的"九月革命"② 之后，就进入了一个拥有共享情感符号的成熟的人类世界。此时的儿童会在父母面前表现出故意撒娇的自主情感意识行为；同时，他们在与外部环境的互动也开始内化，如与熟悉的小伙伴大声说话，而与陌生人小心低声说话。因此，伴随着相互关注与情感连带机制的互动成长，儿童逐渐学会了情感符号的表达与控制，建构了情感的意义世界。

3. 互动仪式是情感团结的市场

互动仪式具有类似经济学上的市场特征。柯林斯将跨时空的社会际遇的整体宏观分配，视作不同强度的互动仪式的市场。③ 互动仪式过程，是保持社会结构和文化的关键要素。这些综合性仪式跨越时空的传递可导致宏观结构的生产和再生产。④ 在互动仪式市场上交换的不是具体的物质商品，而是具有抽象意义的符号资本与情感能量。当人们追逐着符号资本和情感能量在社会际遇中流动，宏观的社会结构将随之发生一系列变化。久而久之，随着特定符号属性与情感能量取向的人们在社会中的聚集，互动仪式市场中就形成了仪式群体的情感团结。

（二）萨默－伊弗勒的互动仪式链理论

萨默－伊弗勒在柯林斯的基础上对互动仪式链理论进行了扩展，她

① 兰德尔·柯林斯，《互动仪式链》，林聚任、王丽君译，商务印书馆，2009，第79页。
② 兰德尔·柯林斯，《互动仪式链》，林聚任、王丽君译，商务印书馆，2009，第126页。
③ 兰德尔·柯林斯，《互动仪式链》，林聚任、王丽君译，商务印书馆，2009，第200页。
④ 乔纳森·特纳、简·斯戴兹，《情感社会学》，孙俊才、文军译，上海人民出版社，2007，第245页。

的突出贡献体现在如下两个方面。一是她将柯林斯的理论模型进行简化，并运用到组织活动的情感传播中，提出组织互动的基本动力结构。二是她将符号互动论中的自我概念和神经生物学中的生理机制引入柯林斯的互动仪式链理论中，为心理学与认知神经科学关于情感的理论与方法运用到互动仪式活动分析中提供了跨学科的桥梁。

1. 组织互动的基本动力结构

萨默－伊弗勒（Summers-Effler, 2010）认为，对组织群体而言，互动仪式能够产生集体情感，并将这种情感进行符号化表征，形成组织仪式互动的情感资源基础。组织中的个人又利用仪式所产生的情感和符号，引发之后的社会互动，这个循环模式，即"互动－情感－符号－互动"，是组织互动的基本动力结构（见图1－2）。

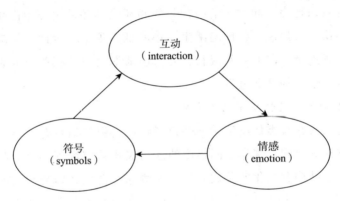

图1－2　组织仪式互动的动态结构

2. 跨学科贡献：引入情感传播的神经生理机制

萨默－伊弗勒（Summers-Effler, 2004）对柯林斯的互动仪式理论的突出贡献在于，将符号互动论中的自我概念和神经生物学中的生理基础机制引入柯林斯的互动仪式链理论中，进一步发展了互动仪式理论。她认为文化被维持是因为文化成为身体感受的标记，能够唤醒产生情感体验的生理系统。当文化被另外的符号所表征时，这种符号成为激活控制情感唤醒身体系统的刺激物，由此产生对文化的承诺。

传统的互动仪式理论强调仪式互动亲身在场的必要性，而萨默－伊弗勒强调情感认知反应的基础作用，认为只要感受到"仿佛与原始刺激在场时生成情绪性生理反应的过程一样"[1] 就能激发互动仪式机制。这一理论突破尤其适用于包括网络游戏在内的身体不在场的互动仪式情境。她还指出，当人们把以神经活动为基础的情绪反应用符号表征为各种情感时，就赋予了文化以意义，文化也因此首先是一种情感反应，围绕人们在情境中如何感受，这与认知加工相对。当把生物水平上体验到的积极情感用文化符号来标记时，人们才更有可能通过简单地激活或积累标识产生情感的生理反应的符号，来长期地增强这种情感能量。这些标识情感反应的文化符号也就具有再次激活情感反应的潜力，并因此提高了情感能量水平。这个过程被提出"身体标记假设"理论的安东尼·戴玛丝称为"仿佛……一样环"（as-if loop）。激活与生理反应相联系的符号产生情绪反应的过程，仿佛与原始刺激在场时生成情绪性生理反应的过程一样。她以"爱"这一情感符号为例进行说明。当某人思考他或她所标识为"爱"的关系时，似乎再次体验到所爱者的确在场一样的情绪反应，虽然这种情绪反应在强度上有所减弱。"爱"这个符号的确能够像一般的刺激一样，可以产生范围广泛、来自许多不同人际关系的愉悦情感，因为"爱"这个符号标记了生活中所有爱的关系以及这些关系在个体生理上的反应特征。所以，文化为情感体验提供了标签和标识符号，同时对这些文化符号的运用能够使个体体验到这种情感，仿佛再次处于生成这种生理反应和这种情感的情境中一样。

"身体标记假设"理论也体现了涉身性认知的运作机制。从这个意义上说，自我也是对环境的涉身性反应。萨默-伊弗勒认为"一致性需要"（need for consistency）是自我背景方面的核心。人们致力于与环境之间的关系常规化，从而能更好地预测将发生什么。这种自我一致需要的驱动力是从环境互动中获得情感能量。因此，除了权力、地位等要素能够增加情感能量，自我拓展（self-expansion）也可以增加情感能量。即当人们能够通过探究和发展新的关系、新的团结和新的角色来拓展自我的意义时，人们将体验到情感能量的增加。[2] 因此，身体反应、社会

[1] 乔纳森·特纳、简·斯戴兹，《情感社会学》，孙俊才、文军译，上海人民出版社，2007，第78页。

[2] 乔纳森·特纳、简·斯戴兹，《情感社会学》，孙俊才、文军译，上海人民出版社，2007，第77页。

结构、文化和自我之间的联系都围绕着情感。情感是在对环境的生理反应中被最终激活的，并成为引导行为朝向积极情感后果的培养基础。当文化符号与身体的情感反应通过"仿佛……一样环"的形式建立联系时，文化就具有意义。

总之，萨默－伊弗勒对柯林斯互动仪式链理论的拓展，为我们从心理生理的角度研究社会情感提供了理论桥梁。

（三）互动仪式是一个动态的符号互动与情感传播结构

互动仪式链理论基于这样一个理念：在群体心理与社会结构之间存在着对应的符号机制，两者之间的关键环节是互动仪式。这是人类心灵永恒结构以及符号结构与心理结构的同构对应性[①]的具体体现。从互动仪式链理论可以看出，互动仪式中充满了情感与符号的生产与传播。在互动仪式条件中，情感连带与符号关注是启动互动仪式的重要条件。获得情感能量与符号资本是互动仪式的重要结果，在结果中，形成群体团结感。这个过程是一个情感上与文化上的社群认同过程。社会成员在互动仪式市场中的各种情感交往行为实际上都是一种社群认同的文化实践行为。通过情感交往的认同实践活动，社群的情感团结得以形成。因此，互动仪式链是一个符号互动与情感传播的结构。

首先，互动仪式链理论模型从结构上看具有皮亚杰所谓的自足的结构。[②] 第一，该理论模型是一个具有内在连贯性的统一整体。第二，该模型结构不是静态的而是动态运行的，具有转换性。该理论模型是以情境动力学为起点[③]的动态符号过程。互动仪式通过集体兴奋产生情感能量与集体符号，这些情感与符号又能够作为进一步开展互动仪式的资源与条件。因此，该理论模型中的各关键要素是动态循环的。第三，该模型各要素结果能够根据具体的情境进行自我调节，突出体现在萨默－伊弗勒对柯林斯互动仪式链理论的简化与拓展中。

其次，通过举行在场的互动仪式呼唤不在场的意义的过程具有鲜明

① 李思屈，《传媒运作与日常生活的三重结构》，《西南民族大学学报》（人文社会科学版）2005 年第 3 期。

② 特伦斯·霍克斯，《结构主义和符号学》，瞿铁鹏译，刘峰校，上海译文出版社，1997，第 6~7 页。

③ 兰德尔·柯林斯，《互动仪式链》，林聚任、王丽君译，商务印书馆，2009，第 32 页。

的符号学思维。意义不在场是符号过程的前提。任何意义传达，构成其过程的诸成分，必有某些成分不在场，或尚未充分在场。① 仪式作为激发情感的刺激物，通过在场的符号互动呼唤不在场的情感与符号要素，是一个动态的符号意义生产过程。因此，我们可以通过对互动仪式现象的观察，预测仪式活动的结果走向。柯林斯认为，"情境从单个参与者的观点来看有时是不可预测的，情境行动对一位知道个体的 IR 链的社会学观察者而言则是可预测的，因而知道每一个人将会带着什么样的情感能量与成员身份符号的储备进入互动"。② 简言之，我们可以研究个体所积累的构成仪式的要素，从而预测这些要素的组合将会带来的结果。因而微观情境的互动仪式链具有揭开大规模宏观社会变迁的秘密力量。而在互动仪式市场中，最重要的预测传播效果走向的仪式要素就是互动个体储备的情感能量与符号资本情况。拥有符号资本是进入互动仪式的前提条件，情感能量是互动个体寻求满足的心理收益。因此，柯林斯鲜明地提出情感能量是理性选择的共同标准，并给出了情感能量计算的收益模型。③ 人们的社会传播过程实际上是在寻求情感能量最大化的过程。互动仪式链运行的层次深度决定了人们交往的情感与意义深度。我们的语言、文化、社会等各种符号都是在互动中形成的。因此，互动仪式链是我们观察社会传播现象的重要视角。

再次，互动仪式也是一个认知传播过程。情感与符号既是互动仪式的重要资源，也是认知传播的关键要素。在皮尔斯看来，任何事物只要它独立存在，并且和另一种事物有联系，而且可以被"解释"，那么它的功能就是符号。这就意味着，皮尔斯的符号概念能有效地发挥作用的一个最重要的领域将是认识论：对"认识"过程本身的分析。④ 国内也有学者从逻辑范畴、实用主义哲学和符号学范畴角度综合分析了皮尔斯的符号学，并指出皮尔斯符号学就是"认知符号学"⑤ 的观点。因此，有符号就有认知，传播离不开符号，符号意义解释过程就是一个认知传

---

① 赵毅衡，《符号学》，南京大学出版社，2012，第 46 页。
② 兰德尔·柯林斯，《互动仪式链》，林聚任、王鹏君译，商务印书馆，2009，第 201 页。
③ 兰德尔·柯林斯，《互动仪式链》，林聚任、王鹏君译，商务印书馆，2009，第 239 页。
④ 特伦斯·霍克斯，《结构主义和符号学》，瞿铁鹏译，刘峰校，上海译文出版社，1997，第 132 页。
⑤ 郭鸿，《认知符号学与认知语言学》，《符号与传媒》2011 年第 1 期。

播过程。情感能量具有社会认知取向，是推动符号表达的动力。在互动仪式中，情感能量包含在个体的符号储备中，即大脑的认知部分；因此，情感能量具有认知的成分，它具有社会认知取向。社会认知理论家齐瓦·孔达指出，情感是一种暖认知。她指出，"动机和情感对判断的影响，是通过影响形成判断过程中的认知加工来实现的"。因此，暖认知是指那些受人们愿望和情感驱动的心理加工。[①] "这一认知方面是指符号（特殊的记忆以及一般化的观点或标志）具有依附于它们的情感能量，因为在运用这些符号展现社会关系时，符号唤起了较高或较低的主动性。"[②] 从互动仪式核心机制的情感与符号要素可以看出，这是一个认知传播过程，是我们探讨人类社会意义生产与文化建构的重要机制。

　　毫无疑问，互动仪式链理论为我们研究社群交往与情感团结议题提供了有价值的视角。本研究是从游戏玩家的微观互动入手，研究他们从微观游戏互动到宏观社群组织建构，从虚拟游戏关系拓展到现实生活关系的一系列互动仪式链过程，从而揭开情感要素在促进社群互动交往与情感团结中的传播规律。

　　此外，互动仪式链作为融合了符号互动论与情感社会学的综合理论，它关注的诸如社群互动与情感团结等议题也是社会学、心理学关于社会认同与情感进化的重要议题。兰德尔·柯林斯和萨默－伊弗勒为此都做了跨学科的理论拓展贡献。因此，笔者将社会认同理论与情感进化论的相关理论也纳入本书的理论框架，作为互动仪式理论的补充与拓展，为研究社群交往与情感团结议题提供视阈融合的综合分析框架。

（四）社会认同理论对互动仪式链情感传播的补充

　　社会认同研究早期是从族群认同研究中来的。族群认同最初是研究民族认同问题，但后来在实际的使用过程中，族群的含义逐渐被扩展为各种不同层次的人群团体。因此，族群认同的一些概念和理论可以为我们研究社群认同提供参考与借鉴。社会学的族群研究认为，族群认同并非孤立存在的，而是存在于与其他族群的互动关系之中，是人们之间的

---

① 齐瓦·孔达，《社会认知——洞悉人心的科学》，周治金、朱新秤译，人民邮电出版社，2013，第156页。
② 兰德尔·柯林斯，《互动仪式链》，林聚任、王丽君译，商务印书馆，2009，第173～174页。

一种社会关系。族群认同"是一种在与他人对话的关系的语境中被不断重新定义的社会建构"。[1] 互动仪式链理论强调社群成员通过微观社会互动形成社会团结与群体归属感。

在西方学术界对认同的理解存在着原生论和建构论两种基本的理论视角。原生论视角认为，族群/社群认同是天生的、与生俱来的，如肤色、血缘、语言、宗教、民俗及历史与起源等文化特质在塑造任何族群认同时都起着非常关键的作用。希尔斯在阐述亲属关系时首先提出了原生情感的概念，他认为："当一个人在思考家庭归属感和依附感的强度时，很明显，这种归属感和依附感不仅是因为家庭成员是一个人，而且是因为其具有某种特殊的重要的关系特征，这只能用原生（primordial）一词来形容，这不仅是互动的功能需要，而且是因为其具有某种基于血缘纽带的不可或缺的重要性。"[2] 格尔茨在研究亚洲和非洲一些有着殖民地历史的新兴国家认同时指出，虽然这些国家建立了，但社会还是旧社会，因为这些国家的人民不是通过理性化社会的公民纽带连接在一起的，而是基于语言、习俗、种族、宗教以及其他既定的文化属性的原生纽带。[3] 杰夫雷·亚历山大认为，族性与族群认同是建立在真实或者被感知的原生特质之上的，即共同的种族宗教和民族起源，当然也包括语言等其他文化属性和一个地域性的共同祖先。[4] 原生论者一般认为，族群身份一旦赋予，就很难被改变，这种原生性的族群认同，对一个族群的形成具有决定性的作用。"族群认同虽然不是刻在我们的基因里，但是一旦形成将很难再被建构。"[5] 与原生论相反，建构论视角认为，所有认同都是后天建构起来的，是透过区分而形成的。人类学家安德森认为，社群、民族等共同体都是借助具体象征物如旗帜、民族服装、仪式等而想

---

[1] 弗朗西斯科·德利奇，《记忆与遗忘的社会建构》，《国外社会科学》2007年第4期。

[2] Edward Shils, "Primordial, Personal, Sacred and Civil Ties: Some Particular Observation on the Relationships of Sociological Research and Theory," *The British Journal of Sociology* 8 (2), 1957, pp. 130 – 145.

[3] Clifford Geertz, *The Interpretation of Cultures* (New York: Basic Books, 1973), p. 259.

[4] Jeffrey Alexander, Core Solidarity, "Ethnic Outgroup, and Social Differentiation: A Multidimensional Model of Inclusion in Modern Societies", in J. Dofney and A. Akiwowo, eds., *National and Ethnic Movements* (London Sage, 1980), pp. 10 – 11.

[5] Stephen Van E., "Primodialism Lives!" *APAS-CP: Newsletter of the Organized Selection in Comparative Politics of the American Political Science Association* 12 (1), 2001, pp. 20 – 22.

象地建构起来的群体。而卡斯特则将认同理解为是人们在文化属性的基础上建构意义的过程。他认为,认同是行动者意义与经验的来源,是由行动者经由个别化的过程而建构的。虽然认同也可以由支配的制度产生,但是只有在社会行动者将之内化,且将他们的意义环绕着这一内化过程建构时,它才会成为认同。① 因此,社会认同最终的落点仍在于人们的心理感受上。互动仪式链理论告诉我们,社群的情感团结与文化认同只有在不断地交往中才能得以实现。罗蒂指出,人类的团结感在于想象地认同他人生命的细微末节,而不在于承认某些原先共有的东西。② 在罗蒂看来,社会团结是我们去创造的而非发现存在的,团结必须从细微的碎片中建立起来,这种观点是族群建构论在社群团结中的延伸。互动仪式链正是通过这种细碎的微观社会互动机制进行社群团结建构的。弗里德里克·巴斯提出的"边界理论"进一步推进了族群认同建构性的认识。巴斯认为:"我们不能设想族群意识单位同文化相似及文化差异性之间是简单的——对应关系,认识到这一点很重要,涉及的特征不是客观差异的总和,而仅仅是成员们自己认为是重要的和有意义的部分一些文化特征被行动者用来作为差异的标志和象征,其他的被忽略了,在一些关系中,很强的差异反而被淡化和忽略了。"③ 因此,研究族群认同时,我们更应关注的是社会边界而非地理边界。他认为,族群认同是在互动的过程中产生强化的,群体内与群体外的差异加强了群体内的一致性,而非相反。这与互动仪式链的边界条件类似。兰德尔·柯林斯在提出互动仪式理论模型的时候强调,互动仪式开展的条件需要对局外人设置进入边界,这一边界大多数情况下体现为作为特殊符号资本的成员身份符号。因此,社群边界在某种意义上是一种符号边界。

社会认同理论对社群团结的心理建构具有重要意义。首先,社群认同是一个包含情感社会取向的心理认知机制,强调个体情感在社群团结中的能动作用,肯定社群团结是个体在情感上对社群的主动融入,认为

---

① 曼纽尔·卡斯特,《认同的力量》,夏铸九、黄丽玲等译,社会科学文献出版社,2003,第3页。
② 理查德·罗蒂,《偶然、反讽与团结》,徐文瑞译,商务印书馆,2003,第270页。
③ Fredlik Barth, *Ethnic Groups and Boundaries: The Social Organization of Culture Difference* (Boston MA: Little Brown and Company, 1969), p.14.

个体的情感认同是实现社会融合的关键。互动仪式是全方位的社会心理学，不仅涉及情感和情境行为，还涉及认知问题。[①] 其次，社会认同理论强调社会认同实践在社群形成与团结中的建构作用，强调社会认同的实践是建构社群团结的关键。互动仪式的结果也是建立在频繁的情感交往与实践基础上的，其中集体团结与成员归属感正是社群认同实践的结果。再次，社会认同不仅强调建构与整合，还重点分析了边界与区分。这与互动仪式既强调内部团结，又强调设置局外人边界的前提相一致。总之，社会认同理论对互动仪式理论在研究社群情感团结的议题上具有理论借鉴意义。

（五） 情感进化理论对互动仪式链理论的补充与发展

自然选择在原始人（人类进化的早期状态）阶段发挥作用，并且随着时间的进程，在大脑中创造了指导人类行为的机能模块。因此，理解这些模块功能导致这些模块产生的选择压力有助于解释社会组织（Cosmides，1989；Tooby&Cosmides，1989）。情感进化理论探讨情感起源问题的界定对情感的社会学研究具有重要意义。一方面，如果情感是创建和保持社会关系以及对较大规模的社会文化结构形式承诺的关键力量，那么知晓情感在原始人类和人类历史中的进化过程或许有助于我们研究人类社会化进程中的情感。[②] 另一方面，人类文明进化过程本质上是一个游戏过程。赫伊津哈认为，"游戏是文化本质的、固有的、不可或缺的、绝非偶然的成分，游戏就是文明，文明就是游戏"。[③] "初始阶段的文明是游戏的文明。文明不像婴儿出自母体，它在文明之中诞生，它就是游戏，且决不会离开游戏。"[④] 因此，研究情感在人类文明进化中的作用有助于我们理解情感在游戏行为中的社会进化作用。

对于本研究有理论借鉴意义的情感进化理论主要有：乔纳森·特纳的进化理论、迈克尔·哈蒙德的感情最大化理论以及威廉姆·温特沃斯

[①] 兰德尔·柯林斯，《互动仪式链》，林聚任、王丽君译，商务印书馆，2009，第82页。

[②] 乔纳森·特纳、简·斯戴兹，《情感社会学》，孙俊才、文军译，上海人民出版社，2007，第215页。

[③] 约翰·赫伊津哈，《游戏的人：文化中游戏成分的研究》，何道宽译，花城出版社，2007，第6~7页。

[④] 约翰·赫伊津哈，《游戏的人：文化中游戏成分的研究》，何道宽译，花城出版社，2007，第5页。

的"深度社会性"分析。这些理论在作为自然选择产物的情感是如何使复杂的社会组织模式成为可能这个问题上形成一致的分析汇聚。

1. 乔纳森·特纳的情感进化理论

生物学家通过研究人类与相近物种的基因水平发现，人类或许并不像许多社会学家和社会哲学家所认为的"天生就是社会的动物"。如果人类不是受到生物程序的有力推动而发展为高度的社会化的，那么，是什么力量促使人类社会性的发展，并构造了大规模的社会结构？社会学家乔纳森·特纳的回答是：进化通过自然选择对原始人和人类的大脑进行了配置，使其能够产生大量的情感，进而这些情感又被用于培育社会关系。情感成为人类超越猿这种社会水平较低的动物的途径。[①]

特纳强调的自然对神经结构的选择性改变，增强其情感能力以提高社会性的进化需要经历以下过程。起初，自然选择对人类祖先大脑皮质区的改变，增强了其对产生情感的皮质下区域的控制能力。这是自上而下的情感控制机制，使人类祖先能够有意识地控制原始的生物情感表达。随着大脑神经皮质区域对情感控制能力的提高，情感体验和表达的技能区域也得到扩展。由此，自然选择开始拓展联系大脑皮质上区域与皮质下区域的神经细胞，使人的情感功能与认知功能相互作用，改变原始的生物情感成分。这就是唐纳德·诺曼所说的大脑"自下而上"与"自上而下"机制之间的相互作用。

此外，特纳认为原始人最初的语言是以视觉为基础的情感语言。神经皮质区域的发达使灵长类具有视觉优势，并且这一区域也使人类使用语言成为可能。神经科学研究发现负责情感的皮质下区域先于认知与语言的皮质上区域在生理结构上出现。一些低等动物甚至至今没有进化出类似于人类的大脑皮质上区域，只能凭本能皮质区做简单的刺激反应活动。特纳认为，无论情感语言的优缺点为何，社会科学研究都不能忽视它。以格雷马斯为代表的巴黎符号学派在符号学研究中也强调，情感维度是语义维度与认知维度之外的另一个重要维度，旨在唤起符号学研究对情感认知与表达的重要性。[②] 特纳指出是情感，而不是所表达的语词，

---

① 乔纳森·特纳、简·斯戴兹，《情感社会学》，孙俊才、文军译，上海人民出版社，2007，第218页。

② 张智庭，《激情符号学》，《符号与传媒》2011年第3期。

把人们联系在一起，促进了社会团结，生成了对社会形式的承诺。甚至当词汇和语言的合成形式促进了社会团结时，也是通过激活情感语言来实现这种效应的。[①]

最后，特纳的情感进化理论认为选择压力导致原始人大脑结构的重新配置。[②] 这些选择压力下的大脑结构配置变化使社会性较低的动物产生能够保持社会结构稳定所必需的情感联系与社会组织。这些选择压力主要有以下六大类。

（1）情感能量的运动。情感能量能够成为促进社会联系的渠道。正如情感仪式理论所强调的，人类依然使用仪式开始和结构化互动的进程，标明和修复违规行为，与互动者建立亲密联系。这些仪式以视觉的相互关注与有节奏的情感连带为机制唤醒和传播情感。原始人的视觉情感语言对这种仪式的机制具有敏感性，从而进行仪式活动。而且从现实情况来看，没有仪式的互动很难使情感标准化，这说明了自然选择不仅以多种途径配置了唤醒情感的大脑，而且通过仪式机制影响了情感生成的机制，从而确保正确的情感能够被用于社会互动。

（2）反应的协调。发展心理学和符号互动理论指出，人们通过角色采择（role taking），即把自己置于对方的位置上解读他人的视觉和听觉线索的含义，由此使自己理解他人的观点和行动倾向。角色采择是一种理解人们思想与情感的认知能力，是一个人顺利实现人际相互作用的必要条件。因此，角色采择对情感传播与社会化建构具有重要意义。角色采择的视觉情感基础赋予人能够使自己的行为与他人相适应。当通过角色采择理解彼此的情感倾向后，人们的行为将更加协调，由此发展出较强健的、精致的和灵活的社会团结纽带。

（3）奖惩。奖惩是社会控制的重要机制。奖励和惩罚使人们回归社会规则与法制的准绳。人类神经结构的进化能够使任何导致惩罚的线索警示人们以正确的方式行动。同时，积极的奖励，即对符合规则行为的褒奖，能够唤醒积极情感，由此促进社会联系和团结。因此，通过奖惩

---

① 乔纳森·特纳、简·斯戴兹，《情感社会学》，孙俊才、文军译，上海人民出版社，2007，第221页。

② 乔纳森·特纳、简·斯戴兹，《情感社会学》，孙俊才、文军译，上海人民出版社，2007，第221页。

机制的运用，能够唤醒促进社会组织联系的广泛的积极情感。

（4）道德法则。人类具有构建符号系统的能力，道德法则是一套具有情感机制的符号系统。人类通过情感具备了道德机制的感知能力，并根据人们对行为规则内容的遵守和违背情况给予奖励或惩罚。如果大脑不能产生微妙和精致的情感体验，道德规则将不能揭示出人类社会组织复杂的需要。虽然文化在原始人生活后期和人类社会早期的社会组织中所发挥的作用在增加，但这些文化编码直到原始人能够运用情感构造社会联系后才开始产生。因此，不仅是一个容量增大的大脑导致了文化的孕育，而且是一个能够产生和使用大量情感的大脑孕育了文化。[①]

（5）有价值的交换。没有情感，价值难以判断。神经科学安东尼奥·达马西奥曾通过对脑损伤的病人研究发现，情绪缺失的人们往往无法从两个事物中做出选择，尤其是面对两个价值差不多的事物时。因此，神经科学家和心理学家表示，情感是价值判断的重要机制。齐瓦·孔达的"暖认知"理论就证明了情感对于价值判断的影响。同样在社会科学中，任何交换都是依据价值。这种价值既有经济学意义上的价值，也有符号学意义上的价值。情感对价值的评估应属于符号价值，因为符号的价值评估与心理认知机制有关。此外，许多理论者（Cosmides，1989；Fiske，1995）指出，互惠性是固定在人类大脑之中的，因为人类大脑在获得某种有价值的资源时，将会产生回馈他人的感受。因此，互惠性是建立在认知与情感基础上的，是把情感与各种资源建立联结的一种能力。一般来说，生成和体验到的情感越多，可以交换的资源也就越多，从而使任何客体、符号或意味着潜在资源的行为都能够被用来形成人们之间的互惠关系。

（6）决策。没有情感的理性是不存在的，同样，没有情感参与的决策是无法实现的。心理学和神经科学的大量实验研究已经证明情感是决策过程中的重要因素。当大脑中的情感连接被切断，人们做出任何决策都非常困难，即使做出决策也很难是最佳决策。

---

① 乔纳森·特纳、简·斯戴兹，《情感社会学》，孙俊才、文军译，上海人民出版社，2007，第 222 页。

因此，自然选择在多个途径对原始人，最后对人类大脑的神经解剖构造施加影响，使人类产生促进社会团结和社会组织所必要的情感。在特纳看来，理解自然选择重新配置大脑构造，拓展情感技能的方式，是理解社会学家们所提出的推动社会组织的关键力量的中心。若没有拓展情感的能力，以上六大关键领域的作用将不能实现。此外，从心理机制来观察社会机制可以更好地理解社会化的心理基础，并能为社会科学研究提供历时性的发展视角。

2. 迈克尔·哈蒙德的情感最大化理论[①]

迈克尔·哈蒙德认为，人类不仅寻求获得与积极情感唤醒有关的奖励，而且试图使积极情感最大化。因此，人类的行为受到体验尽可能多的积极情感，以及尽可能少的消极情感的动机的引导。此外，人类试图尽可能地降低时间和能量成本，以及在获得积极体验的同时伴随的消极体验。

在这种追求积极情感最大化动机的作用下，人类采取多种策略来确保积极情感的储备。第一种策略是建立多样性的情感联系。这样能使个体总是有获得多种积极情感的选择。这种策略是人类建立起积极情感联系的网络，促进物种的环境适应性。第二种行为策略是形成强度不同的情感联系。这样能使个体在关系强度发生变化时，可以从情感联系中退出。一般来讲，维持高强度的积极情感联系的成本比较高，因此，当人们在不需要非常高的积极情感联系时，他们会选择低强度情感联系，以降低成本，并通过这种节约成本的方式使积极情感最大化。第三种策略是根据不同类型的关系或情境的相对价值层级组织情感联系，把产生积极情感较多的关系放置于层级较高的位置，而把产生积极情感较少的关系放置于较低的位置。

然而，人们在追求积极情感最大化时面对两种机能条件的限制：（1）信息-加工能力的限制。这种限制制约了人们能够收集和加工多少关于"回报与成本"的信息。（2）习惯化限制。持续获得同一种同等强度的积极情感会出现效用随时间流逝而下降的边际效用规律影响。迈克

---

① 乔纳森·特纳、简·斯戴兹，《情感社会学》，孙俊才、文军译，上海人民出版社，2007，第 226~232 页。

尔·哈蒙德认为在一定程度上，社会进化过程可以解释为人们为了挣脱这两种限制付出努力的过程。

为挣脱第一种限制，人们发展出三种应对策略。第一种是对积极情感资源的信息加工进行经济控制，使效益最优，这与人们倾向于回忆起自己喜欢的事的暖认知机制具有相似性。第二种策略是发明了情感符号。如果一定数量的情感能量能够蕴含于某个符号上，行为者就能够获得一定数量的情感，那么加工这一蕴含情感的符号就能唤醒情感，从而可以通过符号来获得情感，那么信息加工的成本将得到降低。人们购买纪念品作为情感回忆的行为就是这一符号策略的具体体现。第三种策略与社会范畴、组织、群体的分化效应有关。人们通过社群划分判断与某一社会范畴或结构中的成员互动可获得多少积极情感。这样一来，人们能够逐步知晓不同社会群体之间情感效应的大小，并形成一定的回报与成本期待。如某类型社群对积极情感获得成本减少得越多，人们就越倾向于对这种社群产生情感归属。

为挣脱习惯化限制，人们发展出两种策略：（1）进入更广阔的情感唤醒情境。（2）创造还没有被习惯化的新奇情境。哈蒙德理论指出，考察社会因抵制习惯化所产生的社会结构和文化的分化情况，是考察社会化的长期趋势的一种方式。当社会分化为多种多样的阶层、民族群体、组织、社区时，将增加情感唤醒的多样性。人们通过进入和参与到不同的社会结构之中，从而避免了因长期在一种结构中所产生的习惯化。

积极情感最大化理论是互动仪式理论情感能量最大化收益模型的进一步补充，有利于解释情感能量需求背后更为细致的行为策略。此外，哈蒙德的情感最大化理论对于分析人们建构包括游戏社群在内的多样化的社会组织行为也具有指导意义。

3. 威廉姆·温特沃斯的"深度社会性"分析

威廉姆·温特沃斯等人强调，情感在建构社会特征的同时也是自然选择进化的产物。

情感，是人类祖先沟通的原始编码。情感作为传播沟通的符号，具有生物与社会的适应－增强特性。第一，情感系统的生物基础使情感具有生物潜能，因为情感能够迅速地改变和定向动物的行为。第二，情感具有传播扩散性，因为情感能够唤醒他人的或交互的情感，从而增强社会关系。①

　　情感是人类信息提取的中心机制，因为情感不仅作为"协调中心"可以跨越大脑加工的多个水平，而且能够"框定和集中"信息，这些机制以多种方式提高了人类社会生存的适应性。威廉姆·温特沃斯总结出情感机制在人类社会适应性中的九点作用：（1）情感是注意的调节器。情感可立即让个体对环境的某些方面产生警觉。（2）情感能调节注意的广度，调节个体对环境中某些方面保持警觉的持续时间。（3）情感使人们从经验中学习并把环境的不同方面储存于记忆之中。（4）情感能够使人们回忆起有关的情境或者情境中的特殊方面。（5）情感使人们把自我看作与他人、情境、环境关系中的对象。没有情感，人们不能够进行定向、评价或者使自己处于情境之中。（6）情感能够使人们进行角色采择，解读他人的观念，采用能够使自己与他人建立主体间性的方式进行沟通。（7）情感不仅赋予人们以力量，而且使人们以满足情境中的文化期望的方式行动。（8）情感赋予文化规范和规则以力量。没有情感，将没有良心的刺痛、社会责任的强制、尊重的感受或道德的应然。（9）情感，特别是对孤立、疏离境遇的焦虑和恐惧情感，导致人们努力监控自我、他人、情境，以确保社会结构的稳定。②

　　如果人类没有拓展的情感能力，将不能表达大多数标识自己为人的行为，也不能创造和使用社会文化形式作为适应环境的方式。因为，"人类情感是身体和社会的语言"，这不仅是威廉姆·温特沃斯等社会以学家提出的观点，也是涉身性认知等心理学思想的应有之义。因此，情感在生物与社会之间的适应作用是具有学理依据的。并且，人类是深度社会化的生物，必须积极地构造团结的社会关系和建立利于生存的群体结构，因此情感还提供促进人们建立这些极端关系的机制。当自然选择推动人类祖先发展（作为适应环境的方式）的同时，也拓展了创造文化的神经机制的能力，然后人类运用这种拓展的文化技能把情感定义为保持社会

---

① 乔纳森·特纳、简·斯戴兹，《情感社会学》，孙俊才、文军译，上海人民出版社，2007，第216页。

② 乔纳森·特纳、简·斯戴兹，《情感社会学》，孙俊才、文军译，上海人民出版社，2007，第216~217页。

关系的方式。①

三　基于网络游戏玩家互动仪式链视角的社群交往与情感团结分析框架

网络游戏的社群互动与情感团结属于广义的符号互动。我们知道，符号是静态的仪式，仪式是动态的符号。因此，游戏玩家在网络社会中的符号互动是一种动态的仪式互动活动。

首先，在历史上，仪式与游戏、情感有着深刻的历史渊源。一方面，许多学者在对游戏与人类文明史的研究中发现仪式与游戏的密切关系。赫伊津哈认为，仪式是纯粹精神意义上的游戏，而真正、纯粹意义上的游戏是文明的柱石之一。仪式行为具有游戏的一切形态特征和基本特征。② 另外，怀特海在《宗教的形成》中以体育游戏为例指出游戏与仪式的历史关联。怀特海认为，作为古老游戏的奥林匹克运动会（Olympic Games）具有宗教仪式的特点。他研究指出，"一种习惯性的仪式或则会转化为宗教，或则会转化为戏剧。在公元前 5 世纪的希腊人中，奥林匹克运动会带有宗教的色彩，阿提卡的酒神节也总是以一场戏剧结束"。③ 可见，游戏从纯粹的精神文化符号上看是一种仪式性活动。另一方面，仪式与情感具有密切联系，仪式是激发情感的刺激物。情感期初伴随着仪式，后来，人们为了追求随仪式而产生的情感而重复和发展仪式。人类成了仪式方面的艺术家。④ "当全社会维系于同一仪式、同一情感时，仪式显得尤其威严，情感变得特别活跃。于是，集体的仪式和集体的情感，其作用便得到确定，或称为维系诸野蛮部落的力量之一。它们成为精神生活的第一缕曙光，表明精神生活已得到升华。"⑤ 伟大先

---

① 乔纳森·特纳、简·斯戴兹，《情感社会学》，孙俊才、文军译，上海人民出版社，2007，第 217 页。

② 约翰·赫伊津哈，《游戏的人：文化中游戏成分的研究》，何道宽译，花城出版社，2007，第 6~19 页。

③ A. N. 怀特海，《宗教的形成·符号的意义及效果》，周邦宪译，贵州人民出版社，2007，第 4 页。

④ A. N. 怀特海，《宗教的形成·符号的意义及效果》，周邦宪译，贵州人民出版社，2007，第 4 页。

⑤ A. N. 怀特海，《宗教的形成·符号的意义及效果》，周邦宪译，贵州人民出版社，2007，第 5 页。

贤们的这些关于仪式与情感、仪式与游戏的研究"与当代符号互动论的互动仪式（IRs）链理论在符号学原理上具有相通性"。① 因此，从游戏互动仪式链角度出发研究人们的情感团结与社群交往具有历史基础与传统。

其次，网络游戏互动属于典型的符号互动，是互动仪式研究的典型对象。柯林斯在论述互动仪式理论纲领的时候指出，互动仪式是游戏的场所。国内一些研究者（如刘研，2014）在研究网络游戏情感传播时也指出，互动仪式构成了网络游戏社会层面的情感传播。一方面，游戏玩家的游戏符号互动行为具有仪式特征。游戏玩家集体登录游戏世界，在游戏规则的指导下与其他玩家和游戏元素在虚拟情境中开展游戏互动。在游戏互动中，玩家全情投入，形成相互关注与情感连带的仪式机制。游戏的结果让玩家产生丰富的情感体验，这些情感体验最终汇聚到情感能量的连续统中，成为继续游戏互动的动力。同时，玩家的游戏互动作为典型的符号互动产生了丰富的符号。这些情感与符号使玩家对游戏产生文化情感上的认同，促进游戏玩家凝聚成以游戏为中心的互动社群或情感共同体。另一方面，除了玩游戏以外，以游戏直播为平台、为中介的游戏观看活动也具有集体仪式特征。观看游戏直播是近几年出现的游戏互动现象，其中以电子竞技游戏直播为突出代表。游戏玩家登录游戏直播平台观看线上游戏赛事成为众多游戏玩家的共同爱好。笔者前期通过访谈一些游戏玩家发现，他们都有观看游戏直播的爱好。他们表示，观看直播"很好玩""主播很风趣""观看大型游戏赛事很刺激"，还可以通过观看职业选手比赛"学习操作技术与玩法，提升自己的游戏水平"。一些大型的游戏赛事直播的围观人数甚至赶超 NBA 比赛的观看人数。观看游戏直播的用户集体登录直播平台围观游戏直播内容，并通过评论、弹幕、礼物等符号互动系统对游戏直播进行在线互动，建立了一种集体的互动仪式活动。从以上可以看出，玩家乐此不疲地反复玩网络游戏或观看游戏直播都具有互动仪式特征。

再次，在互联网时代，网络游戏早已不局限于仅为休闲娱乐的工具，互联网的公共性使得网络游戏成为人们进行社会交往与维系情感

---

① 李思屈，《精神符号学导论》，《中外文化与文论》2015 年第 3 期。

纽带的平台。游戏玩家社群是互联网兴趣部落中访问人数最多的社群。作为一种亚文化共同体，游戏玩家社群是一种具有共同情感的文化共同体。相同游戏社群中的社会成员往往具有相同的兴趣爱好与文化情感归属。开展共同情感的仪式活动有利于维护社群团结，建立共同体的情感归属。赫伊津哈研究指出，游戏往往促进社群的形成，游戏社群往往笼罩着神秘的气氛，即使游戏结束之后，这些游戏的社群往往也能成为永久性的社群。① 同时，随着社会交往便利性的增加，这种以共同情感为纽带的社群交往并不局限于线上的虚拟互动，往往可以延伸到线下的生活世界中。网络游戏成为构建人与人社会关系的社交媒介。这些网络游戏社群是以共同情感为纽带形成的趣缘共同体，社群成员通过丰富的互动仪式活动增进对游戏社群的文化认同，进而形成社群团结感与凝聚力。因此，具有共同情感归属的游戏社群成为人们情感团结的互动仪式市场。事实上，共同情感本身就是社会秩序的建构性力量——涂尔干就曾经将社会界定为完全由观念和情感组成的复合体。② 因此，玩家社群情感团结的建构机制成为我们研究更大范围社会结构与文化建构的典型样本。

综上所述，本研究以互动仪式链为理论视角，研究网络游戏社群的社群交往与情感团结的传播规律。一方面，仪式是产生情感的符号活动，是游戏的原始形式，而游戏是孕育文明的摇篮。因此，从情感进化论出发，梳理情感在游戏文明进化中的作用机制，为我们研究网络游戏情感互动与社会建构议题提供历史逻辑。另一方面，互动仪式是观察人际互动与组织传播的基本视角，是一切社会学研究的基点。网络游戏作为典型的符号互动媒介是互动仪式研究的典型对象。互动仪式在玩家游戏行为及社群交往中扮演着重要作用，情感与符号是组织社群中促进仪式市场团结的两大关键要素，它们相互作用、相互综合，推动着社群结构与文化的建构。

---

① 约翰·赫伊津哈，《游戏的人：文化中游戏成分的研究》，何道宽译，花城出版社，2007，第13~14页。
② 参见帕森斯《社会行动的结构》，张明德等译，译林出版社，2003，第495页。

第三节　概念界定与概念梳理

该部分对游戏与网络游戏、互动交往与互动仪式、社群与虚拟社群及其相关概念进行界定，为接下来的研究做准备。

一　游戏与网络游戏

（一）游戏的字面释义

在中国，"游戏"二字最早出现于《史记·老子韩非列传》："楚威王闻庄周贤，使使厚币迎之，许以为相。庄周笑谓楚使者曰：'千金，重利；卿相，尊位也。子独不见郊祭之牺牛乎？养食之数岁，衣以文绣，以入太庙。当是之时，虽欲为孤豚，岂可得乎？子亟去，无污我。我宁游戏污渎之中自快，无为有国者所羁。终身不仕，以快吾志焉。'"① 这一最早的游戏说法体现出游戏具有非功利的、超然世外的生活态度。

概括来说，汉语中关于游戏的说法主要有五种解释：1. 游乐嬉戏，玩耍。2. 谓绰有余力而不经意为之。3. 犹戏谑。4. 指不郑重、不严肃。5. 文娱活动的一种。可分为智力游戏、活动性游戏等几种。②

这些关于游戏的解释大多将游戏视为荒诞不经的玩闹行为，具有贬义色彩。这也在一定程度上导致人们对游戏与网络游戏的偏见。其实，游戏不仅对个人的修身养性、为人处世等情性养成有积极意义，还对政治、军事等社会问题也有重大意义。这些关于游戏的积极意义大多通过寓意的方式散见于一些古籍文献中。

其实，中国古代的禅宗就曾将"游戏"视为一种修行方式。宗宝本《坛经》"顿渐品第八"说道："普见化身，不离自性，即得自在神通，游戏三昧，是名见性。""三昧"是禅宗的别名，本是禅者的追求，"但一味讲三昧，会偏于静和枯寂，必须把这一静中所涵养出的力量表现出来，发挥到日常生活的一切举止行为当中，实现动静一如，才是禅者的

① 引自（汉）司马迁《老子韩非列传第三》，载《史记》第七册卷六三，中华书局，1959，第2145页。

② 商务印书馆（香港）有限公司，《汉语大词典》（2.0版），汉语大词典出版社，2002。转引自刘研，《电子游戏的情感传播研究》，博士学位论文，浙江大学，2014，第16–17页。

理想"①。可见，如果处理得当，游戏这种看似玩世不恭的行为，也是一种大有裨益的修行方式。杭州著名的灵隐寺就将围棋游戏当作僧人修行的重要功课，这是因为棋理与佛理相通。

又如，古代关于兵种的棋类游戏"六博"蕴含着为人处世的道理。《孔子家语·五仪解》中便记载了孔子论述"六博"与"君子"为人之间关系的内容。

> 哀公问于孔子曰："吾闻君子不博，有之乎？"孔子曰："有之。"公曰："何为？"对曰："为其二乘。"公曰："有二乘，则何为不博？"子曰："为其兼行恶道也。"哀公惧焉，有闲，复问曰："若是乎，君子之恶恶道至甚也。"孔子曰："君子之恶恶道不甚，则好善道亦不甚；好善道不甚，则百姓之亲上亦不甚，《诗》云：'未见君子，忧心惙惙。亦既见止，亦既觏止，我心则悦。'《诗》之好善道，甚也如此。"公曰："美哉！夫君子成人之善，不成人之恶。微吾子言焉，吾弗之闻也。"
>
> ——《孔子家语·五仪解》

中国古代关于游戏的各方论点，无论是戏谑玩闹还是修身养性，都显示出游戏具有情感娱乐与情商培养等社会情感功能。

西方语言种类多样，关于游戏一词也有各种表述，如非语言学家的梳理，我们很难对游戏一词进行较为全面的把握。庆幸的是，荷兰游戏学家赫伊津哈在这方面做了奠基性的工作，他在《游戏的人：文化中游戏成分的研究》第二章"表现在语言里的游戏观念"中，对多种语言中"游戏"一词进行了梳理。下面，笔者借用赫伊津哈的成果以英语和德语为例，② 对西方语言中"游戏"一词做简单介绍。

英语中对应游戏的单词主要是 game 和 play，前者是名词，后者是动词，两者搭配 play a game 即"玩游戏"或"做游戏"。此外，play 也有

---

① 引自吴汝钧《游戏三昧：禅的实践与终极关怀》，台湾学生书局，1993，第164页。

② 因后文涉及的除了英语语系的游戏学者的研究，还有涉及德国学者康德、席勒、伽达默尔等人的游戏观点，因此，对英语和德语中游戏一词做简单介绍，为后文论述做铺垫。

"扮演"之义。在古英语或古日耳曼语中，表示游戏含义的词根有很多。如日耳曼词根 spil 和 spel 具有游戏的含义，德语说 ein Spiel treiben 表示玩游戏，英语说 pursue a game 表示玩游戏。这一词根随后演变为 play 这个动词。另一个词根是 plega，具有"扮演""代表某人"等含义，具有角色扮演的"游戏"含义。赫伊津哈研究指出，在词源上，play 或 to play 派生于古盎格鲁撒克逊语的 plega 和 plegan，其首要意思是"游戏"，其次还有快速运动、手势、手把握、鼓掌、玩乐器和各种身体运动的意思，类似于中国古代的"游戏"含义。现代德语的 pflegan 也是从这个词派生而来的，不过它除了有表示游戏的含义之外，还有一些并非玩乐的含义，如"担保、冒风险、暴露在危险中"，以及"承诺、专注于、照顾"；在其他日耳曼语中，pflegan 表达尊敬、谢忱、发誓、哀悼、工作、爱、巫术。可见，pflegan 这个词不仅用于扮演、运动等游戏方面，还用于宗教、法律和伦理方面。赫伊津哈指出，play 和 pflegan 词源上是同质的，两者的区别表现在：play 沿着语义具体化的路子变化发展，而 pflegan 则沿着语义抽象化的路子变化发展，但两者在语义上都贴近游戏的领域。我们不妨把这个领域叫做仪式的领域。① 由于本研究是从互动仪式角度切入游戏互动，因此，在关于游戏的互动仪式研究中，笔者主要选取这两个单词作为游戏的外文单词，特此说明。

虽然，英语与德语中对"游戏"的解释较为丰富，不过其基本释义与中文游戏具有共同之处。此外，扮演、演奏也是一种消遣娱乐活动，是从游戏的基本义中派生出来的，现代网络游戏中的角色扮演类游戏更是体现了游戏扮演、表演的题中之义。而体育比赛从某种程度上说是另一种形式的游戏，许多体育运动都与 play（游戏）有关，如 play football、play basketball 等。因此，无论中西方，"游戏"一词的众多词义都是可以相互转化和融通的。"游戏"一词字面上的差异并不妨碍世界各国人们对游戏的理解与认知，这也是游戏之所以成为世界文化的重要原因。

（二）游戏与网络游戏的学术定义

赫伊津哈是为数不多的对游戏在学理层面进行系统研究的代表人物。

---

① 参见约翰·赫伊津哈《游戏的人：文化中游戏成分的研究》，何道宽译，广州：花城出版社，2007 年，第 40 - 41 页。

他从文化史学的角度对游戏进行了系统的论述，开启了现代游戏文化研究的序幕。许多学者都将其视为现代游戏研究的重要奠基人。

赫伊津哈在《游戏的人：文化中游戏成分的研究》一书中，从游戏的形式特征角度展开对游戏概念的界定，指出游戏具有四大特征。①

1. 自愿性与自由性。"一切游戏都是自愿的活动。服从命令的游戏不再是游戏：这样的游戏不过是强制而为的模仿。"游戏的这一特性在一定程度上也体现了康德和席勒的游戏自由与审美思想。

2. 游戏的虚拟性与非功利性。"它步出了'真实的'生活，进入一个暂时的活动领域，带有它自己的倾向。"游戏是一种虚拟活动，是对现实生活的扮演和假装。参与游戏的人都知道游戏是虚拟的，但他们仍然以认真的态度对待这种虚拟活动。游戏的虚拟性引出了游戏的非功利性。"所有学者都强调游戏和利益没有直接的关系。"游戏的非功利性在于它处在欲望和胃口的直接满足之外。人们满足于游戏活动中的沉浸感，它与利益并没有直接的关系。

3. 游戏的隔离性与局限性。游戏是在特定的时间地点范围内开展的。一切游戏的进行都存在物质或想象的边界，这是游戏的时空特性。"一切游戏的进行和存在都限定在事先划定的场地，标定的边界既可能是物质的边界，也可能是想象中的边界，既可能是有意识划定的边界，也可能是理所当然的边界。"

4. 游戏的规则性与审美情趣。游戏活动要符合规则约束，一切游戏都要遵守制定的规则。"游戏规则是绝对的约束力，不允许怀疑。……规则一旦打破，整个游戏世界就崩溃了。游戏也就完结了。"游戏的规则性创造了游戏世界的秩序，保证游戏世界和谐地运行。同时，游戏的规则性给不完美的世界带来一种暂时的完美体验。因此，这就解释了游戏在很大程度是一种审美。我们能从游戏中感受到节律与和谐。

此外，赫伊津哈还指出游戏能够促进社群的形成。"一般地说，即使游戏结束之后，游戏的社群也往往成为永久性的社群"，人们在其中分享重要的东西。游戏社群往往笼罩着神秘与神圣的氛围。为了看神圣的游戏

---

① 参见约翰·赫伊津哈《游戏的人：文化中游戏成分的研究》，何道宽译，花城出版社，2007。

节庆活动，正常的社会生活需要暂停，这样的现象在世界各地都有迹可循。

最后，赫伊津哈总结说"如果要总结游戏的形式特征，我们不妨称之为一种自由的活动，有意识脱离平常生活并使之'不严肃'的活动，同时又使游戏人全身心投入、忘乎所以的活动。游戏和物质利益没有直接的关系，游戏人不能够从中获利。游戏在特定的时空范围内展开，遵守固定的规则，并井然有序。游戏促进社群的形成，游戏的社群往往笼罩着神秘的气氛，游戏人往往要乔装打扮或戴上面具，以示自己有别于一般的世人"。① 处于这种状态的人就是"游戏的人"。因此，赫伊津哈将游戏定义为：游戏是在特定的时间和空间中展开的活动，游戏呈现明显的秩序，遵循广泛接受的规则，没有时势的必需和物质的功利。游戏的情绪是欢天喜地、热情高涨的，随情景而定，或神圣，或喜庆。兴奋和紧张的情绪伴随着手舞足蹈的动作，欢声笑语、心旷神怡随之而起。

赫伊津哈从深层关系上分析了"文化固有的游戏成分"。他说："我的目的不是界定游戏在一切文化表现形式中的地位，我是想断言，文化本身在很大程度上打上了游戏的烙印，带有游戏的性质。"② 因此，他的研究对象及其广泛，几乎涵盖了游戏的所有文化领域，对后世的游戏研究具有重要的影响。据了解，包括伽达默尔、罗杰·凯卢瓦（Roger Caillois）、加斯帕·尤尔（Jesper Juul）等人在内的学者的游戏思想都或多或少参考过赫伊津哈的游戏研究。以下是学术界公认的有代表性的现代游戏定义（见表1–1）。

表1–1　有代表性的游戏定义③

学者	游戏定义
约翰·赫伊津哈（Johan Huizinga, 1938）	游戏是在特定的时间和空间中展开的活动，游戏呈现明显的秩序，遵循广泛接受的规则，没有时势的必需和物质的功利。游戏的情绪是欢天喜地、热情高涨的，随情景而定，或神圣，或喜庆。兴奋和紧张的情绪伴随着手舞足蹈的动作，欢声笑语、心旷神怡随之而起

① 引自约翰·赫伊津哈《游戏的人：文化中游戏成分的研究》，何道宽译，花城出版社，2007，第14页。
② 引自约翰·赫伊津哈《游戏的人：文化中游戏成分的研究》，何道宽译，花城出版社，2007，第33页。
③ 转引自 Jesper Juul《游戏、玩家、世界：对游戏本质的探讨》，关萍萍译，《文化艺术研究》2009年第1期。

学者	游戏定义
罗杰·凯卢瓦 （Roger Caillois, 1961）	该活动必须包括自由（自愿）、独立的（时空上）、不确定性、无收益的、规则设定、有信任
伯纳德·舒茨 （Bernard Suits, 1978）	玩游戏就是进入一种特殊事件状态，只运用游戏规则所允许的手段，选择较低效率的手段，规则就会禁止高效率，这种规则仅仅因为可以使该活动成为可能被接受
E. M. 埃夫登与 布赖恩·萨顿·史密斯 （E. M. Avedon& Sutton Smith, 1981）	从最基本的层面我们可以将游戏定义为自愿控制系统的运用，其中存在各种力量的对抗，由一定的程序和规则限制以产生非平衡结果
克里斯·克劳福德 （Chris Crawford, 1981）	我认为有四个共同的要素：再现（在一个封闭的正式系统内，主观呈现一系列真实）；互动；冲突和安全（游戏的结果总是不如游戏的模式严酷）
大卫·凯利 （David Kelley, 1988）	游戏是一种一系列规则组成的娱乐方式，有明确的目标和达到目标所允许使用的手段
凯蒂·萨伦和 埃里克·齐默尔曼 （Katie Salen & Eric Zimmerman, 2003）	游戏是让玩家进入一个人为的冲突系统，有规则限制，并有可计算的结果

　　从以上关于游戏的代表性定义来看，一些学者已经将经典的游戏定义拓展到包括网络游戏在内的大游戏领域中。其中，英国游戏学家加斯帕·尤尔就是大游戏（the broader area of games）研究的重要代表人物。他在梳理了以上诸位游戏学者的定义基础上指出，一个好的游戏定义需要涉及三个层次（Juul, 2003）：第一，由游戏规则所设立的一套系统；第二，游戏与玩家之间的关系；第三，游戏行为与游戏外世界的关系。并归纳出大游戏的六大特征（特征与定义的关系见表1-2）：（1）规则：任何游戏都是基于规则之上的；（2）变化且可计算的结果：游戏具有变化但可计算的结果；（3）赋予结果以价值：不同的游戏结果被赋予不同的价值，这些价值有些是积极的，有些是消极的；（4）游戏者付出的努力：游戏者会不断付出努力以影响游戏的结果，即游戏是充满挑战的；（5）游戏体验受游戏结果影响：游戏者的情感体验受游戏结果的影响。如果游戏获得成功，游戏者就会感到快乐并且处于积极情绪之中；如果游

戏遭遇失败，游戏者就会感到沮丧且处于消极情绪之中；（6）可协商的结果：游戏者玩同一款游戏（或同一套规则）既可以对现实生活产生影响，也可以不产生影响。

表 1 - 2 游戏特征与定义三要素的关系

	由游戏规则所设立的一套系统	游戏与玩家之间的关系	游戏行为与游戏外世界的关系
规则	√		
变化且可计算的结果	√		
赋予结果以价值		√	
游戏者付出的努力	√	√	
游戏体验受游戏结果影响		√	
可协商的结果			√

因此，加斯帕·尤尔（Juul，2003）对包括网络游戏在内的大游戏的定义是：游戏是基于规则形成的系统，具有多样且可计算的结果，不同的结果被赋予不同的价值。游戏者付出努力影响结果以获得期盼的情感体验，游戏的结果是可协商的。

（三）游戏的本质

游戏具有生物学上的根源，但本质属性是文化。虽然赫伊津哈主张游戏的文化本质属性，但不否认游戏的生物学起源。他指出，"在种系发生上，鸟类远离人类，却与人类共有如此之多的游戏特征，这实在是令人惊叹。鹬鸟以舞姿竞技，乌鸦以飞行比赛，园丁鸟装饰鸟巢，燕雀吟唱优美的旋律。由此可见，作为娱乐的竞争和展示并不是起源于文化，而是走在文化之前的"。[①] 此外，席勒在研究游戏的美学属性时也将游戏分为"自然游戏"与"审美游戏"两大类。其中，自然游戏是动物因物质资料的缺乏而谋求维持生存所进行的活动，这是所有生物的共性；审美游戏则是因生命能量的过剩而引起的生物对生命力的自我表现与自我

---

① 引自约翰·赫伊津哈《游戏的人：文化中游戏成分的研究》，何道宽译，花城出版社，2007，第 13 页。

欣赏活动，是人特有的。① 斯宾塞的观点与席勒类似，认为游戏是多余
生命能量的释放。"当我们上升为高等动物后，我们发现，时间和精力并
没有完全被用于满足直接需求。由于每一个具有智力的生物都服从这一
条规律，即当它的器官停止活动的间歇比通常时间长时，就变得格外易
于活动。于是，当环境准许模仿时，对器官活动的模仿也就轻而易举地
代替了真正的活动，于是就产生了各种各样的游戏。"② 可见，人类游戏
具有与动物相似的生物特征，如（1）过剩生命能量的释放；（2）模仿
的本能；（3）身心放松与宣泄的需求；（4）幼龄阶段为准备对付生活而
进行的训练；（5）个体学习自我克制所必须的演戏；（6）维持个人价值
的某种情感的动作。但人类游戏区别于动物游戏的本质之处在于其特有
的文化本质，因为只有人类具有创造文化的能力。因此，游戏生物说与
游戏文化说并不矛盾，是人类游戏特征的两个方面，即游戏的本质是文
化，且具有生物学的起源。

二　互动/交往与互动仪式

（一）互动/交往

在人际关系与社会中，互动即交往，交往即传播，传播即互动。因
此，在日常生活中，人们往往将互动、交往、传播作为同一个概念进行
运用。交往作为联系互动与传播的中间纽带，在语言色彩上更具有社会
性与情感性的意味。因此，我们从交往的概念入手，分析人们的社会互
动交往与传播的关系。

人有交往的基本社会需要，需要与世界进行联系。马克思指出，人
是一切社会关系的总和。结构主义也认为，世界是由各种关系而不是由
事物构成的，③ 并通过语言学和人类学的研究证明了人类社会也是关系
维系的观点。人本主义心理学的创始人马斯洛在论述人的基本需要时，

---

① 参见席勒《审美教育书简》，张玉能译，译林出版社，2012，第 44～48 页。
② 引自斯宾塞《心理学原理》，载蒋孔阳主编《十九世纪西方美学史（英法美卷）》，复
旦大学出版社，1990，第 124 页。
③ 参见特伦斯·霍克斯《结构主义和符号学》，瞿铁鹏译，刘峰校，上海译文出版社，
1997，第 8 页。

特别强调人际关系需要对个人自我实现的意义。[1] 哈贝马斯通过对人类交往行为的研究指出，交往对于推动社会进化具有重要意义。[2] 因此，正是通过互动交往，文明才得以发展，社会才得以进步。

交往即传播。在哲学层面，交往指"人与人或人群共同体之间为了实现变革世界和生存环境的目的，通过媒体中介而展开的相互沟通、相互影响、相互渗透、相互制约、相互改造的各种实践活动和所形成的普遍性的社会关系"。[3] 在社会学层面，交往通常称为社会互动（social interaction），"在这种互动过程中，人们以相互的或交换的方式对别人采取行动，或者对别人的行动做出回应。社会互动以这样或那样的形式，构成了人类存在的主要部分"。[4] 传播学通常将交往称为人际传播，指人与人之间的信息传播活动，是社会生活中最直观、最常见、最丰富的传播现象。[5] 心理学通常将社会交往解释为人与人之间的精神信息交流，因而也叫社会沟通（social communication）。根据《心理学大词典》的解释，社会交往是指以姿势、语言、文字、艺术等各种象征符号为媒介，把信息、知识、情感、意义等精神内容加以传达，实现人与人的交往和互动的过程。[6] 虽然不同学科对社会交往的界定不同，但基本认为交往即传播。

哈贝马斯指出，交往活动（communication action）是以理解为目的的活动，交往活动的发生以"交往性资质"（communicative competences）为前提条件。要达到理解，一个参与交往活动的人必须：a. 说出某种可理解的东西；b. 使自己成为可理解的；c. 与他人（听者）达成相互理解或共识（consensus）。在哈贝马斯看来，只有把交往活动同关于"生活世界"的分析结合起来，才能重构一种比韦伯社会学更好的现代化理论。[7]

---

[1] 参见车文博《人本主义心理学》，浙江教育出版社，2003，第 135 页。

[2] 参见哈贝马斯《交往与社会进化》，张博树译，重庆出版社，1989。

[3] 引自姚纪纲《交往的世界——当代交往理论探索》，人民出版社，2002，第 14 页。

[4] 引自戴维·波普诺《社会学（第十版）》，李强等译，中国人民大学出版社，1999，第 116 页。

[5] 参见彭兰《网络传播概论》，中国人民大学出版社，2001，第 266 页。

[6] 参见朱智贤《心理学大词典》，北京师范大学出版社，1989，第 567 页。

[7] 参见 Habemras J., *The Theroy of Communicative Action*, Vol. II（BeaconPress, Boston, 1984），p. 304.

交往需要通过语言等符号进行。语言世界是典型的符号世界，是符号学家认为的最接近心灵永恒结构的符号。彼得斯认为，"交流（communication）是两颗脑袋凭借精细无误的符号手段产生的接触"。① 交流或交往的重点不在于信息的过程传播，而在于符号意义的传达与精神的交往。王武召（2002）认为，社会交往就是人的社会存在方式，是指在一定的历史条件下，人与人之间互相往来，进行物质、精神交流的社会活动。社会交往可分为物质交往、精神交往和两性交往。所谓物质交往是指在一定的历史条件下，人与人之间互相往来，进行物质交流的社会活动，其内容是物质产品；而精神交往是指在一定的历史条件下，人与人之间进行精神交流的社会活动，其内容是思想、意识、观念、情感和情绪等精神性的东西，是精神生产的产品。英语中，精神交往与传播都用"communication"表示。李思屈（2015）认为，只有在精神符号学的意义上，我们才能把人定义为符号的动物，而在一般的指称和符号指涉意义上，人与动物是没有本质区别的。因此，人类社会交往本质上是精神层面的符号互动。

网络交往已成为现代社会人际交往的重要方式。网络交往（Internet-Based/Computer-Mediated Communication）通常表达为 Internet Communication 或 E-Communication，是伴随互联网发展起来的一种新型人际交往方式。黄少华、陈文江（2002）认为，网络交往是一种以"身体不在场"为基本特征的人际交往，是一场陌生人之间的互动游戏，其实质是一场重塑自我的游戏。

网络游戏是一种极具特色的网络交往媒介。一方面，网络游戏的互动性使得游戏行为主要是在游戏中进行互动、交流。另一方面，依托网络平台的网络游戏还可以通过论坛、QQ 群、微博、微信、直播平台等互联网通信应用进行其他形式的网络交往。此外，线上的游戏交往关系还可以延伸成线下生活世界的交往。一方面，许多游戏玩家组织会不定期举行线下社会活动，以此增进友谊；另一方面，许多一起玩游戏的伙伴大多由亲朋好友组成。

网络游戏互动交往是以趣缘为纽带开展的，因此游戏交往带有非常

---

① 引自彼得斯《交流的无奈——传播思想史》，何道宽译，华夏出版社，2003，第 12 页。

明显的情感传播特征。刘研（2014）认为，游戏者使用网络游戏文本进行多态互动的实质是进行情感传播。徐静（2015）认为，青少年网络游戏行为结构纷繁复杂，情感体验丰富多彩，情感性结果是网络游戏行为对玩家产生的最显著性影响，即使在最有可能体现理性色彩的游戏交易互动中，玩家依然以追求愉悦、成就感等积极情感为主要的目标和结果。可见，网络游戏社会互动的显著特征是情感交往。

（二）互动仪式

柯林斯将互动仪式看作微观社会互动的关键，我们通过微观社会互动交往最终能够解释宏观社会过程的变迁。柯林斯指出，互动仪式是人们最基本的活动，社会中的大部分现象，都是由人们的相互交流，通过各种互动仪式形成和维持的。[①] 他以对话为例，说明对话交流是一种最基本、最简单的互动仪式行为之一。交流互动不仅是行动的场景和社会行动者的基点，也是人们互动的情感和无意识方面的基点，是我们日常交流、讨价还价、游戏娱乐、交换或理性选择等方面的经验场所。因此，从某种意义上说，互动仪式是微观情境行动的主要形式。

互动仪式的核心是一个过程，在该过程中参与者发展出共同的关注焦点，并彼此相应感受到对方的身体的微观节奏与情感。[②] 其中，共同关注的焦点与有节奏的情感连带是互动仪式运行的核心机制。"互动仪式理论的核心机制是，高度的相互关注，即高度的互为主体性，跟高度的情感连带——通过身体的协调一致、相互激起/唤起参加者的神经系统——结合在一起，从而导致形成了与认知符号相关的成员身份感；同时也为每个参加者带来了情感能量，使他们感到有信心、热情和愿望去从事他们认为道德上容许的活动。"[③]

（三）情感能量与符号资本

情感能量与符号资本是互动仪式理论中的两个重要概念，是人们在参与互动仪式活动中寻求的主要资源。下面将分别对这两个概念进行解释。

---

① 参见兰德尔·柯林斯《互动仪式链》，林聚任、王丽君译，商务印书馆，2009，第3页。
② 参见兰德尔·柯林斯《互动仪式链》，林聚任、王丽君译，商务印书馆，2009，第85页。
③ 引自兰德尔·柯林斯《互动仪式链》，林聚任、王丽君译，商务印书馆，2009，第79页。

1. 情感与情感能量

人类是地球上最具情感的动物。在进化过程中，自然选择配置了我们祖先的神经系统，使人这个物种比地球上其他的任何物种都具有更多的情感特征。人类能够表达和解释大量情绪状态，并且，人类的认知、行为以及社会组织的任何方面几乎都受到情感的驱动。[①]

我们无意对情感进行语义和词义上的精确考察，仅就社会学研究中的情感（emotion）进行概念分析。在社会学上，情感受文化建构、生物基础、认知等因素共同影响。情感是由身体系统激活所唤醒的，这种唤醒一般源自对自我与他人、社会结构和文化关系的评价。情感一旦被激活，将受到认知加工和文化的制约。[②] 神经科学研究证明，情感是认知过程不可分割的必要组成部分。在神经生理结构上，负责情感产生的大脑皮层下区域与负责认知的皮层上区域（皮质区）通过"自下而上"与"自上而下"的神经通道互相连接，相互影响。当皮层下区域产生的情感通过上行神经通道传到上层的皮质区时，认知过程就会受情感的影响。而当皮质区的认知判断通过下行神经通道传达到皮层下区域时，认知机制也会对情感表达起到有意识的反思作用。这些认知与情感的交互作用意味着情感帮助建构认知，而认知使情感成形。[③]

社会学的视角认为，情感包括以下成分：关键的身体系统的生理激活；社会建构的文化定义和限制，它规定了在具体情境中情感应如何体验和表达；由文化提供的语言标签被应用于内部的感受；外显的面部表情、声音和副语言表达；对情境中客体或事件的知觉与评价。[④]

在研究中，人们通常将情感分为离散维度的情感和上位维度的情感。

离散维度（discrete dimension）通常指诸如愤怒、厌恶、悲伤、愉快、羞愧、恐惧、满意、惊讶等具体情感体验（Izard，1972；Plutchik，

---

① 参见乔纳森·特纳《人类情感——社会学的理论》，孙俊才、文军译，东方出版社，2009，第1页。

② 参见乔纳森·特纳、简·斯戴兹《情感社会学》，孙俊才、文军译，上海人民出版社，2007，第8页。

③ 参见罗伯特·F. 波特、保罗·D. 博尔斯《传播与认知科学：媒介心理生理学测量的理论与方法》，支庭荣等译，清华大学出版社，2012，第115页。

④ 参见乔纳森·特纳、简·斯戴兹《情感社会学》，孙俊才、文军译，上海人民出版社，2007，第7～8页。

1980）。从离散维度的情感研究中，学者们辨识出了上位维度（superor-dinate dimension），最终获得认可的是唤醒和效价。[①] 情感的离散维度类似于我们说的基本情感（primary emotions）与次级情感（secondary emotions）。我们通常把高兴、恐惧、愤怒和悲伤作为人类的基本情感（Kemper，1987）。基本情感在长期的人类进化过程中混合产生了更具社会性的次级情感，如内疚、羞愧、疏离等。[②] 上位维度的情感标明情感的方向（接近/避免）与强度，情感的上位维度与动机系统、欲求系统和厌恶系统有关，[③] 通常类似我们所说的动力性情感。

　　情感能量作为一种动力具有社会认知取向，是推动情感社会表达的动力。社会认知理论家齐瓦·孔达指出，情感是一种暖认知。她指出，暖认知是指那些受我们愿望和情感驱动的心理加工。这是从情感作为动机力量的角度来解释情感的心理机制。"我认为，动机和情感对判断的影响，是通过影响形成判断过程中的认知加工来实现的。"[④]

　　（1）情感能量

　　从互动仪式链理论模型可以看出，情感既是互动仪式的条件，也是互动的结果。作为 IR 条件的情感是情感连带，是短期的、实时的情绪状态，作为 IR 结果的情感是长期的、稳定的情感能量。两种情感既有区别，又有联系。一方面，短期情感可以通过互动仪式机制转化成长期的情感能量。各种短期情感体验的结果往往都会流回到被称为"情感能量"的长期情感构成中。[⑤] 另一方面，情感能量是短期情感的基线来源。之前积累的情感能量可以作为特定情境下开展互动仪式的动力来源。[⑥]

---

① 参见罗伯特·F. 波特、保罗·D. 博尔斯《传播与认知科学：媒介心理生理学测量的理论与方法》，支庭荣等译，清华大学出版社，2012，第 120 页。

② 参见乔纳森·特纳《人类情感——社会学的理论》孙俊才、文军译，东方出版社，2009，第 3～9 页。

③ 参见罗伯特·F. 波特、保罗·D. 博尔斯《传播与认知科学：媒介心理生理学测量的理论与方法》，支庭荣等译，清华大学出版社，2012，第 121 页。

④ 引自齐瓦·孔达《社会认知——洞悉人心的科学》，周治金、朱新秤译，人民邮电出版社，2013，第 156 页。

⑤ 参见兰德尔·柯林斯《互动仪式链》，林聚任、王丽君译，商务印书馆，2009，第 187 页。

⑥ 参见兰德尔·柯林斯《互动仪式链》，林聚任、王丽君译，商务印书馆，2009，第 181 页。

因此，互动仪式链体现的是一个动态的、跨情境的情感能量流动过程。

情感能量，即一种采取行动时自信、兴高采烈、有力量、满腔热忱与主动进取的感觉。[①] 情感能量是一个连续统，从高端的自信、热情、自我感觉良好，到中间平淡的常态，再到末端的消沉、缺乏主动性与消极的自我感觉。情感能量类似心理学中"驱力"的概念，但具有特殊的社会取向。高度的情感能量是一种对社会互动充满自信与热情的感受。它是个人拥有的大量涂尔干所言的对于群体的仪式团结。[②] 在互动仪式中，情感能量包含在个体的符号储备中，即大脑的认知部分。因此，情感能量具有认知的成分，它是一种支配特定类型的情境或展现特定群体的成员身份的期望。这一认知方面是指符号（特殊的记忆以及一般化的观点或标志）具有依附于它们的情感能量，因为在运用这些符号展现社会关系时，符号唤起了较高或较低的主动性。[③] 正因为互动仪式产生了依附于情感能量的符号，仪式符号也因此具有情感意义。因此，柯林斯强调互动仪式链理论是乘借情感能量之势的一套符号性表达。[④] 情感能量具有社会认知取向，是推动情感符号表达的动力。

（2）情感能量最大化作为互动仪式市场选择的共同标准

情感能量是互动仪式市场中的关键资源，是个体在互动仪式市场上寻找的重要回报。个体在互动仪式中投入时间、精力、物质、情感等各种成本，其最终目的都是获取情感能量回报。因此，个体在互动仪式市场中往往趋向选择情感能量回报最大化的情境。在这个意义上，追求情感能量满足是高度理性化的，情感能量也成为互动中做出决策的共同标准。

情感能量的结果循环是形成个体长期动机的关键。当一次 IR 的结果的情感能量反馈到能够影响随后的 IR 的运行条件时，长期的 IRs 链就出现了。在这一互动仪式链条中，情感能量作为情境运动的推动力，是一种再投资的资源要素。因此，一个人的情感能量储备的多少是决定其能

---

① 参见兰德尔·柯林斯《互动仪式链》，林聚任、王丽君译，商务印书馆，2009，第87页。

② 参见兰德尔·柯林斯《互动仪式链》，林聚任、王丽君译，商务印书馆，2009，第161页。

③ 参见兰德尔·柯林斯《互动仪式链》，林聚任、王丽君译，商务印书馆，2009，第173～174页。

④ 参见兰德尔·柯林斯《互动仪式链》，林聚任、王丽君译，商务印书馆，2009，第84页。

否进一步开展互动仪式的关键资源之一。那些拥有高度情感能量储备的人是互动仪式中的明星，他们善于将之前情境中的 EE 储备投资于后续的互动情境中，从而获得持续的互动情感收益。

作为动机力量与再投资资源要素的情感在解释社会联合和社会文化承诺如何形成和发展方面具有重要意义，本研究关注游戏互动交往对社群团结与文化承诺的情感机制作用，因此研究重点关注作为动机力量的情感。

2. 符号资本与身份符号

符号资本概念最先由法国哲学家、社会学家布迪厄提出。根据布迪厄的观点，符号资本指的是特权、声名、神圣性或荣誉的累积程度，它是建立在知识和认可的辩证法之基础上的。符号资本具有三大功能：一是具备资本的再生产与转换功能。二是具有符号权力，即通过占有符号资本而取得支配社会资源和他人行为的象征权力。三是具有合法化效果，它能赋予被认可者以社会地位和社会身份。[①] 我们知道，符号追求的是人类心灵的永恒结构，而社会、文化、经济都是永恒心灵结构的外化。霍克斯认为，"几乎没有什么领域比语言学和人类学更接近于心灵的'永恒结构'"。[②] 而"构成文化的整个社会行为领域或许事实上也表现了一种按照语言的模式进行'编码'的活动"。[③] 因此，经济、社会、文化中各种形式的活动都属于符号性活动。互动仪式市场中的符号资本具有三种基本资本的特征。首先，互动仪式的符号资本是一种代表群体的特殊文化资本，这种特殊文化资本使互动主体能够在仪式市场中获得关注，并以此开展社会交往活动。在这些特殊文化资本中，成员身份符号是最重要的符号资本，它是准入互动仪式市场开展社交活动的重要符号资本，也是个体在仪式互动中渴望积累和巩固的社会资本。因此，在本研究中，笔者将互动仪式产生的各种文化与社会资本统称为符号资本。

（1）作为特色文化资本的符号资本

互动仪式产生的情感与社会关系会表征为群体的特殊符号。这些符

---

① 参见 Bourdieu Pierre，*The Field of Cultural Production：Essays on Art and Literature*（Columbia University Press，1993），p. 7.

② 引自特伦斯·霍克斯《结构主义和符号学》，瞿铁鹏译，刘峰校，上海译文出版社，1997，第 9 页。

③ 引自特伦斯·霍克斯《结构主义和符号学》，瞿铁鹏译，刘峰校，上海译文出版社，1997，第 24 页。

号在群体间循环，成为群体共享的文化资源，而这些文化资源构成了群体的文化资本。在互动仪式链理论中，文化资本分为一般文化资本和特色文化资本（particularized cultural capital），[①] 相应的作为文化资本的符号也分为一般化符号与特殊化符号。一般文化资本主要是指那些可能并不熟识的人之间众所周知的东西。而那些具体的信息，比如特定群体的成员身份、专门化语言、特殊的知识、经历、记忆以及其他的仅为群体成员共享的事件等构成了群体的特色文化资本。"特色文化资本很可能是最重要的一种，尤其是对流动性的情境动力机制而言更为重要"。[②] 作为一般文化资本的一般化符号和作为特色文化资本特殊化符号都承载了 IRs 中的情感负荷，因此两者都是互动仪式成员储备着的情感符号。普通观众的一般化符号依赖于大型群体的重新聚集，而这些群体中的个人对于大规模的集结是否发生或举行几乎没有主动性。既然这些一般化的符号通常并不能通过日常生活的普通互动被重新激起，所以它们呈现更多不稳定的倾向。而在相互了解的互动网络中，特殊化符号具有更大的稳定性与生命力。[③]

（2）成员身份符号：进入互动仪式市场的必要条件

成员身份符号是互动仪式中最重要的符号资本之一。由于，成功的互动仪式产生的是情感团结和成员身份认同感。因此，成功的仪式互动能够产生作为特色文化资本的成员身份符号。成员身份符号是互动群体区分于其他群体的身份标识，是群体团结与认同感的载体，能够激活并维持互动仪式链的情感运行。

成员身份符号主要包括进入某一互动仪式或群体所需要的文化资本和社交技巧，是个体进入特定互动仪式市场的条件。如果没有相应的身份符号，个体便不能顺利进入相应的互动仪式市场。因此，各个互动仪式市场往往是由身份符号相似的成员组成的。

成员身份符号承载着成员群体的特殊文化意义，因此，身份符号储

① 参见乔纳森·特纳、简·斯戴兹《情感社会学》，孙俊才、文军译，上海人民出版社，2007，第66页。
② 引自兰德尔·柯林斯《互动仪式链》，林聚任、王丽君译，商务印书馆，2009，第134页。
③ 参见兰德尔·柯林斯《互动仪式链》，林聚任、王丽君译，商务印书馆，2009，第134~135页。

备程度不同的个体所拥有的社群文化资本与权力具有差异。通常拥有非常丰富成员身份符号的个体，能够依靠这些符号资本获得高度的关注，并在相应的互动仪式市场中处于优势地位。这样一来，他们容易在其中获得更多的包括情感在内的文化资本与权力。而那些身份符号资本贫乏的人则相对处于互动仪式市场的外围，而没有相应身份符号的人则会被排除在特定的互动仪式之外。因此，成员身份符号也是互动仪式参与者渴望获得的文化资本。

此外，成功的互动仪式也会不断重复使用并强化或更新已有的身份符号，不断丰富其意义内涵，从而增强群体的团结感与认同感。

总之，情感能量和成员身份符号作为重要的互动仪式市场资源，通过再投资进行情境互动匹配，使得单一的 IR 形成丰富的 IRs 链。因此，互动仪式市场也为从概念上形成微观与宏观之间的连接提供了一种方式。这是一种关于情感和符号在长期的互动轨迹中如何运动的机制，为我们观察中观组织社群乃至宏观社会结构中情感与符号互动机制提供重要理论依据。

三 社群、虚拟社群、社群认同与团结

（一）社群/社区

"社群"一词最初来源于"社区"，① "社区"一词最早是由德国社会思想家滕尼斯 1887 年在《共同体和社会》（*Gemeinschaft and Gesellschaft*）中提出的概念。滕尼斯提出"Gemeinschaft"主要存在于传统的乡村社会中，它是人与人之间关系密切、守望相助、富有人情味的社会团体，连接人们的是具有共同利益的血缘、感情和伦理等纽带，人们基于情感动机形成了亲密无间、互相信任的关系。"Gemeinschaft"这一概念强调人与人之间形成的亲密关系和共同的精神意识以及对"Gemeinschaft"的归属感、认同感。② 20 世纪 20 年代，美国社会学家罗密斯（Loomis）等把滕尼斯的"Gemeinschaft"翻译为我们熟悉的"Community"，含有"共同性""联合"或"社会生活"等义。后来，美国社会学

---

① 由于社群与社区在英文中是同一个词，在本研究中，社群与社区也是同一个概念。
② 参见斐迪南·滕尼斯《共同体与社会》，林荣远译，商务印书馆，1999。

家帕克等学者又赋予它地域性的含义，认为社区是占据在一块被或多或少明确地限定了的地域上的人群汇集。[①]

从"Gemeinschaft"到"Community"，目前对社区的理解存在着多种不同的理论视角。这些分析视角大致可以归纳为两种基本类型：一是强调地域性，认为共同地域是构成社区的基础；二是强调关系性，认为互动和纽带关系是构成社区/社群的基础。[②] 社区体现了地域性和共同归属感。

（二）虚拟社群

随着互联网技术的发展，虚拟社群/网络社群成为当下新兴的社群组织形式。Rheingold（1993）认为虚拟社群是一种社会群体，有足够的人、情感与人际关系在网络的虚拟空间上长期互动、交流与沟通，而产生在网络空间中联系社群关系的社会聚合体。Anne 表示，网络虚拟社群通常为一个拥有共同兴趣的团体。通常这些团体存在于网络上，透过电子互动的方式聚在一起讨论。Reid 与 Elizabeth（1995）指出虚拟社群是一群具有共同兴趣的人利用网络上虚拟的空间彼此交流与共享信息而形成的社群关系。Romm 等人（1997）认为虚拟社群是一群人透过电子媒体相互沟通、分享共同兴趣的群体。虚拟社群最吸引人的地方在于它提供了一个让成员可以自由自在分享信息与情感的网络环境，在现实世界里互不认识的陌生人可以透过互联网进行交往，进而建立起长期稳定的关系。Wellman 认为虚拟社群关系是一种存在于人际的网络式关系，提供社会化、信息、归属感、支持、社会认同感等功能，网络科技与具有相同的兴趣或共同的目标是虚拟社群关系能否建立与持久的重要条件。[③] 既然虚拟社群是由一群兴趣、背景或意识形态相同的人通过互联网互动所聚集而成的共同体，那么社群成员通过长期的互动交往会对该社群产生情感与文化上的认同感和归属感，也会促进社群成员社会关系的建立与强化。戈登认为，情感产生于持久的社会关系之中。Barber（1983）的研究也发现以人际关系为基础所发展出来的信任关系是来自和对方长期所

---

① 参见 R. E. 帕克等《城市社会学》，宋峻岭等译，华夏出版社，1987。

② 黄少华，《网络空间的族群认同》，博士学位论文，兰州大学，2008，第 27 页。

③ 转引自张夷君《虚拟社群信任对消费者网络团购意愿影响之研究》，博士学位论文，复旦大学，2010，第 19 页。

建立的关系，同一社群的会员借由平时分享信息与集体购物所建立起的良好社群关系，致使社群成员相对于完全不认识的陌生人而言有更高的信任感。具有代表性的虚拟社群定义如表 1 – 3。

表 1 – 3　有代表性的虚拟社群的定义①

作者	虚拟社群定义
瑞恩高德 （Rheingold，1993）	虚拟社群为通过网络，由足够的人数持续参与、交流、沟通及经营，所产生在互联网络空间中联系群体关系网络的社会聚集体。
欧登博格 （Oldenburg，1993）	网络的虚拟社群是一个公开的虚拟场合，以供社会大众在这个环境之中客观的表现自我的思想及意念。
安妮 （Anne，1994）	虚拟社群的定义相当于"第三个地方"的含义。这些虚拟社群通常为一个拥有共同兴趣的团体。通常这些团体存在于网络上，通过电子互动的方式聚在一起讨论。
瑞德 （Reid，1995）	虚拟社群为一个虚拟的空间（Cyber Space），在这环境的人们，会用彼此的想象力和创造力相互交会与互动，而这个互动过程是具有文化及传播的含义。
琼斯 （Jones，1995）	虚拟社群是传递共同的信任与经验，以结合在地理上分离各处的人。
哈格和阿姆斯壮 （Hagel&Armstrong，1996）	虚拟社群是由大众经由相同兴趣而聚集，所产生的兴趣社群。
罗伯特 （Robert，1997）	虚拟社群是由具有相同想法的一群人，在网络上聚集成多个群体，以相对于实际世界更快的速度来经营成长。
瑞恩高德 （Rheingold，1997）	虚拟社群是一种社会的集合体，它的发生来自虚拟空间上有足够的人、情感以及在网络上长期发展的人际关系。
柯密特 （Komito，1998）	虚拟社群通常是通过网上群组成员分享某行为或某主题，试图找到一个群体使群体内部的成员能够共存以及使彼此之间更加亲近：群体中的所有成员彼此分享社交互动、社交联系以及共同的空间。
鲁姆等人 （Romm et al.，1999）	虚拟社群为一种新的网络社会现象，在一个成长及稳定性的环境下，成员对社群具有忠诚与承诺，且彼此共同分享、交换意见与目标。
常等人 （Chang et al.，1999）	虚拟社群由一群因相同兴趣或情感的互联网络使用者在讨论区参与讨论或在聊天室中与他人聊天，通过相互交换信息而产生人际关系。

---

① 转引自周涛《Wiki 社群的社会网络分析》，硕士学位论文，华东师范大学，2005，第 5 ~ 7 页。

作者	虚拟社群定义
印巴瑞安等人 （Inbaria et al.，1999）	虚拟社群是由许多形式的计算机媒介通信所形成的，群体成员之间的接触是以计算机网络或电子布告栏的方式互相交换信息或意见，而形成一种长期人际关系。

（三）游戏社群

网络游戏玩家社群是以共同爱好为主凝聚而成的兴趣社群。贴吧、QQ 群、微博、网站、论坛、微信、直播平台等互联网社交平台都是游戏玩家互动的虚拟社群。玩家在虚拟社群中交流经验、分享情感，不仅针对与游戏相关的内容进行互动，而且常常对现实生活中的各种议题发表自己的看法。互联网的公共性使得游戏社群俨然成为另类公共领域。[①]

大多数网络游戏在功能设计上都具有可供玩家集体交流的虚拟社区（如虚拟团队、虚拟公会），而且玩家对于交互沟通的渴望也能促进玩家自发地形成玩家社群。Friedl 根据玩家在游戏中信息传播目标的不同将玩家间的互动范围分为宏观社区、微观社区和朋友三个层次。第一层次是如果玩家的游戏互动目标是进行交易或提升经验等级，那么他的互动传播范围就是"宏观社区"（macro-community），即他的互动范围可以是所有游戏玩家。第二层次是如果玩家只是想分享游戏攻略与经验、讨论游戏机构，或投票选举公会领导，那么他的互动范围将会聚焦与一个较小的社群范围，即"微观社区"（micro-community），这个范围通常是一个公会、帮会、家族或以共同兴趣偏好聚集起来的小型社群。第三层次是玩家熟悉的亲朋好友玩家圈子，他们是比微观社区还要亲密的团体，其中的互动类似于现实生活中的朋友互动，如深入交流内心体验、倾诉心声等。[②] 我们知道，互动仪式是以情境为出发点的，情感能量和符号资本是开展互动的重要资源。Friedl 关于互动范围的大小的划分只是理论上的结构，我们在现实游戏中与谁互动、在多大范围内互动，还是需要根据具体情境中的情感动力和符号资本的实际情况进行动态的判断。

---

① 参见王昀《另类公共领域？——线上游戏社区之检视》，《国际新闻界》2015 年第 8 期。

② 可参见 Markus Friedl《在线游戏互动性理论》，陈宗斌译，清华大学出版社，2006，第 75 页；关萍萍《电子游戏的多重互动性研究》，《北京邮电大学学报》（社会科学版）2011 年第 5 期。

尽管如此，Friedl 的研究仍然揭示了玩游戏不是一种纯粹个人的行为，而是存在多层次的集体互动。

游戏内的社群活动是指游戏玩家在游戏世界中的相互沟通和合作，主要分为临时组队与公会/帮会。组队是小规模的、临时性的组织活动，通常以游戏任务为中心。任何一个玩家都可以自由地与其他玩家组队，一旦任务结束，组队就可以自行解散。公会/帮会是一种更正式的、更稳定、更具有结构性的玩家组织。也有学者，如陈阳（2012）在临时团队与游戏公会组织之外提出了基于社交网络游戏平台的虚拟社区的社会关系。这种游戏社群关系实质上就是社交网络中的社会关系，游戏只不过是社交平台上的具体应用。因此，这种游戏玩家之间的社会关系与社交网络本身的结构具有很大关联。通常，以熟人社交为主的网络平台中的游戏玩家大多都是熟人社会关系，陌生社交网络中的玩家大多都是陌生人。这是现实生活中社会关系在社交网络上的直接延伸。因此，社交游戏成为维系社会关系的平台。Willson（2015）认为，社交网络游戏是一种广义上的社会交往平台，社交网络游戏行为是一种有创意的认同实践，有助于促进创意表达、社会动力与共同身份建构。

（四）团结与情感团结

团结是个人与社会关联之纽带。罗蒂指出，人类的团结感在于想象地认同他人生命的细微末节，而不在于承认某些原先共有的东西。[①] 社会团结是我们去创造的而非发现存在的，团结必须从细微的碎片中建立起来，这种观点是族群建构论在社群团结中的延伸。

情感团结是法国社会学家涂尔干在 1912 年最先提出的概念，他认为情感团结是具有相似信仰和行为的个人通过相互交往而形成的情感联系。[②] 柯林斯在 1975 年对涂尔干的理论进行了补充，认为个体间的互动是宗教的第三个基本属性，也有助于在个体间形成情感团结。[③] 因此，情感团结的形成机制包括共同的信念，共同的行为和个体间的互动三个要素。在概念运用过程中，情感团结有两个层面的含义。第一个层面是

---

① 参见理查德·罗蒂《偶然、反讽与团结》，徐文瑞译，商务印书馆，2003，第 270 页。
② Durkheim E. The Elementary Forms of the Religious Life, New York: Free Press, 1912/1965.
③ Collins. Conflict Sociology: Toward an Explanatory Science, New York: Academic Press, 1975, 56.

关于认同感，Wallace 和 Wolf（2006）认为，团结可以被理解为一个人对另一个人的认同感，这种认同感可加强个体之间的情感联结。第二个层面是个体间的情感联系，Hammarstrom（2015）认为情感团结是个人与他人之间体验到的情感结合，以情感亲近和联系程度为特征。Jacobs 和 Allen（2005）指出情感团结是把群体连结在一起，营造出一种"我们在一起"的感觉，而不是"我与你对立"的感受。本书研究中的情感团结是建立在情感联系与文化认同基础上的团结，是建构论意义上的情感团结。社会认同作为社会成员对自己的社群归属的认知与情感依附，[①] 是情感团结在社会实践中的外化。因此，书中的情感团结概念是在一般的社会认同概念基础上，进一步强调情感要素在认同中的作用机制。认同理论在前面已经介绍过，故在此不再赘述。

第四节 研究对象、场域与研究方法

一 研究对象与场域

本研究将以网络游戏玩家及其社群组织作为研究对象。据中国音数协游戏工委等发布的《2019 年中国游戏产业报告（摘要版）》显示，截至 2019 年 12 月，中国游戏用户规模达到 6.4 亿人，并且在持续扩大中。[②] 据国际数据公司 Newzoo 2019 年发布的报告显示，在中国，以终极玩家为代表的重度玩家主要集中在 21—35 岁，将近占整个角色的三分之二。这其中占比最多的年龄为 26—30 岁，平均年龄与中位数年龄均为 29 岁，这与全球这一方面的数据基本吻合。以时间填充者为代表的轻度玩家的大部分的年龄众数区间在 16—25 岁和 36—40 岁，中位数年龄为 35 岁，平均年龄 33 岁。[③] 从以上数据可以看出，中国游戏玩家年龄主要分布在 16—40 岁，且平均年龄与中位数、众数年龄都在 25 岁以上，由此

---

① 参见王希恩《民族过程与国家》，甘肃人民出版社，1998，第 140 页。
② 中国音像与数字出版协会游戏出版工作委员会（GPC）、国际数据公司（IDC），《2019 年中国游戏产业报告（摘要版）》，中国书籍出版社，2019，第 1 页。
③ 《Newzoo：中国重度游戏玩家高于全球平均水平》，http://www.199it.com/archives/882341.html，最后访问日期：2021 年 11 月 24 日。

可见，中国近年来关于未成年人游戏管控措施的成效开始显现。因此，我们应当抛弃游戏狂热爱好者只是十几岁男孩的刻板印象，而将游戏视为一种大众娱乐文化对人们生活方式的影响。那么从游戏文化属性上看，网络游戏属于二次元 ACG（英文 Animation、Comic、Game 的缩写，是动画、漫画和游戏的总称）文化范畴，与看动漫、追剧、玩直播等网络数字娱乐文化活动具有广泛联系。根据中国音数协游戏工委调查显示，二次元游戏用户具有忠诚度高、消费意愿强的特点，随着二次元文化在国内的迅速发展，二次元消费群体规模逐渐扩大，二次元游戏用户的价值逐渐显现。[①] 早在 2015 年，二次元文化初具规模时，艾瑞咨询发布的调查显示，2015 年二次元用户规模为 2 亿人，其中玩游戏的比例高达 73.5%。[②] 经过几年的发展，艾瑞咨询公布的《2021 年中国二次元产业研究报告》显示，中国的二次元产业已经从最初的萌芽走向成熟，泛二次元用户规模在 2020 年突破 4 亿大关，比五年前翻了近一倍（见图 1-3）。同时，受益于中国庞大的二次元用户给二次元游戏打下的坚实的用户基础，二次元游戏产业的快速增长，2020 年中国二次元游戏产业规模达 411 亿元，成为二次元产业重要的组成部分（见图 1-4）。[③]

社群化是当今互联网空间的重要组织形式，网络游戏的互动性及其与互联网的紧密联系，使得游戏玩家易于形成趣缘社群。游戏玩家通过社群互动交流游戏信息，分享游戏情感体验，拓展社会关系，成为互动仪式的场所。随着互动交往的开展，游戏世界内的互动关系会延伸到现实生活世界。因此，游戏玩家社群不单单是讨论游戏内容的社区，也是玩家日常互动交往与友谊培养的圈子。早在 2015 年，艾瑞咨询初次发布的二次元用户报告就显示，二次元游戏玩家在文化社群中的互动交往与情感沟通方面表现得尤为突出。他们觉得 ACG 文化圈子很有爱、很温暖，喜欢在其中开展社交与情感沟通（见表 1-4）。

---

① 中国音像与数字出版协会游戏出版工作委员会（GPC）、国际数据公司（IDC），《2019 年中国游戏产业报告（摘要版）》，中国书籍出版社，2019。第 40 页。

② 艾瑞咨询，《2015 年中国二次元行业报告》，http://report.iresearch.cn/report/201507/2412.shtml，最后访问日期：2016 年 4 月 16 日。

③ 艾瑞咨询，《2021 年中国二次元产业研究报告》，https://baijiahao.baidu.com/s?id=17149 30715213673954&wfr=spider&for=pc，最后访问日期：2021 年 11 月 24 日。

图 1 - 3　2016—2023 年中国泛二次元用户规模及增长率现状与预测

数据来源：《2021 年中国二次元产业研究报告》

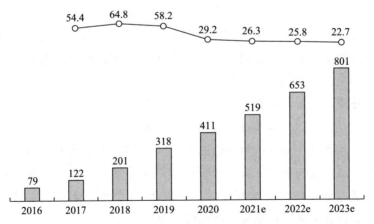

图 1 - 4　2016—2023 年中国二次元游戏市场规模及增长率现状与预测

数据来源：《2021 年中国二次元产业研究报告》

表 1 - 4　二次元用户喜欢 ACG 文化圈的原因

原因	百分比（%）
在二次元世界才能找到共鸣、治愈、爱	63.4
我只是单纯喜欢 ACG 作品	58.4

续表

原因	百分比（%）
所在的圈子让我感到温暖，想要一直有存在感	41.2
中二病发作的理想，只有二次元能够实现	39.6
能找到很多相同爱好的"基友"	37.7
周围热爱 ACG 的人很少，我想与他们不一样	5.2
身边的小伙伴都喜欢 ACG，我不能 out 了	2.4
其他	3.7

数据来源：2015 年 6 月通过艾瑞咨询及二次元人口普查委员会联合调研获得，N = 33487。

同时，他们不仅喜欢在线上游戏社区中进行互动交往，而且热衷于参加线下的社群文化活动，如参加动漫游戏展会（相关情况请见图 1 - 5 和图 1 - 6）。①

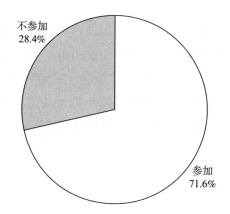

图 1 - 5　中国二次元用户参加线下社群活动比例

数据来源：2015 年 6 月通过艾瑞咨询及二次元人口普查委员会联合调研获得，N = 33487。

2021 年，艾瑞咨询发布的《2021 年中国二次元产业研究报告》进一步显示，由于具有共享相似爱好和价值观，长期沉浸于网络世界的二次元群体对线下场所进行交流和社交需求迫切，而二次元线下社群活动成为他们最理想的方式。

---

① 艾瑞咨询，《2015 年中国二次元行业报告》，http：//report. iresearch. cn/report/201507/2412. shtml，最后访问日期：2015 年 9 月 30 日。

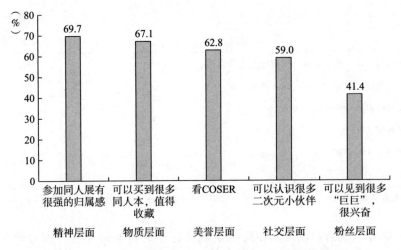

图 1 – 6　2015 年中国二次元用户参加线下活动的原因

数据来源：2015 年 6 月通过艾瑞咨询及二次元人口普查委员会联合调研获得，N = 33487。

　　虽然目前中国二次元社群的线下活动仍旧以会展为主，但是从二次元产业更加发达的日本来看，自 2015—2019 年，其二次元线下娱乐市场稳步增长，且产品服务较为多样化（见表 1 – 5）。另有统计数据表明，其市场总规模在 5 年里扩大了 2.65 倍。[①]　笔者认为，随着国内二次元文化的发展与"出圈"，我国未来二次元社群的线下活动将具有巨大的市场增长潜力。

表 1 – 5　2015—2019 年日本线下娱乐市场规模

单位：百万日元

项目	2015	2016	2017	2018	2019	2015—2019CAGR
舞台活动	21183	21483	24050	27081	33179	19.54%
2.5 次元音乐剧	10395	12907	15613	22632	21056	17.43%
同步直播	2563	3656	6586	8503	10120	49.17%
动画相关设施展会	9289	9108	9868	10459	12120	17.51%
动画主题咖啡店	5000	6000	6774	8007	7904	31.63%

数据来源：《2021 年中国二次元产业研究报告》

[①]　艾瑞咨询，《2021 年中国二次元产业研究报告》，https：//baijiahao.baidu.com/s? id = 1714 930715213673954&wfr = spider&for = pc，最后访问日期：2021 年 11 月 24 日。

因此，网络游戏社群不仅是我们研究当代游戏玩家及其文化的重要议题，也是我们观察互联网社群建构与传播的重要视角。

二 研究取向与研究方法

本研究的主要议题是，以互动仪式链理论为视角，研究网络游戏社群的社群交往与情感团结的传播规律。为了实现这一研究目标，本研究的基本取向是：在梳理关于社群互动与情感传播文献的基础上，采用社会科学的混合研究方法，先从历史的视野对游戏与情感在推动人类文明进程中的作用和机制进行研究，再从当代现实的视野对中国游戏人群画像、游戏的情感传播、玩家社群的交往与团结进行互动仪式链视角的深度考察。因为情感机制及其传播规律是传播学、社会学与心理学共同关注的问题，并且情感一旦被激活将受到认知加工、文化与社会因素的制约。简言之，情感是生物基础、文化、社会三者之间相互作用的结果。[①] 即使是社会科学取向的情感研究也不应排斥情感的神经基础。"如果社会学家不乐于在理论上和实证研究中思考这个命题，那么他们将在下一个时代落后于自然科学对复杂情感的神经学研究"。[②] 因此，本研究在运用情感进化论历时性地分析人类情感在游戏文明与社会进化过程中的推动作用基础上，首先，通过认知神经科学的眼动实验法观察游戏玩家在网络游戏互动中的神经生理机制，分析网络游戏玩家微观互动过程中的情感生成规律；接着，运用民族志方法进入具体游戏玩家社群，对玩家社群线上线下的社会交往、符号生产与情感传播等仪式化行为进行参与式观察与记录；同时结合深度访谈法对一些有代表性的玩家与社群领导进行访谈，了解游戏社群组织成立、发展、运行的台前幕后故事，以期对游戏玩家社群的情感团结与归属感有更加深入的了解。

（一）眼动实验法

眼动实验法是认知心理学、认知神经科学和传播符号学研究认知传

---

① 参见乔纳森·特纳、简·斯戴兹《情感社会学》，孙俊才、文军译，上海人民出版社，2007，第235页。

② 引自乔纳森·特纳、简·斯戴兹《情感社会学》，孙俊才、文军译，上海人民出版社，2007，第255页。

播效果与机制的方法。基于 Eye-mind Hypothesis 原理设计的眼动仪（Eye Tracker）是眼动实验法的主要工具。它是借助眼动仪记录分析人的视线活动情况，并以此来分析认知活动与兴趣关注的实验观察方法。视觉是人类获取信息最重要的途径，信息认知加工在很大程度上依赖于视觉通道，人接收到的外界信息约有 80%～90% 是通过眼睛获得的。

眼动有三种基本形式：注视（fixation）、眼跳（saccade）和追随运动（pursuit movement）。① 具体释义见表 1 – 6。

表 1 – 6　眼动的三种基本形式

眼动基本形式	定义阐述②
注视 （fixation）	注视是指将眼睛的中央窝对准某一物体的时间超过 100ms 的视线停留活动，在此期间被注视的物体成像在中央窝上，获得更充分的加工而形成清晰的像。在注视时，眼不是绝对静止的，眼球为了看清物体总是不停地进行极细微的抖动，其幅度一般小于 1°
眼跳 （saccade）	眼跳是双眼在注视点之间飞速的跳跃活动。其视角大小为 1°～40°，持续时间为 30～120ms 以上，最高运动速度为 400°/S～600°/S。在眼跳过程中，因其速度非常快，几乎不能获得任何信息
追随运动 （pursuit movement）	追随运动是眼球为了注视观察物随着观察物体运动而缓慢移动的过程，运动速度在 1°/s～30°/s 左右。它常伴随着眼跳，人正常阅读时多属于此类

眼动仪记录的眼动信息主要是注视和眼跳。100ms 以上的视线停留成为注视，绝大多数信息只有在注视的时候才进入认知加工过程。注视点之间的飞速跳跃称为眼跳，眼跳期间几乎不加工任何信息。在认知神经科学中，注意（attention）是指心理活动对一定事物的指向与集中，是一种思维层面的认知活动。注意具有"指向性"和"集中性"两大特点：指向性是指人的心理活动选择了某个对象而忽略了其余对象的心理过程，说明大脑能有效滤除不相关的信息，而将感兴趣的区域移动到具有高分辨率的视网膜中央凹区。集中性指个体将心理活动稳定在某个对

---

① 参见朱国玮《神经营销学：认知、购买决策与大脑》，湖南大学出版社，2012，第 148 页。

② 参见朱国玮《神经营销学：认知、购买决策与大脑》，湖南大学出版社，2012，第 148 页。

象上并且抑制多余的活动，说明个体能够屏蔽掉外部非关键性信息，而将注意聚焦在关键的刺激源上。[①] 因此，注意是一种重要的认知活动，当某个物体具有非常高的吸引力时，人们会不由自主地将注意目光投向它。此外，人在同一时刻的注意力资源是有限的。当面对多个注意对象时，人们分配给某一对象的注意资源多了，则分配给其他对象的注意资源就少。通过实验设计，将被试的眼动信息记录下来，可以观察到被试者对信息的选择与兴趣取向，从而研究被试人群的心理动机和态度取向。[②] 因此，注视是我们在认知传播与效果中重点关注的眼动形式。

眼动追踪技术在人际互动与传播效果评估等互动传播研究中应用广泛，其学理基础正是传播符号学与认知科学。一些业界的咨询公司已经开始用眼动仪对游戏效果进行测试研究。如中国的布雷恩科技有限公司，曾利用眼动仪等认知神经科学方法对一些网络游戏的交互设计与视觉效果等进行测评，为用户创造最佳游戏体验。

（二）民族志方法

与实验室研究（lab research）方法不同，民族志（ethnography）研究强调进入现场研究或田野研究（field research）。按照格尔茨（Geertz，1973）的说法，民族志描绘的是人们的生活和经验，诠释的是文化脉络中人们的实践。民族志方法的目标，是"尝试把一些特殊的遭遇、事件和理解置于一个更完整、更有意义的背景中"。[③] 田野工作是民族志方法的核心，早期的民族志研究，非常强调从研究对象的观点出发，以尽量贴近异文化主体的观察与书写方式，来理解和解释行为、习俗、事件和情感的意义。这意味着，田野工作作为民族志的基本方法，必须具有反思能力，且长时间、系统地针对特定生活方式和文化形式进行观察。随着互联网的兴起，网络社会交往与文化传播使得民族志的田野工作场域不再局限于传统的物理地点，如村落、部落等，虚拟的网络社会空间正

---

① 参见李婷《眼动交互界面设计与实例开发》，硕士学位论文，浙江大学，2012，第 13 页。

② 参见朱国玮《神经营销学：认知、购买决策与大脑》，湖南大学出版社，2012，第 147 页。

③ 引自诺曼·K. 邓津、伊冯娜·S. 林肯《定性研究策略与艺术》，风笑天等译，重庆大学出版社，2007，第 487 页。

在迅速成为民族志田野工作的重要场域。因此，我们可以简单将民族志方法分为以传统物理地点为田野场域的民族志方法与以互联网虚拟空间社群为研究场域的虚拟民族志（virtual ethnography）方法。

传统民族志方法中，研究者通常采用描述和分析的方法，通过被研究者的眼睛去观察。研究者需要深入当地进行实地调研，直接收集第一手资料，使用当地人自己的语言记录他们对自己生活世界的解释，同时使用多种方法（如参与式观察、非正式访谈、收集实物等）尽可能广泛地收集资料。整体民族志采用非概率抽样，他们认为文化意义是由特定文化群体的所有成员所共有的，因此可以在任何一个成员、事件或人造物品上反映出来。

为应对虚拟环境带来的研究方法的挑战，一些学者将网络空间作为新的田野场域，提出了虚拟民族志的方法，用以观察网络空间的社会文化现象。虚拟民族志是以网络虚拟环境作为主要的研究背景和环境，利用互联网的表达平台和互动工具来收集资料，以探究和阐释互联网及相关的社会文化现象的一种方法。虽然研究的环境是虚拟的，但深入特定的案例进行参与观察依然是进行民族志研究的通行方法。一般来说，互联网上的观察不一定通过与人的直接接触进行，而是借助互联网来间接完成。此外，从观察的内容来看，大致可以包括对文本图像或情感符号的观察以及对网络虚拟社区中的社会互动的观察。除了参与观察以外，通过网络即时聊天工具进行在线访谈（online interview）也是虚拟民族志获取第一手资料的方式。①

理论上来说，线上世界与线下世界是相互关联的，两者相互嵌套，相互影响。本笔者通过对玩家各种互动仪式的交往行为与社群组织活动进行研究，不仅包括线上的日常互动与事件活动，也包括线下的日常交往与组织仪式。同时，互动仪式是一个发端于微观互动情境，连接微观与宏观的社会学进路，适合以交流民族志为主，辅助以整体民族志的方法进行研究。综上所述，本书将传统民族志与虚拟民族志相结合的方法对玩家及其社群组织互动仪式进行全面研究。

---

① 参见卜玉梅《虚拟民族志：田野、方法与伦理》，《社会学研究》2012 年第 6 期。

（三）访谈法

"访谈"是研究者"寻访""访问"被研究者并且与其进行"交谈"和"询问"的一种活动。"访谈"是一种研究性交谈，是研究者通过口头谈话的方式从被研究者那里收集（或者说"建构"）第一手资料的一种研究方法。① 由于传播学与社会学在微观互动研究涉及人的意义表达与理念阐述，因此，"访谈"是研究传播学与社会学研究中的重要方法。

社会科学研究中的访谈有许多类型，一般根据研究者对访谈结构的控制程度，可以将访谈分为封闭性访谈、开放性访谈、半开放型访谈。封闭型访谈是研究者按照自己事先设计好的、具有固定结构的统一问卷进行访谈。开放型访谈没有固定的访谈问题设计，研究者通常鼓励受访者用自己的语言发表自己的看法。这种访谈的目的是了解受访者自己认为重要的问题、他们看待问题的角度、他们对意义的解释，以及他们使用的概念及其表达方式。在开放型访谈中，访谈者只是起一个辅助的作用，尽量让受访者根据自己的思路自由联想。在半开放型访谈中，访谈者对访谈的结构具有一定的控制力，同时也允许被访者积极参与表达。一般情况下，研究者会提前准备一个粗略的访谈大纲，根据自己的研究设计对被访者进行提问。这个访谈大纲主要是一种提示功能，研究者在提问时鼓励被访者提出自己的问题，并根据访谈的具体情况对访谈的程序和内容进行灵活调整。② 根据研究目的，本研究在对游戏玩家的访谈时主要采用半开放型访谈。

（四）符号分析方法

本研究虽然关注的是社会传播现象，主要的理论来自社会学与心理学，但网络游戏毕竟属于符号产品，游戏互动属于符号互动，因此笔者将整体研究纳入传播符号学视野进行研究。传播符号学研究传播过程中的意义生成问题，其生成和流变的规律构成了人类意义生产和文化建构的基本法则。③ 这一学理逻辑揭示的不仅是传播学的关切问题，也是社

① 参见陈向明《质的研究方法与社会科学研究》，教育科学出版社，2000，第165页。
② 参见陈向明《质的研究方法与社会科学研究》，教育科学出版社，2000，第171页。
③ 参见李思屈、刘研《论传播符号学的学理逻辑与精神逻辑》，《新闻与传播研究》2013年第8期。

会科学所关注的问题。仪式是动态的符号，符号是静态的仪式。关于互动仪式的研究势必随着其符号属性，带有符号学的方法特征。本研究在分析互动仪式中的集体符号与符号资本等问题时，着重从传播符号学的角度对相关问题进行研究，以期发现符号背后呼唤的意义。同时，本研究不仅仅是简单地以符号学思维对仪式理论进行运用，还在一定程度上融入了现象学思维、认知心理学理念，将互动仪式研究的符号分析法进行了较多的改良，使其更加符合情感传播中的现实问题。

三　资料收集与分析方法

由于本研究以微观游戏互动为切入点，进而深入网络游戏玩家社群的亚文化世界进行研究，不仅包括游戏内的互动研究，也包括游戏外的交往研究，既有线上仪式，又有线下仪式。因此，本研究主要将实验室观察与访谈、线上文本资料整理、线上线下参与式观察与访谈相结合进行数据与资料收集。

实验室观察主要通过在学校 BBS 上招募游戏玩家来实验室参加网络游戏行为实验，在实验过程中用仪器记录玩家的行为数据。本研究采用眼动仪进行被试游戏行为观察，眼动仪会自动采集被试在游戏过程中的眼动行为数据。实验结束后对被试进行一对一访谈。实验过程在浙江大学 985 新媒体实验室进行。

本研究使用的眼动仪是国际上技术领先的瑞典 Tobii TX300 眼动仪，其主要参数见表 1 - 7。

表 1 - 7　Tobii TX300 眼动仪参数简介

指标	参数	指标	参数
眼动追踪屏幕大小	23 inch	眨眼后恢复追踪时间	立即
长宽比	16：9	失去追踪后恢复时间	10 - 165ms
屏幕分辨率	1920 × 1080	65CM 距离的头动自由度	37 × 17cm（15 × 7 inch）
屏幕反应时间	标准 5ms	眼动仪与测试者的操作距离	50 - 80cm（20 - 31 inch）
采样频率（双目）	300Hz	最大头动速度	50cm/s（20 inch/s）

续表

指标	参数	指标	参数
采样频率变化率	<0.3%	最大注视角度	35度
处理延迟	1.0－3.3ms	追踪技术	暗瞳
整体系统延迟	<10ms	数据样本输出（每只眼）	时间标记、眼睛位置、注视点、瞳孔直径、有效性代码
通过同步输出端口	<0.1ms	眼动仪处理器	嵌入式
每一组数据样本规定	标准差40μs	内置扬声器	3W
大小（不含支架）	55×24×6cm（22×9×2 inch）		

　　与一些头戴式眼动仪不同，Tobii TX300 眼动仪采用无干扰、无遮挡的设计，整个设备就像一台电脑一体机，可以让被试在相对自然的情况下进行试验（见图1-7）。此外，Tobii 眼动仪使用上较为人性化、易操作，新款的 Tobii 眼动仪的采集设备支持游戏控制功能。Tobii TX300 眼动仪的采样频率是 300hz。眼动仪的采样频率越高，收集到的被试的数据也就越精确。

图 1-7　Tobii TX300 眼动仪

　　由于高采样率与高精确度，眼动实验在可用性研究中不需要大量被试重复实验。一般来说，定性研究的样本量为 8—15 人。8—10 人可以发现 70% ~ 80% 的可用性问题，[①] 15 个被试可识别出几乎所有观察对象的问题（见图 1 - 8）。[②] 对于组内定量研究而言，30 个被试就属于大样本实验。本研究招募的玩家被试数为 55 人。

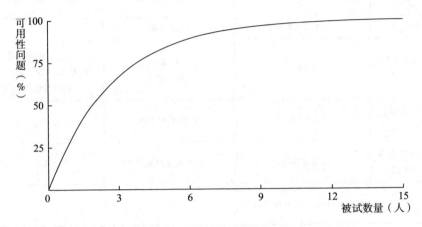

图 1 - 8　眼动可用性测试中被试数量要求与效果关系[③]

Tobii 眼动仪的 Tobii Studio 软件具有质化分析与量化分析的双重功能。Tobii 眼动仪的 Visualization 是质化研究的常用形式，主要包括轨迹图（gaze plot）、热图（heat map/gaze opacity）、集簇图（cluster）和蜂群图（bee map）。其中，轨迹图描述的是被试眼动注视的轨迹路径，包括注视点之间的时间序列关系、每个注视点的停留时长等信息，轨迹图通常用于被试视线路径分析。热图是描述被试眼动注视的兴趣集中程度的图，通常被试关注程度越高的区域在热图上就显示为红色，被试关注较少的区域显示为绿色，热图通常用来表示被试的集体兴趣情况。集簇图是眼动仪根据被试集体的注视规律分布自动生成的兴趣区域图，通常将被试关注的百分比显示在集簇图上。蜂群图是被试集体眼动数据的动态视频，可以实现动态的眼动运动再现。Tobii 眼动仪的 Statistic 是量化研

---

① 参见燕保珠《眼动研究在网站可用性测试中的应用》，硕士学位论文，北京邮电大学，2011，第 27 页。

② Jakob Nielsen, Why You Only Need to Test with 5 Users, https://www.nngroup.com/articles/why-you-only-need-to-test-with-5-users/，最后访问日期：2015 年 11 月 30 日。

③ Jakob Nielsen, *Why You Only Need to Test with 5 Users*, https://www.nngroup.com/articles/why-you-only-need-to-test-with-5-users/，最后访问日期：2015 年 11 月 30 日。

究的工具选项，它为研究者提供眼动数据的分析指标与数据计算功能。研究者可以针对自己的研究问题，用 Statistic 对研究材料刺激物进行兴趣区域划分，然后利用 Tobii Studio 软件的函数分析指标对所要研究的兴趣区域进行量化统计研究。

线上与线下的田野研究主要用参与式观察、访谈等方法收集一手资料。此外，笔者还通过查阅行业产业报告及相关文本资料收集研究所需的其他材料。

在线上线下田野调查时，笔者采取"目的性随机抽样"对目标玩家社群组织的各种线下聚会与仪式性活动进行参与式观察与体验研究。"目的性随机抽样"是按照一定的研究目的对研究现象进行随机抽样。① 参与式观察通常是指观察者与被观察者一起生活、工作，在密切的互动接触和直接体验中倾听和观看他们的言行。这种观察情境比较自然，观察者不仅能够对当地的社会文化现象得到比较感性认识，而且可以深入被观察者文化内部，了解他们对自己行为的意义解释。② 本研究需要对游戏玩家组织社群的线上线下活动进行深入研究，不仅要了解社群的形成、发展，还要具体观察社群各种活动的组织筹备与现场效果。因此，笔者根据研究需要有目的地选择一个游戏玩家社群作为研究对象。笔者选择的《仙剑奇侠传》系列游戏是全国知名品牌游戏，历史悠久，玩家众多，获奖无数。该玩家组织社群"仙剑奇侠传后援会"是覆盖全国各省市的社群体系，且具有游戏官方认证的玩家粉丝管理体系。笔者从 2011 年开始进入该社群玩家组织，迄今为止参加过一系列该组织举办的线上与线下互动仪式活动，积累了许多切身经验与人脉关系，方便笔者深入玩家组织内部进行研究。笔者根据自身地区条件及人际关系随机选择几个省的社群进入观察，参加他们组织的活动，与相关组织成员进行深入访谈。

在对具体玩家进行访谈时，本研究采用"理论抽样"策略。所谓理论抽样，是指在研究过程中，根据资料分析中显现出来的概念，通过不断比较的方法，选择有关资料来充实概念的属性和维度及发展理论。在

① 参见陈向明《质的研究方法与社会科学研究》，教育科学出版社，2000，第110页。
② 参见陈向明《质的研究方法与社会科学研究》，教育科学出版社，2000，第228页。

理论抽样中，抽样以理论饱和为基本原则。理论饱和是指概念饱和而不是资料饱和，即当再没有与概念有关的新资料出现，概念的建构已涵盖了所有的属性与维度，概念之间的关联已经建立起来并得到证实时，资料对于概念化来说已不再需要。[①] 在具体玩家访谈中采用"滚雪球"的方式积累研究对象。通过访谈者之间的关系，我们一环套一环地往下追问，我们的样本像一个雪球一样越滚越大，直到收集到的信息达到了饱和为止。[②] 为避免"滚雪球"方法找到的对象过于同质化，笔者在筛选玩家用户时采取一定的差异化策略，尽量保证几大类主要游戏的玩家都能够被覆盖到，以提高研究结果的可信度。

在关于游戏产业用户的研究中，本研究主要收集游戏及其它互联网产业的相关发展报告作为权威资料。通过对相关的产业报告的细致解读，挖掘对本研究有用的内容。

此外，笔者在线上虚拟田野调查时对玩家及玩家组织生产的各种文本符号资料进行有针对地收集与整理。我们知道，符号是静态的仪式，仪式是动态的符号。互动仪式产生的情感会通过符号的形式表现出来。游戏玩家的线上互动会产生大量文本与符号，这些都是玩家仪式互动的情感与结果。符号传播生成意义，符号互动建立社会关系，玩家在线上互动中通过文本与符号表达情感，构建社会关系。因此，笔者在网络田野时主要摘录游戏玩家互动时产生的有价值的文本进行分析。文本来源包括玩家组织 QQ 群、玩家公会、直播平台、贴吧、微博、微信群等玩家线上网络组织。

---

① 参见曾群《青少年失业与社会排斥风险》，上海学林出版社，2006，第 61~62 页。
② 参见陈向明《质的研究方法与社会科学研究》，教育科学出版社，2000，第 109 页。

第二章　网络空间中社群互动交往与情感团结研究回顾

以往传播学、社会学中关于人类社群交往与情感团结问题的研究主要关注传统媒体与具体地域空间中的熟人群体传播现象。在熟人社会中，人们通过人情交往机制，使个体被整合为对内纷争较少、对外团结一致的亲密社群。人们的行为围绕着人情关系展开。①

本书关注的是互联网虚拟情境中的社群交往与情感团结建构的传播规律问题。因此，虽然传统的基于现实情境的与传统媒体建构社群认同与情感团结的研究也具有重要理论与现实意义，但不在本书的重点研究范围内。本书重点对话的是以网络游戏社群为代表的网络虚拟情境中的社群交往与情感团结的传播机制的相关研究。

第一节　网络空间中族群认同的传播机制研究

关于社群互动与情感团结的研究最初来源于民族学、社会学关于民族宗教文化认同的研究。因此，梳理民族宗教社群通过互联网的微观互动构建社群认同的研究，对笔者的研究具有借鉴意义。

在民族宗教研究中，众多少数民族宗教的网络媒介成为少数民族主动自我建构族群认同的社会场域。② 黄少华（2011）强调网络空间的社会互动对于集体认同建构的重要性。他将网络互动与集体记忆两个维度作为网络空间族群认同研究的分析框架。他指出，网络互动是形塑族群认同的社会建构因素，而集体记忆则是促成族群认同形塑的实践机构。黄少华的研究发现了网络空间自下而上建构的族群认同具有与传统的民

---

① 参见陈柏峰《熟人社会：村庄秩序机制的理想型探究》，《社会》2011 年第 1 期。
② 参见次仁群宗《新媒介环境下的民族认同及其群体传播研究：以玉树地震后的南京大学藏族学生为例》，《青年研究》2010 年第 6 期；姚新勇《网络、文学、少数民族及知识－情感共同体》，《江苏社会科学》2008 年第 2 期。

族－国家自上而下建构认同的不同的书写与叙事逻辑，这是网络空间族群认同的特点。这一结论为我们从微观互动仪式视角研究网络空间社群交往与情感团结提供了合理论述。

任娟娟（2006）通过中国穆斯林网站 BBS 的网络仪式性互动研究穆斯林的集体记忆建构与族群凝聚力。她研究发现，穆斯林社群的仪式性互动是他们建构集体记忆、强化族群认同所经常使用的策略。陈彧（2013）以百度贴吧中的粉丝社群为视角，发现"共享仪式"与"互赠游戏"是虚拟社群互动的主要形式。通过共享仪式，粉丝社群建立了归属感与凝聚力，通过互赠游戏，粉丝社群内成员获得地位身份、象征资本与社会关系。陈彧（2013）的研究发现了虚拟社区中的文本生产与传播具有仪式的特征，并通过研究揭示出仪式互动背后的情感与符号机制。以上两位作者所谓的仪式性互动采用的都是詹姆斯·凯瑞的传播仪式观，即将传播界定为"一种以团体或共同的身份把人们吸引到一起的神圣典礼而非讯息在空间的扩散，是一种现实得以生产、维系、修正和转变的符号过程"。① 将传播活动视为人们交往的一种仪式，这与本书的互动仪式链视角类似。互动仪式链视角更加强调情感动力机制在微观符号互动与宏观社会团结中的建构作用，即人类传播的最终目标是在互动的过程中实现情感能量最大化。我们知道，情感是社会与文化整合的深层次动力因素。因此，这一观点为传播学研究开辟了崭新的研究视角。

此外，也有部分学者针对新媒体的使用进行族群认同研究。刘洋（2014）通过对客家联谊会 QQ 群的田野研究发现，虚拟网络空间为客家人提供了一个新的场域，是客家人凝聚在一起的新的桥梁。虚拟网络空间为他们提供了一个可以交流的平台，方便分散在各地的客家人突破地域限制进行交流。客家人通过 QQ 群中的日常交流建构起集体记忆与族群认同，形成文化的"想象的共同体"。此外，尕藏草（2014）研究发现，少数民族网民的网络族际交往行为与族际交往情感之间存在相关关系。该研究发现共享情感、共享文化在社会交往与族群团结中的重要作用。我们知道，共享情感是情感共同体的核心，而文化对激发情感具有重要作用，这些研究同样强调了网络互动与共同文化情感记忆在族群认同建构中的

---

① 引自詹姆斯·凯瑞《作为文化的传播》，丁未译，华夏出版社，2005，第12页。

作用。陈静静（2010）通过云南少数民族对网络媒介使用的研究，探讨互联网推进民族多维文化认同建构的可能性。以上研究虽然突出互联网在民族文化认同建构中的作用，但研究都属于静态的媒介文本的符号研究，与本书主张的微观符号互动进路研究不同。

综上所述，以上关于网络空间族群认同的研究，都指出微观互动与集体情感对于族群文化认同的重要建构意义。正如黄少华教授总结的一样，网络互动是形塑族群认同的社会建构因素，而集体记忆则是促成族群认同形塑的实践机制。这些研究对我们研究网络空间的文化认同与社群团结具有重要启发意义。但大部分研究主要停留在对网络空间中符号文本的静态研究，较少从符号互动与仪式互动角度进行动态研究。并且，在关于认同中的情感研究时，也缺少对情感的作用机制进行深入分析。由于互动仪式是微观社会互动研究的基点，该视角强调情境、情感与符号在社会互动与情感团结中的重要机制，是符号互动论最新的理论成果。因此，接下来，笔者对网络空间中有关互动仪式传播的研究进行综述梳理。

第二节　网络空间互动交往中的互动仪式研究

从关于族群认同的研究中可以看出，符号化书写与叙事是网络空间社群情感认同传播的重要特征之一。我们知道，符号是静态的仪式，仪式是动态的符号。仪式是一种相互专注的情感和关注机制，它形成了一种瞬间共有的现实，因而会形成群体团结和群体成员性的符号。[1] 互动仪式作为承载着情感能量的一种符号表达，为符号建构提供了一个动态的过程模型；它在说明何时及在何种程度上这些意义被分享、被具体化和被强加，什么时候它们是短暂的以及大部分介于其间的情况之时有更大优势。[2] 袁光锋（2014）指出，互联网中的"情感"具有仪式性的特征。在仪式中，网民通过相似的情感、语言和修辞结成特定的诠释社群。因此，互动仪式理论是研究网络空间社群互动与情感团结的重要视角。

---

① 参见兰德尔·柯林斯《互动仪式链》，林聚任，王丽君译，商务印书馆，2009，第36页。
② 参见兰德尔·柯林斯《互动仪式链》，林聚任，王丽君译，商务印书馆，2009，第67页。

　　目前关于互联网中互动交往的互动仪式研究大多是围绕着特定的互联网平台，如微博、微信、网络直播、弹幕视频等进行的媒介研究。如：李霞（2013）从符号互动入手，发现微博互动具有典型的互动仪式特征。她指出，微博互动是以情感能量和符号资本为核心的仪式互动，这种互动传播方式将大众传媒由传播时代带入交流时代。李赫和吴牡丹（2016）对微信的人际传播研究发现，微信上的人际传播是典型的互动仪式，微信打破了互动需"亲身在场"的常态，形成了"高度仿真"的互动仪式市场。黄莹和王茂林（2017）通过对网络直播活动的分析指出，直播间实现了感官上的在场确认与体验、隔离局外人的界限、聚集关注点相近的人群、分享与传达情感的基本手段等功能。因此，直播间内部的互动传播是典型的互动仪式行为。邓昕（2015）以互动仪式链视角对弹幕视频进行分析，认为弹幕视频观看模式是一种以互联网为依托，自我认同为 ACG 文化族群成员身份的网众以身体的非物理在场为空间站位所开展的虚拟互动仪式。张玉璞（2018）研究发现，弹幕视频提供了虚拟在场的互动平台，弹幕互动仪式是弹幕族情感的变压器，促进情感共同体的生成，同时，弹幕作为不可忽视的社会关系符号，促进社会关系的形成。韩璐（2014）对移动社交媒体互动传播进行互动仪式链视角的分析，认为用户对移动社交媒体的使用本质就是在其提供的虚拟情境下获得"情感能量"和符号资本的过程。具体表现为，移动社交媒体为用户提供互动平台，在互动情境中用户获得了良好的互动体验，在互动中成员之间交换符号资本，并将获得的情感能量进一步转化为投入下一次互动仪式中的动力。在社会化媒体方面，高丽华（2014）研究指出，社会化媒体将互动仪式所要求的身体在场拓展为用户共在，通过互相关注、小组制度等对局外人设限，仪式参与者实现了超越时空的关注，并得以分享共同的情感。她认为，社会化媒体的互动仪式传播使媒体从传播介质转向为共享情感的虚拟平台，内容生产者从传播主体转向仪式引导者，受众从信息接收者转向仪式参与者。

　　此外，一些研究人员以更加微观的话题事件作为对象进行互动仪式分析，探索话题事件的社会动员与情感传播机制。蒋晓丽和何飞（2016）通过进行网络话题事件的情感传播分析指出，网络话题事件是基于新媒介情境的一种新型互动仪式，这是一种在一定的社会背景和社会环境下，事件主体围绕某一争议性话题展开会话的过程。事件的展开过程既是一个舆论建构的过程，也是一个情感刺激互动与共鸣的过程，也即情感传播的过程。他们指出，网络话题事件互动仪式的情感传播具有时代特点，即从身体在场到虚拟集聚，从仪式准入到身份认同、从节奏联动到相互关注、从利益抗争到情感共享。总之，网络话题事件作为一种新型的互动仪式，也遵循着情感唤醒互动和共鸣的情感传播过程。霍然和吴翠丽（2017）研究指出，微博话题事件是一种新型的互动仪式，情感是其根本动力。线上的事件参与主体因共同关注焦点实现相互关注和情感共享，并通过有节奏连带的反馈强化，经历情感唤醒、情感互动到集体兴奋的一系列情感演化过程，最终完成符号的沉淀和情感能量的积聚。袁光锋（2018）将互动仪式链理论引入对公共舆论中"情感"政治的分析，认为互联网的连接使得网民不必亲身在场就能参与到"互动仪式"中来，在仪式中，个体的情感被公共化，使得情感呈现出激进化的形态。谷学强（2018）通过对"帝吧出征 FB"中的表情包互动仪式研究发现，表情包具有情感表达的本质功能，因此在互动仪式中网络表情包能够进行群体的情感动员，形成情感共鸣，建构情感共同体，促进群体团结。以上关于网络舆情与话题事件的研究揭示出网络空间的微观互动传播符合互动仪式的运作机制，进一步证明了网络空间的社会互动具有社会动员与情感传播的特点。这为我们从微观层面研究网络互动的情感动力机制提供了有利的证明。

近年来，互联网社会涌现出了大量的亚文化社群。与以往的文化族群不同，互联网亚文化社群是一个以网络为依托，强调用户同在而非身体同在的虚拟族群，它是由处于从属结构地位的群体发展起来的一种意义系统表达方式或生活风尚（杨富春、周敏，2012）。目前对互联网亚文化社群的研究大多停留在传统受众研究的层面，研究结论也缺乏创新，而未能深入研究互联网亚文化社群内部的互动交流及其社会关系情况。吴迪和严三九是为数不多的对网络亚文化群体的互动传播规律进行系统研究的学者。他们对网络亚文化群体进行互动仪式链分析（吴迪、严三九，2016），认为网络亚文化群体的互动仪式属于用户同在的自然仪式，具有拒绝局外人的亚文化资本特点，共同关注点引发共同符号，微观互动仪式的节奏性连带等互动仪式链特点。他们对 IRs 的身体在场条件在互联网中是否必要进行了讨论，认为网络空间营造出了一种虚拟在场的互动情境。"网络亚文化群体中的成员在多数情况下都未能处于同一个物理空间，但伴随移动互联网而来的参与的即时性和持续性早已为其营造出了一种更为真实的空间同在感，并且随着多媒体元素的不断增加，群体成员在同一个虚拟空间内以更为多样的形式进行互动，共享的内容也愈益贴近现实生活的场景。于是，一种基于虚拟空间用户同在的集体意识与情感连带便产生了。"① 此外，他们强调了网络亚文化群体的线下仪式对强化身份认同关系的辅助作用，网络亚文化群体中的权力分层是对社群文化的一种有益拥护，并指出对网络亚文化群体仪式的良性引导将促进社会和谐。他们对网络亚文化群体的互动仪式传播机制研究揭示了网络社群互动传播的一般规律，对本书的研究具有重要参考价值。蔡骐（2019）将网络直播视为青少年进行风格化表演的舞台，它将趣味相投的人们"召唤"到一起，建构了一个个具有家园感的社群，社群成员通过风格化表演与仪式化互动建构着网络亚文化与商业主义。潘曙雅和张煜祺（2014）以网络电视剧《来自星星的你》虚拟粉丝社群在网络中的互动仪式传播为视角进行个案研究。她们综合了微博、贴吧、视频网站等多种网络互动形式，聚焦于粉丝社群组织本身，将组织内部的互动行为放置于文化现象之下进行理解，重点研究社群文化传播中的互动仪式机制，为真正理解网络粉丝社群是如何运作的提供了个案研究。她们也对网络互动仪式中身体在场条件是否必要进行讨论，认为如果网络虚拟社群能在没有身体共同在场的情况下引发集体欢腾，并形成群体团结、个人情感能量以及群体道德标准等结果，那么物理空间上的身体共同在场不是仪式发生的必要条件。她们研究发现，互联网直播是维系电视剧粉丝社群的重要仪式，实时讨论是相互情感连接产生的基础。可见，物理空间的身体在场在 Web 2.0 条件下已不是激发互动仪式传播的必要条件。此外，一些学者对不同类型的粉丝社群进行研究，如：张屹（2017）从互动仪式链视角对网络文学虚拟社区进行研究、马梦娇（2018）对粉丝文化传播机制进行了互动仪式研究。这些研究都发现社群的组织形式

---

① 引自吴迪、严三九《网络亚文化群体的互动仪式链模型探究》，《现代传播》2016 年第 3 期。

与互动方式符合互动仪式运行机制，能够实现促进社群成员的身份认同、拥护社群文化、获得情感能量等积极的互动仪式效果。

目前，关于网络游戏社群的互动仪式链研究相对较少，且研究主要集中在研究生学位论文层面。这一方面体现出，网络游戏及其游戏社群确实是当今青少年兴趣关注的焦点，许多青少年将其作为自己学生生涯结束时的学位论文的选题；另一方面也体现出，因游戏社群内容丰富，需要以学位论文的体量才能进行较为深入的系统研究。其中，刘研（2014）在其博士论文《电子游戏的情感传播研究》中首次提出，网络游戏在宏观层面的情感传播是互动仪式，但没有对游戏及其社群组织情感传播与社会关系的互动仪式机制展开研究。此外，一些硕士论文也对游戏社群的游戏直播、电竞赛事等具有互动交往的具体游戏仪式活动进行了研究。目前从微观社会互动角度研究网络游戏情感传播与社群交往的研究文献主要集中在网络游戏的一般互动机制研究、网络游戏的情感体验机制研究、游戏行为动机与文化认同研究、游戏社群与社会资本传播研究等方面。接下去，笔者将对这几方面中有关社群交往与情感团结的研究分别进行综述。

第三节　网络游戏的一般互动机制研究

互动性是网络游戏媒介的显著特征之一，对其互动传播机制的研究是网络游戏研究中的重要方面。从表面来看，网络游戏是对现实世界的一种模拟，因此它和传统的文学、戏剧、电影等艺术形式一样，强调审美心理上的虚实共鸣。然而，网络游戏又区别于传统的文学、戏剧、电影，是一种互动性特别强的娱乐媒介。网络游戏的审美与情感体验需要玩家的互动介入才能进行。虽然，数字时代，电视等传统媒介实现了互动点播，但这也只是改变了播放进度，并未实质改变内容本身，故缺乏互动的彻底性。而网络游戏由于玩家的互动介入，形成了各自玩家独特的游戏意义与情感体验。可以说，不同玩家的互动与玩家的不同互动操作都能带来不同的游戏意义与情感体验。因此，网络游戏具有彻底的互动性，这是其他娱乐媒介所不能比拟的。格罗戴尔（Grodal，2000）也指出，网络游戏与传统娱乐媒体（电视剧与电影）最显著的区别在于其互动性（Interactivity）。此外，互动也是网络社会交往的基本形式和特征。有学者将网络交往比喻为一种互动游戏。黄少华（2002）认为，网络交往是一种以"身体不在场"为基本特征的人际交往，是一场陌生人之间的互动游戏。虽然，网络交往不一定只存在于陌生人之间，但可以肯定的是网络交往具有和游戏一样的互动性特征。

　　Friedl（2006）研究指出，网络游戏中存在着三种基本互动形式：玩家与计算机、玩家与玩家、玩家与游戏。他在《在线游戏互动性理论》中指出，玩家与计算机互动主要是关于玩家与计算机硬件和软件之间的联系，这种类型解决了玩家与游戏之间的所有问题，如系统的图形和声音功能。玩家与计算机之间的互动存在于其他两种互动性外层，并应用于其他两种互动性类型上，为设计师可用的设计技术设置了界限与限制。玩家与玩家的互动性是在功能性消息和从玩家到玩家的信息交换中起主要作用的因素。这一互动性是网络游戏互动性中最为重要也最具创新性的互动类型。玩家与游戏的互动涉及游戏中最密切相关的问题，这一类型的互动尤其以单机游戏为代表，把各种形式的互动性归结到涉及玩家与媒体游戏之间的过程的概念上（黄华新、徐慈华，2003）。虽然 Friedl 主要是从游戏设计的角度来解释网络游戏的互动特征，但我们可以进一步肯定网络游戏是一种互动性极强的媒介，这种互动体现在游戏设计的各个方面。

　　社会科学一直关注人类的社会互动行为。由于网络互动是以计算机网络为中介的符号互动，[①] 构成人类社会行为领域，或许事实上也表现了一种按照语言的模式进行"编码"的活动。[②] 而语言编码是人类最基本的符号互动，因此网络游戏的互动与传播也属于广义的社会互动。在网络社会，网络游戏是基于计算机中介的互动媒介，网络游戏互动行为天然地就与网络互动联系在一起。玩家间游戏互动、交流心得、分享体验等都是一般网络互动的基本方式。Juul（2003）研究指出，网络社会的游戏活动已经成为人们日常生活的，社会结构和社会互动的一部分。

---

① 转引自关萍萍《电子游戏的多重互动性研究》，《北京邮电大学学报》（社会科学版）2011 年第 5 期。

② 参见特伦斯·霍克斯《结构主义和符号学》，瞿铁鹏译，刘峰校，上海译文出版社，1997，第 24 页。

因此，游戏玩家的互动具有社会学意义。Crawford 和 Rutter（2006）强调，我们应该超越游戏文本，以社会文化的视角去理解网络游戏及其互动关系，研究游戏文化和意义是如何被生产出来的。

Choi 等人（2004）研究发现，使玩家对游戏产生忠诚感或用户粘性的重要娱乐要素是游戏的互动功能，游戏中的人际互动和社会互动的功能设计是所有游戏设计中的最优的娱乐体验。黄少华（2009）研究发现，与传统游戏相比，网络游戏具有强烈的互动性、娱乐性、耐玩性、探索性、不确定性等特点。在网络游戏中实现社会互动和自我提升，是青少年网络游戏玩家的主要行为倾向。此外，Ekstrom 等人（2014）通过对青少年网络行为研究发现，青少年在网络空间的互动有助于培养他们的公共参与取向，这些互动空间就包括线上游戏空间。

孟伟（2008）认为，游戏者既是游戏作品的观赏者也是参与创制者，游戏者与游戏内容之间的互动具体在三个领域中展开：一是游戏者在虚拟空间中的角色扮演；二是游戏中虚拟语境对于游戏者的意义；三是游戏中的独特的交互叙事类型，以及这些互动叙事类型对于游戏者参与度的影响。此外，有研究者（宗争，2014）认为，游戏具有双重互动结构。游戏设计者、游戏玩者和游戏观者是游戏互动中的三大主体。第一重互动是游戏设计者与游戏玩者之间的互动。游戏设计者是隐藏在游戏内容背后的符号发送者，是游戏玩家与游戏内容互动的深层文本互动关系。第二重互动是游戏玩者与游戏观者的互动。宗争（2014）认为，在任何角度对游戏文本给予解读和阐释的人都是游戏观者。历史上，伽达默尔强调游戏欣赏者具有方法论上的优先性，将观赏者提升到与游戏者共同重要的地位，"只有观众才实现了游戏作为游戏的东西……在观赏者那里它们才赢得它们的完全意义……事实上，最真实感受游戏的，并且游戏对之正确表现自己所'意味'的，乃是那种并不参与游戏、而只是观赏游戏的人。在观赏者那里，游戏好像被提升到了它的理想性"。[①] 从现实来看，游戏，尤其是体育游戏与电子竞技游戏，非常强调观众的地位。因此，我们可以认为，游戏观者也是游戏互动中的重要主体。综

---

① 引自汉斯－格奥尔格·伽达默尔《真理与方法》，洪汉鼎译，商务印书馆，2013，第161页。

上所述，我们可以认为，网络游戏的符号互动与意义传播存在于游戏者与游戏、游戏者与游戏者、游戏者与观赏者之间的多重微观互动之中。

我们知道，在网络游戏互动中，玩家与玩家的互动是所有互动中最具活力和创造性的互动类型。Seokshin Son 等人（2012）提出了一个基于网络科学分析的不同玩家互动类型的模型。他们发现游戏玩家互动类型的属性主要取决于互动语境的特质，强调了人类互动的复杂性和多层次性。Williams 等人（2012）通过人种学数据和音频/视频录音分析《魔兽世界》玩家在 Raid（一群玩家在某一地区进行的大规模作战）中的协调行为，发展了 Couch 的协调行动理论，使该理论突破了面对面互动的传统，延伸进互联网中介的互动环境中。作者研究发现玩家个体和团队组织具有同时从事协调行为的能力。另外，这种协调行动具有两个层次，分别是玩家主体间和主体与客体之间。此外，Shen（2014）通过对《无尽的任务》游戏研究发现，社会结构因素对于游戏互动关系的塑造具有显著的作用。玩家参与什么样的社会网络受他们的社会类型和阶层特征影响。我们知道，互动仪式是一个以情境为出发点的情境动力学，任何形式的互动都必须在特定的情境下进行解释。游戏互动作为一种典型的微观互动仪式，其社会文化意义也需要放在具体的互动情境与社会背景中进行解释。因此，这些关于游戏情境对玩家间互动的影响研究是对单纯考察游戏互动主体结构研究的有益补充。

综上所述，关于网络游戏互动机制的研究从最初的技术层面探讨转向具有社会意义的游戏主体关系结构与社会情境条件对互动影响的研究。这说明，网络游戏作为互动典型的媒介，其社会取向的互动关系正在受到研究者们的重视。

第四节　网络游戏的情感体验机制研究

网络游戏是典型的情感体验媒介。微观互动是产生的情感的基础，网络游戏的情感体验，既来自游戏文本给玩家带来的情感共鸣，也来自玩家之间的情感互动与交往。赫伊津哈指出，游戏本身就具紧张、欢笑和乐趣的情感属性。这样的全情投入和全神贯注里存在着游戏行为的本质特点，这也是游戏乐趣的最原始的属性。① 我们知道，社会情感产生于持久的社会互动之中。因此，我们从情感角度研究玩家微观互动与组织建构机制，需要对游戏玩家的情感体验机制进行研究。

Richard（2001）认为，情感满足是游戏设计的要素，若游戏无法提供玩家情感满足的元素，刺激参与者愿意继续从事游戏活动，就无法成为成功的游戏。刘研（2014）认为，游戏元素是游戏者进行情感传播的基础，互动仪式是游戏者进行社会情感传播的具体形式。因此，游戏元素构成了网络游戏微观层面的情感传播，互动仪式构成了网络游戏宏观层面的情感传播。李思屈、关萍萍（2007）认为，游戏活动是一种真实的生命体验。受众沉迷于网络游戏时，实际上是沉迷于一种存在于别处的生活，以作为自己真实生活的补充和试验，因此带着他们全部的欲望、喜悦与企盼——这种虚拟的情感体验与现实生命体验和情感历程有着同样的心理真实性。因此，网络游戏互动中的情感体验是一种对自己生命意义的填补与丰富。

游戏的情感体验机制通常用"心流"（flow）来表示（见图 2 - 1）。米哈里·齐克森米哈里（Mihaly Csikszentmihalyi）提出"心流"理论用以指"人类体验中的积极因素——也就是在生活中我称之为'心流'的

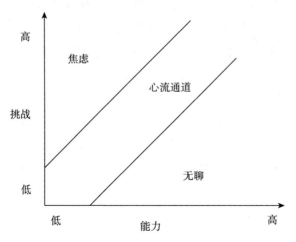

图 2 - 1　米哈里·齐克森米哈里的"心流"模型

① 可参见约翰·赫伊津哈《游戏的人：文化中游戏成分的研究》，何道宽译，花城出版社，2007，第 4 页。

快乐的过程"。① 在游戏中，我们通常将玩家的能力水平与游戏的挑战难度作为影响"心流"的主要因素。如果游戏难度挑战太大，玩家会因为对游戏失去控制能力而产生焦虑和挫败感，从而放弃活动；如果游戏挑战太小，玩家也会因为游戏无趣而离开活动。只有当玩家自身的高技能与游戏的高挑战达到某种平衡时才会产生沉浸的"心流"体验。

因此，"心流"体验或沉浸体验是网络游戏给人们带来紧张、刺激、快乐、兴奋等情感的心理认知。赫伊津哈在解释游戏的情感属性时也指出，紧张、欢笑和乐趣都是游戏的情感属性。此外，米哈里·齐克森米哈里和尤金·罗奇伯格－霍尔顿认为，在"心流"状态下你会专心于所做的事，就好像你们融为一体：物我两忘，好像世界消失在你的意识里。时间停止了，只剩下你正在做的事。"心流"是一种激情的、迷人的状态，它由与有价值的物品互动所引发。他们认为，"心流"状态下的这种充满激情的注意力是一种"精神能量"（psychic energy）。② 有研究指出，当玩家处在沉浸状态时，这种经历体验本身就充满了价值与意义，这是一种正面的心理经验，对于玩家的自我成长与满足具有正面的启示与价值。游戏互动中产生的"心流"体验是一种充满乐趣的心理状态，这种状态有助于玩家参与游戏时的内在动机。Privette（1983）认为，沉浸是一种内在享受的经验，这和高峰体验（peak experience）类似。高峰体验是指个体在表现与感觉方面都具有相当极致而正面的心灵体验。玩家在游戏互动过程中的高峰体验是一种最优体验状态。陈怡安（2002）认为，线上游戏本身的独特特性是造成玩家产生沉浸（"心流"）体验的重要原因。沉浸（"心流"）体验能够给玩家带来成就感、满足感，并产生一种充满乐趣的心理状态。这种沉浸时刻的高峰体验正是玩家夜以继日投入游戏世界的重要原因。游戏世界满足了玩家内心的需求与渴望，让心灵找到了出口，为玩家释放情感与压力提供了一个绝佳的场域。

我们发现，"心流"作为一种精神力量驱动下的情感体验机制，产生于符号互动的意义认知过程，具有典型的互动仪式特点。柯林斯（2009）

---

① 可参见 Mihaly Csikszentmihalyi, *The Psychology of Optimal Experience*（New York：Harper Collins Publishers, 1991）, p. xi.

② 可参见唐纳德·诺曼《设计心理学 3：情感化设计》，何笑梅、欧秋杏译，中信出版社，2015，第 34 页。

指出，互动仪式是在情感能量驱动下的一套符号意义表达过程，不仅涉及情感和情境行为，还涉及认知问题，是全方位的社会心理学。Choi 等人（2007）研究证实了，游戏中任务的难易程度与奖赏大小的相关机制对愉悦体验、"心流"体验具有重要影响。Frostling-Henningsson（2009）通过对《魔兽世界》和《反恐精英》（CS）研究发现，线上游戏互动能够给玩家带来现实世界所没有的"心流"体验。此外，Schmierbach 等人（2012）通过对 MMORPG① 研究发现，网络游戏互动中的竞争机制与合作机制均对快乐情感的培养具有显著作用，情感体验的程度关键取决于游戏互动的质量。因此，从"心流"体验机制可以看出，游戏的情感互动确实是一个充满情感能量的互动仪式过程。情感能量的动态变化机制在游戏情感体验中具体表现为"心流"状态的变化。

Pena 等人（2006）研究发现，网络游戏互动中的文本内容大多充满社会情感特征，而玩家间有效的互动与沟通是产生社会情感的关键机制。Cole 等人（2007）通过对多国 MMORPG 玩家在游戏内外的社会互动进行研究发现，MMORPG 具有社交功能，以游戏爱好为纽带的友谊关系能够长久维持。线上游戏互动不仅能够带来娱乐体验，还能够建立强有力的友谊关系与社会情感关系。Schonbrodt 等人（2011）曾利用网络游戏的虚拟互动特征进行亲密关系的心理测量。他们研究发现，现实生活关系与虚拟游戏互动关系的亲密和满意行为具有显著相关性，两个世界的情感关系可以相互转化。因此，网络游戏世界是一个情感交往的空间。我们可以适当利用网络游戏建立自己的社会情感关系网络。Boudreau 等人（2014）通过对家庭成员在 Facebook 上的社交游戏进行研究发现，社交网络游戏能够为家庭成员提供新的休闲娱乐空间，有利于超越地理空间的限制来维系家庭成员间的关系。

第五节 游戏动机与社会交往研究

情感不仅是一种心理体验，也是一种动机力量。互动仪式理论告诉

---

① MMORPG，即 Massive Multiplayer Online Role-Playing Game，是"大型多人在线角色扮演游戏"的简称。

我们，作为动机力量的情感能量具有社会取向，是推动社会互动的情境动力。玩家的游戏动机是他们频繁地进入游戏世界开展各种社会互动的推动力。网络互动传播具有深层次的社会动机。Leung（2001）研究发现，放松、娱乐和追求时尚是网络娱乐的表层工具性动机，而包容、情感、社交和逃避是深层次的内在动机。因此，我们在从玩家游戏互动视角分析玩家社群交往与情感团结机制时需要对玩家的游戏动机进行梳理。

国内外许多学者在对玩家进行游戏互动研究时都对玩家的游戏动机做了具体研究。巴特（Richard Bartle，1990）是最早对游戏玩家心理动机进行研究的学者之一。他将玩家典型的游戏动机分为四种：（1）获得成就（achievement within game context）；（2）探索游戏（exploration of the game）；（3）社会交往（socializing with others）；（4）强迫他人（imposition upon others）。相应的玩家分为成就型（achievers）、探索型（explorers）、社交型（socialisers）和杀手型（killers）四种。之后，巴特又在此基础上延伸出隐性与显性两个维度，将四种动机和玩家类型发展成八种。

Yee 等人（2006a，2006b）在巴特的基础上，通过数理统计检验得出结论，认为网络游戏玩家的动机主要可以分为：获得荣誉与成就（成就型玩家）、在游戏世界中进行社会交往与拓展人际关系（社交型玩家）、沉浸在游戏体验之中（沉浸型玩家）。成就型玩家的主要动机是积累经验等级，获得游戏奖励。他们通常会通过频繁打怪升级或购买道具来提升自己在游戏中的成就与荣誉。社交型玩家以游戏中的社会交往为主要目的，他们能够在游戏世界中找到志同道合的朋友，建立自己的社会关系网络。通常社交型玩家会加入游戏公会等玩家组织以便开展社交活动。良好的玩家组织能够给玩家带来情感上的归属感与凝聚力。成就型玩家也会加入公会等组织，但他们加入其中的主要目的是能够通过公会活动来获得经验等级的提升。沉浸型玩家以单纯享受游戏体验为主目的，他们沉浸在游戏带来的美好感受中，忘却现实世界的喧嚣。值得注意的是，这三种动机在玩家心理上并不是相互排斥的，不同玩家可能同时拥有几种心理动机，并且不同游戏情境下，每种动机所占比重也不同。才源源等人（2007）研究发现，现实情感的补偿与发泄、人际交往与团队归属、成就体验是青少年网络游戏行为的主要心理动机。钟智锦

（2010）以使用与满足理论为视角对游戏玩家的动机进行研究发现，玩家的游戏动机通常不是单一的，而是一个综合的复杂心理过程，其中追求成就、结交好友、逃避现实是三种主要的游戏动机。无论哪种动机，一旦参与团队活动，玩家通常会对团队组织的虚拟合作持积极态度。这是因为，团队合作有助于三种动机的满足。Francis Dalisay 等人（2015）研究玩家游戏动机与社会关系、公民政治参与的关系发现，玩家的游戏动机与睦邻友好、公民参与等社会关系维系行为成正相关。Frostling-Henningsson（2009）通过对《魔兽世界》和《反恐精英》（CS）研究发现，线上游戏行为的最主要动机是游戏提供的团队合作与交流等社会功能。Zhang 等人（2016）通过对成年人玩《魔兽世界》游戏的互动行为进行研究发现，玩《魔兽世界》等游戏有助于玩家与家人和现实中的朋友们维持离线世界的社会关系，也有助于玩家和游戏伙伴建立有意义和帮助的游戏关系。该研究证明了《魔兽世界》等游戏就像现实中的咖啡吧和俱乐部一样具有第三空间的社交与娱乐功能。

综上所述，玩家的游戏动机具有明显的社会取向。玩游戏不仅仅是自娱自乐的感官体验，而且有进行社会交往、维持社会关系的需要。即使是获得成就这样的功利性动机，也是具有社会取向。因为，成就感等功利性动机是在社会关系中才具有现实意义的。社会取向的游戏动机推动玩家在网络空间开展社会关系认同实践，并促进游戏社群共同体的建构。

第六节　游戏玩家的文化认同研究

许多研究者都发现，玩网络游戏不仅仅是一种个人化的娱乐活动，更体现为一种重要的社会化行为。李思屈和关萍萍（2007）通过研究发现，虽然以游戏为代表的数字娱乐活动主要是在虚拟空间中进行的，但对于玩家来说，这同样是一种严肃的"社交行为"。游戏玩家可以在游戏空间中或者团队合作以共同对抗敌人，或者交友甚至"结婚"。董辉（2018）通过对《英雄联盟》玩家的研究发现，良好的游戏体验对于玩家产生文化身份认同和社会团结具有正向作用。情感动机驱使下的游戏社群人际交往能够形成对共享游戏的文化认同与集体归属。借助网络游戏实现和建构文化认同和社群归属是玩家参与网络游戏互动的主要情感动机之一。① 因此，网络游戏世界实际上是一个大型多维的社会网络组织，游戏世界上演的实际是"共同体的剧本"。游戏社群与线上社区是玩家进行共同体情感与文化认同的场所。

对社群共同体的文化认同首先来自对自我身份的认知与塑造。黄少华和陈文江（2002）认为，"网络空间的'虚拟性'与'开放性'特征，使这种建立在想象基础之上的人机互动以及在这一互动进程中的自我塑造变得可能。在网络空间，个人可以隐瞒部分甚至全部在现实世界里的真实身份，自由选择自己呈现给他人的面貌，通过人际交往重新塑造跟现实世界中的不同的自我"。翟本瑞进一步认为，角色扮演的线上游戏满足了不同玩家的需求，让人们在不同的虚拟空间中得到不同方式的尊重与肯定，几乎个人心理所追求的各种价值，都能透过网络的便利性与匿名性来达成，以满足自我实现的需求。② 特克（1998）认为，网络游戏是一个发现自我甚至重塑自我的实验室，游戏玩家能够不受地域限制去建构平行的、多元的、去中心的、碎片化的后现代性自我认同。陈佳靖（2003）通过对《天堂》游戏玩家及其社群关系的研究认为，多元的自我建构是被鼓励的。黄少华（2009）通过对浙江、湖南、甘肃等省的青少年网络游戏玩家游戏动机和意识调研发现，在意识层面，青少年网民较为强调网络游戏的团队合作和情感慰藉功能。玩网络游戏已经成为许多青少年宣泄情绪、缓解压力、娱乐身心、塑造自我、实现自我的一种重要方式和途径，这也是网络游戏广受青少年青睐和欢迎的一个重要原因。林雅容（2009）通过对台湾地区网络游戏玩家的身份认同研究发现，青少年网络游戏认同感的形成不仅有自我感知的认同，也有与环境和他者之间的关系认同，具体体现在虚拟与现实的自我展现、虚拟与现实的对价关系以及他者观点的解读三方面。

许多学者也指出，认同是人的社会互动的关系，不仅包含个人认同，

---

① 可参见黄少华《青少年网络游戏行为研究》，《淮阴师范学院学报》（哲学社会科学版）2008 年第 1 期；Hainey Thomas et al. , "A Combined Analysis of Two Studies at Higher Education Level," *Computers & Education* 57（4），2011, pp. 2197 - 2211.
② 翟本瑞，《连线文化》，南华大学社会学研究所，2002。转引自李君如、杨棠安《线上游戏玩家表现与其人格特质之研究》，《高雄师大学报》2005 年总第 19 期。

即反映个体内在的心理倾向（如价值体系、生涯目标等），也包括社会认同，即个体与环境互动后所形塑出的认同（如个人名誉、受欢迎程度等），还包括集体认同，即个体之"重要他人或参考群体"的期待，即规范（如来自家庭、同侪、社区等）（陈坤虎等，2005）。Yee（2006a）认为，网络游戏中的社会认同主要包括三方面，即社交认同（对和其他玩家聊天特别感兴趣）、人际关系认同（对通过游戏建立长期稳定的人际关系特别感兴趣）和团队认同（对参与团队活动，成为团队成员之一特别感兴趣）。他通过对 MMORPG 游戏研究发现，网络游戏不仅有利于在线朋友关系的形成，而且有利于现实生活中友谊的维系。朱丹红等人（2013）认为，网络游戏中的社会认同和集体认同主要体现在玩家加入游戏团队、公会等组织。游戏团队和组织本质上是一个想象的共同体，经常参与共同体中的行动，会给玩家带来实质性的社交和集体生活，形塑和提升玩家对团队集体的社会认同与归属感。徐静（2015）认为，归属感、胜任感、整合感这三个维度的情感体验与互动帮助玩家感受自己与玩家集体的情感联系，玩家通过在公会、帮会、战队等虚拟空间或情境中的情感互动完成了集体认同；同时，通过集体认同的情感实践，玩家自我认同也在这一过程中得以直接或反射性的建构。借由共同的兴趣、任务而结合的多元化玩家团队组织关系中，玩家通过分享情感、经验逐渐发展出友谊、伙伴等人际关系，能够从中获取"社会支持"和"归属感"（李君如、杨棠安，2005）。O'Connor 等人（2015）通过对《魔兽世界》研究指出，游戏玩家互动能够形成社群，并且玩家能够从游戏社群的互动中获得社群归属感、认同感和社会支持。这种支持不仅是一般游戏互动中的支持，而且是广义上的情感支持。王喆（2018）研究指出，多人在线游戏的游戏机制倾向于促成团队合作和社会交往，其中游戏社群的形成与普遍性说明了游戏并非只是吸引人的声光刺激。游戏玩家在时间和行动上的持续投入使得社交互动重复进行，他们非常重视游戏社群的长存性。

　　文化的认同实践有助于产生组织定向的社会情感。从以上的游戏认同研究中可以看出，游戏玩家在社群中的自我认同与社会认同实践有助于组织社群凝聚力与归属感的建立，有助于促进游戏社群的情感团结。我们知道，互动仪式市场作为情感团结与文化认同的仪式市场，是社群共同体情感团结的动力结构。游戏社群不仅是认同实践的场所，也是情感文化认同实践的结果和互动仪式情感团结的动态市场。一些游戏学者虽然关注游戏玩家的情感互动问题，但由于各种原因，没能进入宏观的游戏社群进行实证研究，只能通过理论推论阐释微观情感与宏观社会建构的可能性。另一些学者虽然也关注到宏观游戏社群的建构问题，但依旧采用的是理性人的分析传统，虽然这样的研究也具有价值，但对充满情绪色彩的网络互动以及基于趣缘文化形成的游戏社群的情感传播规律的解释性较弱。王昀（2015）将线上游戏社区视为玩家实现身份认同与社会交往的公共领域。"游戏"提供了公共化的传播结构与用户自主的社区建构方式，其目的在于保护私人领域存在，维系社区知识生产机制以及塑造用户线上、线下空间的社会地位。王昀关于线上游戏社区的研究突出了社区传播背后的权力、地位与资本机制，对我们认识游戏社区具有一定启发意义。但他的研究是基于传统的哈贝马斯公共交往的理性视角，不能对游戏社区互动中的非功利行为、情感行为进行有效解释。我们知道，网络游戏是一种情感媒介，包括游戏社区在内的网络社群是充满情感传播特征的社群。因此，笔者后文关于游戏社群/社区的研究是基于社会情感视角。互动仪式链理论是情感视角的传播符号学与微观社会学理论，是从人类社会交往的根本层面打通微观与宏观社会学理论的经典路向（张军、储庆，2007）。因此，从互动仪式视角研究玩家社群的情感团结与文化认同的仪式传播活动对于理解人类在网络社会中的社群交往与情感团结议题也具有指导意义。

第七节　游戏社群交往与资本积累研究

目前关于网络游戏与资本的研究主要集中在游戏玩家社会资本的研究中。大多数研究都发现，网络空间的社会关系互动有助于增加社会资本（徐静，2015）。

概括来说，游戏玩家在游戏世界内的社会关系可以分为个人关系与组织关系两大类。个人关系指玩家独自玩游戏，不与其他游戏玩家发生任何互动。个人关系主要出现在单机游戏和网络游戏的初始阶段。组织关系是网络游戏中主要的玩家社会关系形式。因为，游戏对于玩家来说虽然是一种个人化的娱乐体验，但是通过线上的游戏互动，游戏将个体推入了一种多元的世界观体系之中（Steinkuehler & Williams，2006）。因此，我们要改变游戏是自娱自乐的消遣这样一种刻板印象。林秀芳等人（2008）通过对高职学生玩网络游戏行为的研究发现，有网络游戏经验者在社会适应能力方面显著优于无网络游戏经验者。张玉佩（2009）研究发现，游戏玩家间的同侪互动是线上游戏行为的主要形式。并且，玩家会对游戏世界和生活世界有自己的认知与反身性思考，能够在生活端和游戏端进行调节。因此，游戏玩家并不是被动的游戏消费对象。林宛萤、张昕之（2012）对香港"御宅族"网络行为的研究发现，御宅族并非与社会隔绝的群体，他们是一群资讯精英，对于 ACG 文化的狂热，充分展现在网络媒体与现实生活中的资讯交流、知识分享与贡献方面。可见，游戏玩家在社会交往与活动中展现的并不是我们通常认为的不善交际的御宅族形象，他们在网络社会中具备更好的社交优势。Kowert 等人（2014）也澄清了游戏玩家的刻板印象，认为线上游戏玩家的实际形象其实并不是我们通常认为的不善交际、不受欢迎等。据笔者观察发现，线上游戏社群/社区与社团等组织其实是一个社会互动性极强的关系网络，玩家在其中的社会互动与参与的频率非常高。

游戏爱好者通过游戏社区互动能够增进与强化彼此的社会关系。McCreery 等人（2015）通过对《魔兽世界》的研究证实了嵌入游戏组织中的社会互动能够导致更深的社会关系建立。Shen 和 Chen（2015）通过对18000 名中国游戏玩家的调查发现，游戏玩家核心网络的规模和多样性随着个人的社会人口学特征、社会经济特征、与游戏相关的角色特征变化而变化。团队模式与游戏公会社区对游戏玩家社会网络关系的规模与多样性具有重要影响。

社会关系互动形成的社会资本主要表现为桥接型社会资本与聚合型社会资本。这两类社会资本对于我们研究游戏社会关系有借鉴意义。普特南将产生于强关系的社会资本称为聚合型社会资本，把产生于弱关系的社会资本称为桥接型社会资本。大多数以往的研究证明了，包括网络游戏在内的网络社会互动行为能够增加桥接型社会资本（Steinkuehler & Williams，2006），较少关注网络游戏交往的聚合型社会资本研究。大多数研究倾向于认为，游戏行为比较容易积累的社会资本是桥接型社会资本，而较少能够建立聚合型社会资本（Steinkuehler & Williams, 2006）。Steinkuehler 等人（2006）认为，网络游戏是除了公共工作场所和家庭私人场所之外的第三类非正式的社交场所。这个第三类社交场所特别适合玩家获得桥接型社会资本。也有研究者指出，玩网络游戏能够建立起有质量的社会关系，但是这种社交网络会侵蚀真实生活中的社会资本（钟智锦，2015）。隋岩（2020）通过对 Granovetter 的强关系与弱关系理论研究指出，互联网群体传播的活跃，使人与人之间的弱关系更加容易建立，个人的社会网络更容易扩张，无形中增加了人们获取自身之外社会资源的能力。这也暗示我们，网络游戏互动作为网络空间的弱联系，有助于增加人们的桥接型社会资本。

　　也有学者在前人基础上，对两类社会资本进行深入研究后指出，身体上、社会上的接近性与熟悉性越强越有助于建立聚合型社会资本。因此，并不是说包括网络游戏在内的网络交往无法建立聚合型社会资本，而是需要一定的限制条件。柯林斯在阐述互动仪式产生团结力量时也指出，关系的强化需要一定的符号资本与情感能量作为成本投入才能获得情感收益回报。笔者在对游戏玩家访谈中也发现，线上社会关系资本延伸到线下生活世界中是需要条件的。一些玩家与现实中的朋友一起玩游戏，他们能够自由维系线上与线下的社会关系。另一些玩家因为地域与爱好的接近性，虽然之前不认识，但也会经常线下联系。因此，我们不能笼统地说线上社会资本无法建立线下社会资本，而要具体分析。在现实生活中，随着互动交流便利性的增加，线上社会资本与线下社会资本间的转化变得越来越容易。

　　Jakobsson 和 Taylor（2003）通过研究发现，基于游戏的线下互动关系也是游戏互动关系的重要组成部分。玩家利用聊天工具开展丰富多彩的交流活动，既可以聊与游戏相关的内容，也可以聊其他内容。游戏成为构建人与人社会关系的社交媒介。许多游戏内的好友已经变成了他们现实中的朋友。陈佳靖（2003）也认为，网络关系的线上/线下是相互交错联系的，线上/线下划分只是一种方便的说法，而非本质上的二分场域。"正因为线上与线下世界彼此的重叠交错，所以无论怎样操作自己的角色或扮演，在互动者眼中，都是对于这个人直接的认知与感受。友情的滋生或破碎，是不分线上还是线下的；而互动者间印象、感知的形成，也是交错形塑（mutual transformation），而非线下决定线上如此简单化的。"
Matteo 等人（2011）研究发现，玩《魔兽世界》具有建立与维持青少年社
会关系方面的能力。游戏内互动与会话行为通常表现为社会认同与联系
的合作路径，有助于游戏内与游戏外社会关系的发展。张玉佩（2013）
将青少年玩家的社会资本阐释为玩家借由其所属的社会网络关系来获取
物质经济、情感支持与虚拟知识等资源的能力，研究发现现实资源与虚
拟资源透过线上游戏的中介存在着转换关系；家庭社会资本稀少的弱势
玩家，为享受同侪玩伴的情感支持，会策略性地透过资源转换，以获取
游戏网络所需的虚拟资源。Reer 等人（2014）以《魔兽世界》与《反恐
精英》（CS）为例研究发现，频繁的社区互动有助于促进玩家的交流与
理解，促进玩家获得社会资本。这些社会资本可以从线上游戏世界延伸
到线下生活中。Elson 等人（2014）研究发现，玩家在线上游戏社区中形
成共同体交往的集体行动，而此种共同体交往实践会与现实世界的生活经
验相互勾连，使得线上关系资本具有延伸到线下的可能性。Shen 等人
（2014）研究游戏社会网络与两种社会资本之间的关系，研究发现玩家的
桥接社会资本有助于游戏任务的完成，结合社会资本促进玩家间的信任。
Meng 等人（2015）通过对《英雄联盟》玩家的量化研究发现，玩家线
上互动渠道的多样性与桥接社会资本与结合社会资本具有正相关、与玩
家线下互动的频率也有助于提升这两种社会资本。多渠道互动有助于线
上线下社会资本的积累。Molyneux 等人（2015）研究发现，与游戏社群
建立良好关系的玩家能够从中获得社会资本。这种游戏社群关系对于线
下社会资本和公民社会参与具有积极作用。可见，网络游戏在增加线上
社会资本的同时也有助于积累线下社会资本。

　　少部分研究者在对游戏社群互动与资本积累探讨中提及文化资本概
念。网络游戏互动重要性在于它强化了一种社会关系，多元化的网络游
戏玩家社群成为潜在的社会资本连结的来源（Tetsuro，2010）。Crawford
等人（2011）认为，经由玩家互动建立起来的声望并非一个目标性的"社
会事实"，而是通过互动，玩家积累了社会资本或者文化资本。Ang 等人
（2010）对游戏社群中的成员进行研究发现，游戏社群中的成员具有一
定的分层现象。从总体上可以将社群成员分为核心成员与外围成员两部
分。游戏社区的核心成员对社区规模的扩张有贡献，他们通过友好的互

动培养社区的凝聚力；那些社群外围的玩家通常是想利用社区资源而加入游戏社区。互动仪式的市场特征告诉我们，在一个互动际遇的市场中，符号资本与情感能量是参与互动仪式的成员寻找的重要资源。处于互动仪式市场核心地位的成员往往拥有丰富的情感与符号资本，他们会通过再投资来巩固自己的群体中的地位，客观上促进了集体团结。而那些处于互动仪式市场边缘的成员，则会努力利用社群的仪式活动积累自身的情感与符号资本。他们的研究从一定程度上印证了互动仪式市场中个体通过社群互动积累资本价值取向。

从目前的游戏社群交往与资本研究来看，大多数研究者关注游戏关系对社会资本的积累与影响，而较少从文化资本与符号资本的角度去解读游戏社会关系。我们知道，游戏社群是一种情感文化共同体，它不同于一般的人际社会关系，其中充满了亚文化的符号和情感。这些具有亚文化属性的符号与情感是表面的游戏人际互动背后的精神文化纽带。传播符号学告诉我们，人的传播行为深层次上是意义建构，传播过程中的文化符号逻辑构成了人类意义生产和文化建构的基本法则（李思屈、刘研，2013）。徐静（2015）指出，网络游戏场域中有包括经济资本、文化资本、符号资本在内的各种资本形态。但依从情感互动的角度考察，文化资本的普遍性存在既是一种事实，也与情感互动有着内在的联系。此外，符号资本作为三种基本资本都可体现出的形式，是其他资本的共同结构。是否拥有符号资本，意味着其他资本的存在形式是否得到认可（袁靖华，2011）。因此，从符号资本角度来审视游戏玩家社群的情感传播与关系构建是我们深化游戏社群交往与情感团结研究的视角。互动仪式作为动态的符号运作机制，强调情感能量与符号资本在仪式团结市场中的重要作用，是我们研究游戏社群互动与符号资本积累的重要视角。

第三章　游戏与情感在推动人类文明进程中的作用与机制

　　游戏是通向精神自由与推动文明进步的桥梁，是人类最原始的生存方式。游戏作为一种意义隽永的存在，在文化发展与社会进化过程中扮演着重要的角色。自康德以来，许多西方思想家都对游戏进行了重要理论观照。这其中包括席勒、伽达默尔、赫伊津哈等人。其中，荷兰文化学家约翰·赫伊津哈是游戏文化研究的集大成者，他将游戏视为产生文化与孕育文明的摇篮。他通过文化史学研究指出，人类文明是在游戏中孕育和成长。"初始阶段的文明是游戏的文明，它在文明之中诞生，它就是游戏，且绝不会离开游戏"。① 游戏与文明具有同一性。然而，由于赫伊津哈本人的偏见使他的游戏文明论没有吸收最新研究成果，尤其是心理学的成果。② 情感社会学研究指出，作为心理过程的情感是身体生物基础、文化、社会结构三者之间相互作用的结果。③ 情感社会学家乔纳森·特纳研究发现，原始人最初的语言是情感语言。情感在促进社会团结，推动文明进化过程中扮演着重要的作用。④ 因此，笔者在对经典游戏思想介绍分析的基础上，将从情感进化论视角历时性分析情感机制在游戏与社会进化过程中的重要作用。

---

① 约翰·赫伊津哈，《游戏的人：文化中游戏成分的研究》，何道宽译，花城出版社，2007，第 5 页。
② 史丹纳在为赫伊津哈作序时提出对赫伊津哈的三大批评之一。另两个批评分别是："赫伊津哈混淆高雅和猥琐，对当代文明抱悲观的态度"与"赫伊津哈的许多论述缺乏佐证"。
③ 乔纳森·特纳、简·斯戴兹，《情感社会学》，孙俊才、文军译，上海人民出版社，2007，第 235 页。
④ 乔纳森·特纳、简·斯戴兹，《情感社会学》，孙俊才、文军译，上海人民出版社，2007，第 220 ~ 221 页。

第一节　游戏在推动人类精神自由与文明
进步中的整合作用

很早以前，人们就对游戏产生了思考。古希腊哲学家柏拉图认为游戏源于一切动物幼仔要跳跃的需要。而亚里士多德则把游戏视为工作之余的休息和消遣，本身并不是目的。尽管如此，游戏进入理论思考是近代以后的事。康德、席勒、维特根斯坦、伽达默尔、赫伊津哈等人是经典游戏思想的代表。他们不只是停留在游戏作为简单的娱乐消遣活动层面，而是将游戏视为推动人类精神自由发展与人类文明进程的重要文化力量进行思考。因此，他们关于游戏文化的研究对我们以网络游戏为视角洞察当今社会人际交往与社群建构研究具有启发意义。笔者在梳理这些先贤的经典游戏思想后，着重从赫伊津哈的游戏文明史观出发，对游戏与社会文明进化的关系进行分析，以期唤醒人们对游戏文化之社会意义的重视。

一　游戏是自由的无功利活动——康德的自由游戏思想

康德是近代最先论及游戏的思想家。他将游戏与艺术联系起来，认为游戏和艺术一样是一种快乐且无功利的活动。康德以手工艺为例指出，"艺术甚至也和手艺不同，前者叫作自由的艺术，后者也可以叫作雇佣的艺术。我们把前者看作好像它只能作为游戏，即一种本身就使人快适的事情而得出合乎目的的结果；而后者却是这样，即它能够作为劳动，即一种本身并不快适而只是通过它的结果吸引人的事情，因而强制性的加之于人。"[①] 康德的分析表明游戏是一种自由的、快乐的、无功利的活动。此外，康德在把游戏与艺术相提并论时还指出，游戏除了自由、愉快以外，还具有本身即目的的特性，这就是康德游戏思想所谓的"无目的的合目的性"。

虽然康德并无系统的游戏理论，但他关于游戏的思想对后世学者具有重要启发意义。其中，席勒的审美游戏理论就直接受惠于康德的思想。

———————————

① 康德，《判断力批判》，邓晓芒译、杨祖陶校，人民出版社，2002，第147页。

二 游戏是弥合人性分裂的审美冲动——席勒的审美游戏思想

席勒继承和发展了康德的游戏思想，是西方历史上对游戏进行专门研究的第一人。[①] 他将游戏分为"自然游戏"与"审美游戏"两种。前者是人和一切动植物所共有的，后者只有人才具有。席勒为解释自然游戏提出了"盈余"与"匮乏"概念，指出游戏是过剩生命力的释放。席勒游戏思想的这一方面对英国哲学家斯宾塞影响很大，他们的思想被统称为"席勒－斯宾塞游戏说"。

审美游戏是人类所特有的形式，是对自然游戏的超越，它包括两方面的内涵：从主观方面看，审美游戏是"自由的游戏冲动"；从客观方面看，审美游戏就是"追求自由的形式"的活动。

从主观方面看，席勒将人性分为人格（Person）与状态（Zustand）两部分。其中，人格是永恒不变的，它产生形式冲动，是必然性的；状态是不断变化的，它产生感性冲动，是偶然性的。在作为有限本质的人身上，人格与状态是分开的，状态不能以人格为基础，人格也不能以状态为基础。假如人格可以状态为基础，那么人格就必须变化；相反，假如状态可以人格为基础，那么状态就必须保持恒定。[②] 因此，在这两种情况下，我们都不是完整的、充分意义上的人。在任何一种情况下，不是人格性终止，就是有限性终止了。席勒提出，只有游戏冲动才能够弥合这种分裂。游戏冲动会同时使人在自然和道德两方面都达到自由。席勒以爱为例，说明游戏冲动的性质。"当我们满怀激情去拥抱一个我们理应鄙视的人时，我们就会痛苦地感到自然的强制。当我们敌视一个我们不得不尊敬的人时，我们就会痛苦地感到理性的强制。但是，如果一个人同时赢得了我们的爱慕和博得了我们的尊敬，那么不仅感性的强迫而且理性的强迫都消失了，我们就开始爱他，也就是说，开始同时既与我们的爱慕又与我们的尊敬一起游戏。"[③]

从客观方面看，审美游戏是"追求自由的形式"的活动。席勒指

---

① 董虫草，《艺术与游戏》，人民出版社，2004，第 37 页。
② 张玉能，《〈审美教育书简〉中的美学思想——美论与人性》，《青岛科技大学学报》（社会科学版）2014 年第 1 期。
③ 席勒，《审美教育书简》，张玉能译，译林出版社，2012，第 44 页。

出，感性冲动的对象是广义的生活/生命（实在），即一切物质存在和一切直接呈现在感官的东西；形式冲动的对象是形象（外观），即事物的一切形式特性以及事物对思维力的一切关系。这种追求对象的分裂对应于人性主体的分裂状态。只有游戏冲动能够克服这种分裂。席勒指出游戏冲动的对象叫"活的形象"，即最广义上成为美的那种东西。① 因此，游戏冲动就是审美冲动。这是席勒"审美游戏论"的重要观点。

总之，席勒的审美游戏从主客观两方面弥合了人性的分裂。因此，席勒总结说道："只有当人是完整意义上的人的时候，他才游戏；而只有当人在游戏时，他才是完整的人。"② 审美游戏可以称为是人性的完美状态。因此，游戏是一种使人性得到完满实现的行为，这对于我们正确对待游戏行为具有重要意义。

三　游戏是一种自我表现——伽达默尔的艺术游戏理论

伽达默尔认为，游戏是艺术的存在方式。他指出，"但是重要的是，我们要把这一概念（游戏）与它在康德和席勒那里所具有的并且支配全部新美学和人类学的那种主观的意义分隔开。如果我们就与艺术经验的关系而谈论游戏，那么游戏并不指态度，甚而不指创造活动或鉴赏活动的情绪状态，更不是指在游戏活动中所实现的某种主体性的自由，而是指艺术作品本身的存在方式"。③ 因此，人们通常将伽达默尔的游戏理论称为"艺术游戏论"。

伽达默尔指出，游戏的真正主体其实并不是游戏者，而是游戏本身。这并不是说游戏者不重要，而是说游戏相对于游戏者之意识具有优先性，一切游戏活动都是一种被游戏的过程。"游戏的真正主体并不是游戏者，而是游戏本身。游戏就是具有魅力吸引游戏者的东西，就是使游戏者卷入游戏中的东西，就是束缚游戏者于游戏中的东西。"④

此外，伽达默尔强调观赏者在游戏结构中的重要地位。他指出，"只有观众才实现了游戏作为游戏的东西……在观赏者那里它们才赢得它们

---

① 席勒，《审美教育书简》，张玉能译，译林出版社，2012，第45页。
② 席勒，《审美教育书简》，张玉能译，译林出版社，2012，第48页。
③ 汉斯－格奥尔格·伽达默尔，《真理与方法》，洪汉鼎译，商务印书馆，2013，第149页。
④ 汉斯－格奥尔格·伽达默尔，《真理与方法》，洪汉鼎译，商务印书馆，2013，第157页。

的完全意义。……事实上，最真实感受游戏的，并且游戏对之正确表现自己所'意味'的，乃是那种并不参与游戏、而只是观赏游戏的人。在观赏者那里，游戏好像被提升到了它的理想性"。① 这不是说游戏者不重要，而是指观赏者具有方法论上的优先性。因为游戏是一种自我表现（Selbstdarstellung），这就预设了观赏者的存在位置。即使在自身封闭世界的艺术游戏中，这种自我表现也是显而易见的："艺术的表现按其本质就是这样，即艺术是为某人而存在的，即使没有一个只是在倾听或观看的人存在于那里。"② 伽达默尔将观赏者提升到与游戏者共同重要的地位，这体现了游戏意义生成的符号学机制。伽达默尔对观赏者的强调对我们研究游戏观看活动具有重要意义。因此，当我们在理解游戏意义时，不仅要关注游戏者，还要重视观赏者，以期获得一种视野融合的全面理解。

四 游戏具有语言般的符号规则——维特根斯坦的语言游戏理论

维特根斯坦是"语言游戏论"的代表人物，他的"语言游戏"概念指的是"孩子刚开始使用词语时的语言方式"等"原始语言"形式，"还将把语言和活动——那些和语言编织成一篇的活动——所组成的整体称作'语言游戏'"。③ 虽然，维特根斯坦的重点不在游戏本身，但他的语言游戏论在某些方面对于传播符号学研究游戏有借鉴之处。如：他与索绪尔一样，借用"下棋"游戏为例，指出语言与下棋、词语与棋子、语法与规则、语境与棋势的对应关系。他指出语法给予了交流的可能性，但语境才真正决定了交流。这对于网络游戏的情感传播研究有启发意义。

五 游戏是人类文化所有领域中的基本结构——赫伊津哈的文化游戏思想

与康德和席勒等人做的抽象的哲学研究不同，约翰·赫伊津哈从具体的文化存在形式出发研究游戏。他通过各种文化形式中游戏成分的研

---

① 汉斯-格奥尔格·伽达默尔，《真理与方法》，洪汉鼎译，商务印书馆，2013，第161页。
② 汉斯-格奥尔格·伽达默尔，《真理与方法》，洪汉鼎译，商务印书馆，2013，第162页。
③ 维特根斯坦，《哲学研究》，陈嘉映译，上海世纪出版集团，2001，第7页。

究得出游戏是文化形式的最基本要素的观点，"游戏是文化本质的、固有的、不可或缺的、绝非偶然的成分"。①

赫伊津哈从文化史的角度对各种文化形态中的游戏成分进行了系统的研究。不仅包括语言、艺术，还包括宗教、仪式、神话、节庆、竞赛、法律、哲学、战争等各种文化形态。赫伊津哈研究发现这些文化形态中都渗透着游戏元素。"仪式产生于神圣的游戏；诗歌诞生于游戏并繁荣于游戏；音乐和舞蹈则是纯粹的游戏；智慧和哲学在源于宗教竞赛的语词和形式中找到自己的表达；战争的规则、高尚生活的习惯，都是在各种游戏中被建立起来的。"② 游戏已经成为一种活跃在人类文化所有领域中的基本结构。③ 可见，游戏对文化发展起着一种非常基础的作用，这种基础作用源于游戏自古以来就渗透在人类文化的各个领域中。因此，我们在研究人类文化发展问题时，不能忽视游戏在其中的作用。正因为在这个意义上，赫伊津哈将人视为游戏者，并将整个人类历史视为游戏发展进化的过程。

六　小结：游戏是推动人类精神自由与文明进步的桥梁

从以上经典游戏思想可以看出，游戏在促进个人精神整合与推动社会文明进化过程中都具有重要作用。

首先，康德和席勒的游戏思想关注个人精神自由发展与人性的整合。康德将游戏视为自由的艺术，席勒将游戏视为审美冲动。他们通过游戏揭示了人在精神上向往自由的本质。从主观方面看，审美游戏是"自由的游戏冲动"；从客观方面看，审美游戏就是"追求自由的形式"的活动。当审美被理解为自由游戏冲动的时候，游戏便成为追求人性自由的活动。康德、席勒的自由与审美游戏思想关注游戏行为对精神自由与人性统一发展的追求。因此，游戏不是玩物丧志的活动，而是一种使人性得到完满实现的行为，这对于我们抛开偏见，以客观公正的视角对待游

---

① 约翰·赫伊津哈，《游戏的人：文化中游戏成分的研究》，何道宽译，花城出版社，2007，第 7 页。

② 约翰·赫伊津哈，《人：游戏者》，成穷译，贵州人民出版社，1998，第 173 页。

③ See Robert Anchor, "Johan Huizinga and His Critics, History and Theory," 17 (1), 1978, pp. 77 – 78.

戏文化具有十分重要意义。

其次，赫伊津哈等人的游戏研究关注游戏与文化构成和文明发展的关系问题。赫伊津哈通过对人类文化各领域的由此成分研究发现，游戏已经成为一种活跃在人类文化所有领域中的基本结构。[①] 这一研究将游戏从个人层面上升到整个人类文明发展过程中，突出了游戏作为人类文明发展及文化各领域的基本元素的作用。这表明游戏文化不仅无处不在，而且意义重大。伽达默尔的游戏游戏论与维特根斯坦的语言游戏论都是这一现象的具体样本。伽达默尔认为游戏是人类艺术的存在方式，维特根斯坦认为作为最接近人类心灵永恒结构的语言具有游戏的特征。赫伊津哈提出游戏是文化中的固有的、本质的成分的思想，并鲜明地提出了游戏是推动人类文明进步重要力量之一的著名游戏文明史观。接下来，笔者将从游戏文明史观的角度重点审视游戏与文明进化的关系。

第二节　游戏与文明同一性关系的深入分析

既然游戏是推动精神自由与文明进步的桥梁，那么我们进一步来看游戏与文明发展之间的关系。从文化到文明是一个历史演进的过程。有学者指出，赫伊津哈游戏研究中的文化与文明两个词在历史维度上是可以灵活互用的。"文化是文明的内在价值与状态；文明是文化的外部形式，是文化的凝结与成果。如果强调文化这一观念的形态化含义时，文化与文明在很大程度上是可以互用的……无论是阐述赫氏的各种文明观、文化观，还是自己加以引申、解释，都是在最灵活的意义上使用'文明'与'文化'两词，在大多数情况下这两个词语可以互用。"[②] 而赫氏将游戏视为文化中的本质的、固有的、不可或缺的、绝非偶然的成分。[③] 赫伊津哈指出，"真正的、纯粹的游戏是文明的柱石之一。初始阶段的文明是游戏的文明。文明不像婴儿出自母体，它在文明之中诞生，它就是

---

① See Robert Anchor, "Johan Huizinga and His Critics, History and Theory," 17 (1), 1978, pp. 77 – 78.
② 刘铭，《赫伊津哈文明史观研究》，博士学位论文，复旦大学，2012，第 7 页。
③ 约翰·赫伊津哈，《游戏的人：文化中游戏成分的研究》，何道宽译，花城出版社，2007，第 7 页。

游戏，且绝不会离开游戏"。① 由此可见，真正的、纯粹的游戏与文化在本体是同一的，它是人类文明的基础之一。

实际上，赫伊津哈所谓的"真正的、纯粹的游戏"指的是其所阐述的作为文化现象和社会现象的游戏，这是一个包括从一般日常的游戏活动到高级的具有社团、神秘气氛的游戏活动范畴。这使得这种游戏观念具有了普遍性，使其有资格成为一种统摄人类历史文化、解释人类文明的综合性观念。②

我们可以把赫伊津哈关于游戏与文明的同一性观点归纳为如下三方面。

1. 游戏先于文明出现

在诞生时间上，游戏先于文化与文明出现。赫伊津哈指出，"早在文化之前，游戏就已经存在了……游戏无处不在，游戏是有别于'平常'生活的、特色鲜明的一种行为"。③ 也就是说，人类在产生文化之前就存在游戏，这与游戏最早作为动物本能的观点相一致。人类文化是在游戏的形态和情绪中展开的。在游戏与文化的时序关系中，游戏是第一位的。

2. 游戏孕育了文明

游戏是孕育文明的摇篮。游戏相较于文明的第一性表明文明就是从游戏中孕育出来的。游戏作为人和动物的一种本能行为，自从有了人类，有了生命能量的盈余，生命就开始了游戏。而文明是人类经过一定历史时期后出现的，它相较于游戏是人类后天发展出来的，这不仅是时间的差别，也是逻辑上的因果关系：如果没有生命能量盈余的游戏活动，就没有文化活动，就不可能产生文明。如果没有游戏，没有游戏规则的规范与约束，文明是不可能产生的。所以，游戏是人类文明的摇篮。语言、政治、法律、经济等文明的产物，都是在遵循游戏规则的前提下产生和发展的。

3. 文明发展离不开游戏

文明演进与发展离不开游戏。游戏是文明存在与发展的必要条件，

---

① 约翰·赫伊津哈，《游戏的人：文化中游戏成分的研究》，何道宽译，花城出版社，2007，第10页。
② 刘铭，《赫伊津哈文明史观研究》，博士学位论文，复旦大学，2012，第91页。
③ 约翰·赫伊津哈，《游戏的人：文化中游戏成分的研究》，何道宽译，花城出版社，2007，第10页。

是文明的本质要素之一。"文明是在游戏中并作为游戏而产生和发展起来的，文明具有游戏的特征，这是胡伊青加（即赫伊津哈）对文明本质的结论。"① 赫伊津哈把游戏比喻为推进文明的酵母，游戏因素在整个文明发展过程中都具有极其重要的作用。"在游戏成分或缺的情况下，真正的文明是不可能存在的；这是因为文明的预设条件是对自我的限制和控制，文明不能够将自己的倾向和终极的目标混为一谈，而是要意识到，文明是圈定在自愿接受的特定范围之内的。在一定的意义上，文明总是要遵守特定游戏规则的，真正的文明总是需要公平的游戏。公平游戏就是游戏条件中表达出来的坚定信念。所以游戏中的欺诈者和搅局人粉碎的是文明本身。"② 因此，文明的发展离不开游戏。

此外，在人类文明发展的过程中，游戏与文明的原生性关系并非没有变化，游戏成分会逐渐隐藏到文化现象的背后，成为文化现象中的游戏精神。缺乏游戏精神的文明就是文化活力不足的文明，游戏精神基本上是文明、文化生命力的代名词，游戏精神就是文明发展的原动力与维持力量。③

综上所述，从游戏思想以及游戏与文明的关系可以看出，游戏与文明在本体上具有同一性。游戏是所有文化形式的基本要素，游戏精神是文明进化与社会发展的积极精神力量。

第三节　情感在文明进化过程中的作用机制

从以上分析可以看出，游戏与文明在本体上具有同一性，文明的进化与文化的发展都离不开游戏。因此，接下来，笔者将从这个广义的游戏概念出发，分析情感在人类文明进化过程中的作用机制，从而证明情感对于游戏文化研究的重要意义。

一　情感是游戏与文明进化关系研究不可回避的重要话题

从游戏本质特征中可以看出，虽然游戏属于文化现象，但游戏也具

① 岳伟，《批判与重构——人的形象重及其教育意义探索》，华中师范大学出版社，2009，第165页。
② 约翰·赫伊津哈，《游戏的人：文化中游戏成分的研究》，何道宽译，花城出版社，2007，第4页。
③ 刘铭，《赫伊津哈文明史观研究》，博士学位论文，复旦大学，2012，第92~93页。

有非常重要的情感特征。赫伊津哈将游戏作为一种文化现象，因此他的研究起点是文化，而没有从生物学、心理学角度进行研究。其实，人类情感是由生物基础、文化与社会结构综合作用的结果，不只是生物层面的反应。此外，作为自然进化的诸如猫、狗等哺乳动物，它们的许多行为已经不仅是单纯的生理功能而更多地具有心理感特征，这使得我们看到许多动物的行为是通人性的，这是因为这些动物在嬉戏玩闹中表现出了情感现象。而动物发展出复杂的心理－情感功能是自然历史本身发展到高级阶段的标志，那也就证明了具有情感特征的游戏是生命进化到高级阶段的现象，主要出现在包括人类在内的高等动物中。因此，情感功能是游戏出现的必要条件。[①] 对人类情感机制的研究有助于弥补赫伊津哈游戏文明史观的不足之处，更加全面地深化游戏对于文明发展与社会进步的重要作用。因此，对情感机制的关注是游戏文化研究不可回避的重要话题。

　　情感进化理论指出，情感在推动人类社会进化过程中具有重要作用。由于游戏与文明在本体上具有同一性，因此研究情感在人类文明进化中的作用机制有助于我们深入理解游戏的情感传播功能对于社会发展与文化建构的促进作用。情感进化理论以进化心理学为依托，而进化心理学对我们研究的贡献在于其对人类行为的解释方面具有优势。[②] 进化心理学认为自然选择在原始人（人类进化的早期状态）阶段发挥作用，并随着时间的进程，在大脑中创造了指导人类行为的机能模块。因此，理解这些模块功能导致这些模块产生的选择压力能够解释社会的组织。进化心理学对人类情感起源问题的界定方式与社会科学的分析有关。若情感是创建和保持社会关系以及对较大规模的社会文化结构形式承诺的关键力量，那么知晓情感在原始人类和人类历史中的进化过程或许有助于我们研究社会化进程中的情感。[③] 总之，情感进化理论在解释情感是如何推动文明进化这个问题上具有有效解释力。我们可以从情感的进化机制中探索人类游戏与文明进程中的深层机制。

---

① 刘铭，《赫伊津哈文明史观研究》，博士学位论文，复旦大学，2012，第89页。
② 钟建安、张光曦，《进化心理学的过去和现在》，《心理科学进展》2005年第5期。
③ 乔纳森·特纳、简·斯戴兹，《情感社会学》，孙俊才、文军译，上海人民出版社，2007，第215页。

二 自然选择配置了人类的情感大脑

科学家通过研究人类与相近物种的基因水平发现，人类或许并不像许多社会学家和社会哲学家所认为的"天生就是社会的动物"。如果人类不是受到生物程序的有力推动而发展为高度的社会化的，那么，是什么力量促使人类社会性的产生与发展？情感社会学家乔纳森·特纳的回答是：进化通过自然选择对原始人和人类的大脑进行了配置，使其能够产生大量的情感，进而这些情感又被用于培育社会关系，情感成为人类超越猿这种社会水平较低动物的途径。①

原始的生物情感主要产生于大脑皮质下区域，这种生物性情感大多以无意识的方式表现出来。人类有意识的认知判断与控制产生于大脑皮质区域，该区域的神经活动能够对人类情感与行为产生控制与调节。大脑皮质下区域与最原始的丘脑接近，在进化上属于更加原始的大脑部分，而大脑皮质区域是生物进化的高级阶段才出现的。因此，当一个刺激出现时，处于大脑皮质下区域产生生物情感的机制率先被激活，在这种情感激活没有被上行神经通路传到大脑皮质区域时，情感不能被有效控制。因此，人们在水井旁有意识地看清一条"蛇"之前会因为潜意识中关于蛇的概念而产生害怕，并准备逃跑。而当人们看清那只是一条井绳时，大脑皮层上的认知机制会对之前的害怕情感与逃跑行为产生理性判断。这就是"一朝被蛇咬，十年怕井绳"的心理生理学解释。

自然选择的进化机制不仅使人类的情感受皮质下区域的影响，而且受皮质区域的控制。"情感的生成是皮层（此区域与语言和文化有关）与皮层下（此区域是情感最初的发源地）复杂交互作用的结果。"② 因此，现代科学已经证明人类情感是社会认知过程的不可分割的必要组成部分。在神经生理结构上，负责情感产生的大脑皮质下区域与负责认知的皮质区域通过神经通道互相连接，相互影响。当皮质下区域产生的情

---

① 乔纳森·特纳、简·斯戴兹，《情感社会学》，孙俊才、文军译，上海人民出版社，2007，第218页。

② 乔纳森·特纳、简·斯戴兹，《情感社会学》，孙俊才、文军译，上海人民出版社，2007，第6页。

感通过上行神经通道传到上层皮质区时，认知过程就会受情感的影响。而当上层皮质区的认知判断通过下行神经通道传达到皮质下区域时，认知机制也会对情感表达起到有意识的反思与控制调节作用。这些认知与情感的交互作用意味着情感帮助建构认知，而认知使情感成形。[①] 唐纳德·A. 诺曼根据情感与认知的脑机制提出情感认知的三个层次运作机制（见图 3 - 1），即：先天的部分，被称为本能层次（visceral level）；控制身体日常行为运作的部分，被称为行为层次（behavior level）；还有大脑的思考部分，被称为反思层次（reflective level）。每一个层次在人的整体机能中起不同的作用。[②]

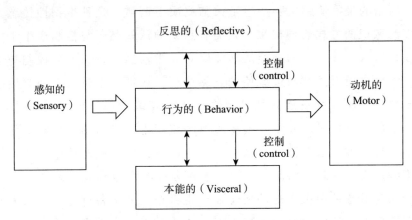

图 3 - 1　情感认知的三个层次：本能、行为和反思

　　这三个层次通过情感与认知之间"自下而上"（bottom-up）与"自上而下"（top-down）的交互机制相互作用，互相调节影响我们的日常行为。当行为由最低的本能层次发起时，被称作"自下而上"的行为；当行为由最高的反思层次发起时，则被称作"自上而下"的行为。自下而上由知觉驱动，而自上而下由思维驱动。一般来说，去看、听或感受环境，再由情感系统进行判断，然后激发大脑里的处理中心，向情感系统释放适当的传导神经元，这就是自下而上的活动。相反，在反思层次思考某

---

① 罗伯特·F. 波特、保罗·D. 博尔斯，《传播与认知科学：媒介心理生理学测量的理论与方法》，支庭荣等译，清华大学出版社，2012，第 115 页。
② 唐纳德·诺曼，《设计心理学 3：情感化设计》，何笑梅、欧秋杏译，中信出版社，2015，第 8 页。

件事情，然后想法被传输到最低层，触发传导神经元工作，这就是自上而下的活动。①

这三个层次的情感机制部分反映了大脑的生物起源。生物最基本的大脑回路就是刺激－反应机制：分析环境刺激并做出反应。这个系统与动物的肌肉紧密联系在一起。不同种类的动物其大脑结构不同，一些低等动物没有进化出最外层的大脑皮质层，因而不能像拥有皮质层的人类大脑一样进行高级思维活动。如蜥蜴这样的低等动物主要在本能层次活动，其大脑以相对固定的模式对外界刺激做出反应。而猿和其他哺乳动物会进行更高水平的分析，它们复杂和强有力的大脑能够分析环境，并相应地调整行为模式。人类拥有更加发达的大脑结构，他们不仅能对环境刺激做出简单的反应与行为，并能够反思自己的经验，这就使人类大脑产生了认知机制，成为超越低等刺激－反应机制的高等智慧生命。因此，人类大脑的反应机制是 S－O－R，而非单纯的 S－R。②

特纳通过对大脑结构研究发现，人类大脑结构与猿、大猩猩等物种具有重要差异，这种差异体现在发达的情感生成区域（皮质下区域）与进化出有效的情感控制区域（上层皮质区），这些差异是在长期的自然选择进化过程逐渐形成的。③ 首先，人类皮质下区域比其他哺乳动物大许多。自然选择配置了发达的情感皮质下区域，使人类具有更多情感的力量。④ 其次，自然选择对人类祖先大脑皮质区的配置，增强了其对产生情感的皮质下区域的控制能力。由于对皮质区的控制较少，猿在受到惊吓时就会本能地吵嚷不止，这样易于被捕食者发现，不利于生存。自然选择的进化对原始人大脑结构的重新配置，健全了皮质区与皮质下区域，使原始人面对生存压力能够更好地表达与控制情感。这种大脑情感机制的重新配置体现在基本情感（primary emotions）与次级情感

---

① 唐纳德·诺曼，《设计心理学3：情感化设计》，何笑梅、欧秋杏译，中信出版社，2015，第11页。

② S－O－R 即 Stimulus-Organism-Response，是认知心理学中的"刺激－个体生理、心理－反应"模式，而 S－R 是"刺激－反应"模式。

③ 乔纳森·特纳、简·斯戴兹，《情感社会学》，孙俊才、文军译，上海人民出版社，2007，第218~219页。

④ 乔纳森·特纳、简·斯戴兹，《情感社会学》，孙俊才、文军译，上海人民出版社，2007，第5页。

(secondary emotions) 的变化上。基本情感是那些假定为人类神经解剖系统中具有固定配置的感情唤醒状态。次级情感是基本情感相互组合产生出来的混合情感。普拉契克把基本情感比喻为原色轮，通过这些基本情感的混合（mixing），产生一些新的、具有多种变化的次级情感（见图3-2）。①

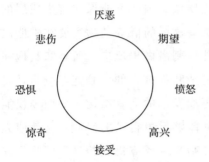

厌恶
悲伤　　　期望
恐惧　　　愤怒
惊奇　　　高兴
接受

基本情绪
愤怒+高兴=自豪
高兴+接受=爱和友好
接受+惊奇=好奇
悲伤+厌恶=痛苦、懊恼
厌恶+期望=玩世不恭
期望+愤怒=复仇

次级情绪
愤怒+接受=统治
高兴+惊奇=欣悦
接受+恐惧=服从
惊奇+悲伤=失望
恐惧+厌恶=羞愧、拘谨
悲伤+期望=悲观
厌恶+愤怒=轻蔑、勉强
期望+高兴=乐观

第三级情绪
愤怒+惊奇=狂怒、恨
高兴+恐惧=内疚
接受+悲伤=顺从
恐惧+期望=焦虑、畏惧
悲伤+愤怒=妒忌、郁闷
厌恶+高兴=病态
期望+接受=宿命

图 3 - 2　普拉契克的情感模型②

表 3 - 1　基本情感的变化形式③

	低强度	中等强度	高强度
满意-高兴	满意、满怀希望、平静、感激	雀跃、轻快、友好、和蔼可亲、享受	快乐、福佑、狂喜、喜悦、欢快、得意、欣喜、高兴

①　乔纳森·特纳，《人类情感——社会学的理论》，孙俊才、文军译，东方出版社，2009，第 2~6 页。

②　乔纳森·特纳，《人类情感——社会学的理论》，孙俊才、文军译，东方出版社，2009，第 6 页。

③　乔纳森·特纳，《人类情感——社会学的理论》，孙俊才、文军译，东方出版社，2009，第 6 页。

续表

	低强度	中等强度	高强度
厌恶-恐惧	利害、犹豫、勉强、羞愧	疑惧、颤抖、焦虑、神圣、惊恐、失去勇气、恐慌	恐怖、惊骇、高度恐惧
强硬-愤怒	苦恼、激动、动怒、恼火、不安、烦恼、怨恨、不满	冒犯、挫败、气急败坏、敌意、忿怒、憎恶、仇恨、生气	嫌恶、讨厌、厌恶、愤恨、轻视、憎恨、火冒三丈、愤怒、狂怒、勃然大怒、义愤填膺
失望-悲伤	气馁、伤悲、感伤	沮丧、悲伤、伤心、阴郁、宿命、忧伤	悲痛、悲怜、悲苦、痛苦、悲哀、苦闷、闷闷不乐、垂头丧气

基本情感与次级情感的发展变化对人类的社会适应性非常关键。在四种基本情感中有三种是消极情感，而消极情感一般是不利于形成社会团结的。因此，自然选择需要促成大脑将消极情感与积极情感综合产生新的情感类型，以削弱消极情感的影响，或把这些消极情感转换为能够促进社会联系的复杂情感。例如，惊奇、希望、好转、感激、自豪、崇敬、平静、平和喜爱、得意、困惑、怀旧、渴望、希望、敬畏、崇拜等情感都能潜在地促进社会联系的塑造。[①] 如果以上的基本情感复合不能完全减弱消极情感对社会秩序的破坏性，这些情感会随着自然选择进一步复合，以此类推以达到适应社会生存需要。如，羞愧是一种使自我感到惭愧和无能的情感，这种情感一般产生于当个体感到自己无法胜任或者做到社会规范所期望的行为时。羞愧最初主要来源于失望-悲伤情感，接下来是对自我的愤怒，以及对自我不能完成该活动所造成后果的恐惧。因此，经过几轮复合后的羞愧成为了一种极具社会控制的情感，这种情感能对自我产生心理暗示，使自己尽量避免无能或侵犯社会规范的表现。因此，羞愧情感在其社会功能意义上具有维持社会组织模式和惩罚个体违法行为的作用。[②] 与羞愧类似的多次复合的情感还有内疚、疏离等情感。这些复合情感都是在自然选择进化过程中形成的有利于社会关系建立，并促进社会团结的复合情感。

---

① 乔纳森·特纳，《人类情感——社会学的理论》，孙俊才、文军译，东方出版社，2009，第8页。

② 郭景萍，《"难为情"的社会学反思》，《中国社会科学报》2014年2月28日，第8版。

表 3－2　次级情感：羞愧、内疚与疏离的结构①

情感	基本情感成分的等级秩序		
	1	2	3
羞愧	对自我失望－悲伤	对自我愤怒	对事件可能对自我造成的后果而恐惧
内疚	对自我失望－悲伤	对自我行为造成的结果的愤怒	对自我愤怒
疏离	对自我、他人、情境失望－悲伤	对他人、情境愤怒	对事件可能对自我造成的后果而感到恐惧

　　此外，特纳认为原始人最初的语言是以视觉为基础的情感语言。神经皮质区域的发达使灵长类具有视觉优势，并且这一区域也使人类使用语言成为可能。神经科学研究发现负责情感的皮质下区域先于认知与语言的皮质区域进化产生。一些低等动物甚至至今没有进化出类似于人类的大脑皮质区域，只能凭本能皮质区做简单的刺激反应活动。特纳研究指出，距今 200 万年至 180 万年，原始人的大脑神经皮质区显著增长，口头语言机制在大脑皮质区出现；而在距今 500 万至 300 万年，原始人的大脑皮质区的大小并没有显著变化。这期间，原始人依靠大脑产生的情感语言进行交流。特纳认为，无论情感语言的优缺点为何，社会科学研究都不能忽视它。特纳指出是情感或情感语言，而不是所表达的语词，把人们联系在一起，促进了社会团结，生成了对社会形式的承诺。甚至当词汇和语言的合成形式促进了社会团结时，也是通过激活情感语言来实现这种效应的。② 在符号学方面，符号学家索绪尔指出，人类的天性不在于口头语言，而在于构造语言的天赋，我们可以把它看成是一种更为普遍的驾驭符号的天赋。③ 以格雷马斯为代表的巴黎符号学派在符号学研究中也强调，情感维度是语义维度与认知维度之外的另一个重要维度。情感是整个话语的结构特性，它以一种符号学风格作用于主体及其

---

① 乔纳森·特纳，《人类情感——社会学的理论》，孙俊才、文军译，东方出版社，2009，第 9 页。

② 乔纳森·特纳、简·斯戴兹，《情感社会学》，孙俊才、文军译，上海人民出版社，2007，第 221 页。

③ 费尔迪南·德·索绪尔，《普通语言学教程》，W. 巴斯金译，1959，第 10 页。转引自特伦斯·霍克斯:《结构主义和符号学》，瞿铁鹏译，上海译文出版社，1997，第 12 页。

对象，或他们之间的关系上。① 我们知道，主体间的符号关系是一种传播交流关系，因此情感是一种互动交流的语言符号。

三　选择压力催生社会结构整合的情感联系

特纳指出选择压力导致原始人大脑结构的重新配置，使社会性较低的动物产生能够保持社会结构稳定所必需的情感联系。② 这些选择压力本质上是具有社会学意义的，具体体现在六大关键领域：情感能量的运动；反应的协调；奖惩；道德法则；有价值的交换；决策。

1. 情感能量的运动。情感能量能够成为促进社会联系的渠道。正如情感仪式理论所强调的，人类依然使用仪式开始和结构化互动的进程，标明和修复违规行为，与互动者建立亲密联系。这些仪式以视觉的相互关注与有节奏的情感连带为机制唤醒和传播情感。原始人的视觉情感语言对这种仪式的机制具有敏感性，从而进行仪式活动。而且从现实情况来看，没有仪式的互动很难是情感标准化，这说明了自然选择不仅以多种途径配置了唤醒情感的大脑，而且通过仪式机制影响了情感生成的机制，从而确保正确的情感能够被用于社会互动。

2. 反应的协调。发展心理学和符号互动理论指出，人们通过角色采择（role taking），即把自己置于对方的位置上解读他人的视觉和听觉线索的含义，由此使自己理解他人的观点和行动倾向。角色采择是人在儿童阶段发展出的采取他人的观点来理解他人的思想与情感的一种认知技能，是一个人顺利实现人际相互作用的必要条件。因此，角色采择对情感传播与社会化建构具有重要意义。角色采择的视觉情感基础赋予人能够使自己的行为与他人相适应。当通过角色采择理解彼此的情感倾向后，人们的行为将更加协调，由此发展出较强健的、精致的和灵活的社会团结纽带。

3. 奖惩。奖惩是社会控制的重要机制。奖励和惩罚使人们回归社会规则与法制的准绳。人类神经结构的进化能够使任何导致惩罚的线索警示人们以正确的方式行动。同时，积极的奖励，即对符合规则行为的褒

---

① 张智庭，《激情符号学》，《符号与传媒》2011 年第 3 期。
② 乔纳森·特纳、简·斯戴兹，《情感社会学》，孙俊才、文军译，上海人民出版社，2007，第 221 页。

奖，能够唤醒积极情感，由此促进社会联系和团结。因此，通过奖惩机制的运用，能够唤醒促进社会组织联系的广泛的积极情感。

4. 道德法则。人类具有构建符号系统的能力，道德法则是一套具有情感机制的符号系统。人类通过情感具备了道德机制的感知能力，并根据人们对行为规则内容的遵守和违背情况给予奖励或惩罚。如果大脑不能产生微妙和精致的情感体验，道德规则将不能揭示出人类社会组织复杂的需要。虽然文化在原始人生活后期和人类社会早期的社会组织中所发挥的作用在增加，但这些文化编码直到原始人能够运用情感构造社会联系后才开始产生。因此，不仅是一个容量增大的大脑导致了文化的孕育，而且是一个能够产生和使用大量情感的大脑孕育了文化。[①]

5. 有价值的交换。没有情感，价值难以判断。神经科学家安东尼·达马西奥曾对脑损伤的病人进行研究，发现情绪缺失的人们往往无法从两个事物中做出选择，特别是两个事物看起来价值相当时。因此，神经科学家和心理学家表示，情感是价值判断的重要机制。齐瓦·孔达的"暖认知"理论证明了情感对于价值判断的影响。同样在社会科学中，任何交换都是依据价值。这种价值既有经济学意义上的价值，也有符号学意义上的价值。情感对价值的评估应属于符号价值，因为符号的价值评估与心理认知机制有关。此外，许多理论者指出，互惠性是固定在人类大脑之中的，因为人类大脑在获得某种有价值的资源时，将会产生回馈他人的感受。因此，互惠性是建立在生成情感，并把情感与各种资源建立联结的能力之上的。生成和体验到的情感越多，可以交换的资源也就越多，从而使任何客体、符号或意味着潜在资源的行为都能够被用来形成人们相互之间的互惠关系。

6. 决策。没有情感的理性是不存在的，同样，没有情感参与的决策是无法实现。心理学和神经科学的大量实验研究已经证明情感是决策过程中的重要因素。当大脑中的情感连接被切断，人们做出任何决策都非常困难，即使做出决策也很难是最佳决策。

因此，自然选择在多个途径对原始人，最后对人类大脑的神经解剖

---

① 乔纳森·特纳、简·斯戴兹，《情感社会学》，孙俊才、文军译，上海人民出版社，2007，第 222 页。

构造施加影响，使人类产生促进社会团结和社会组织所必要的情感。我们可以发现，以上六大方面与游戏行为具有高度的相似性。情感能量是游戏行为的动力，反应的协调是游戏互动中的必备素质。而奖惩、道德法则、有价值的交换与决策都是游戏正常运行的重要机制。这六大方面进一步证明了游戏与社会文明具有同一性的渊源。因此，在特纳看来，理解自然选择重新配置大脑构造、拓展情感技能的方式，是理解社会学家们所提出的推动社会组织的关键力量的中心。若没有拓展情感的能力，以上六大关键领域的作用将不能实现。

四 情感促进人类"深度社会性"的进化

情感感知与传播机制能够促进人类深度社会性进化。这一机制在人类社会进化过程中表现为情感具有和语言相同的社会沟通功能。

威廉姆·温特沃斯认为，情感，特别是通过面部表情传达的情感，是人类祖先沟通的原始编码。情感在传播沟通中具有两种基本的适应 - 增强特征。第一，情感系统的生物基础使情感具有生物潜能，因为情感能够迅速地改变和定向动物的行为。第二，情感具有传播扩散性，因为情感能够唤醒他人的或交互的情感，从而增强社会关系。[1]

人类识别面部表情的能力先于掌握语言符号的能力。人类生下来就对面部表情变化具有敏感性，因为面部最容易产生情感沟通的信号。在神经生理心理层面，面部表情的情感标识功能已得到广泛运用。神经生理心理学将面部肌电（EMG）作为一种情绪效价检测的有效手段。一些经典的面部肌肉活动，如皱眉肌、眼轮匝肌、颧大肌等，已成为检测特定情感与动机的常规指标。其中，皱眉肌的激活与不愉快的情绪有关，颧大肌与眼轮匝肌的同时激活与愉快情绪有关。这些面部肌肉的变化，不仅是我们向其他人表达情感的一种方式，还参与塑造了我们的情感体验。[2]

此外，人们网络聊天中使用的 Emoji 表情符号也说明人们习惯于将

① 乔纳森·特纳、简·斯戴兹，《情感社会学》，孙俊才、文军译，上海人民出版社，2007，第215～217页。
② 罗伯特·F. 波特、保罗·D. 博尔斯，《传播与认知科学：媒介心理生理学测量的理论与方法》，支庭荣等译，清华大学出版社，2012，第135～139页。

面部表情作为传播的非语言符号。Emoji 表情起源于日本，最初是为了能在消息对话中，表达更具感情色彩的信息，让对话不至于被曲解。由于表情是人类祖先沟通的原始编码，具有跨文化情感沟通的兼容性，Emoji 表情也因此成为世界通用的情感语言。2015 年，《牛津词典》首次抛弃了传统字母单词，而是将一个 Emoji 表情作为年度词汇予以公布，引起了人们的重视（见图 3-3）。

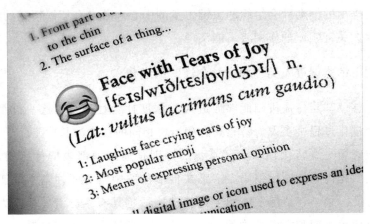

图 3-3　《牛津词典》2015 年年度词汇中的 Emoji 表情释义

对于表情符号成为年度热词的现象，牛津大学出版社词典部负责人卡斯珀·格莱斯沃尔（Casper Grathwohl）称："可以看出，传统字母单词已经难以满足 21 世纪快速、以视觉为主的沟通需求。因此，像 Emoji 表情这样的一个图像文字来填补这一空白也不足为奇。"①

情感符号先于语言符号的传播机制提示我们，最好要像看待语言一样看待情感。② 当情感沟通增强了适应性，情感被文化具体化之后，人类在生物进化中的社会适应性也随之增强。因为，情感使文明以较复杂的社会组织形式发展成为可能。就像卡斯珀·格莱斯沃尔对 Emoji 表情成为年度词汇这一现象的看法一样，情感语言弥补了文字语言在情感传播中的深度需求。

---

① 《〈牛津词典〉2015 年年度词汇：一个 Emoji 表情》，http://tech.qq.com/a/20151117/062213.htm，最后访问日期：2015 年 11 月 30 日。
② 乔纳森·特纳、简·斯戴兹，《情感社会学》，孙俊才、文军译，上海人民出版社，2007，第 255 页。

情感是人类信息提取的中心机制，因为情感不仅作为"协调中心"可以跨越大脑加工的多个水平，而且能够"框定和集中"信息，这些机制以多种方式提高了生物的社会适应性。威廉姆·温特沃斯在阐述情感社会适应性作用时就指出：情感能调节人们对社会环境的注意程度；能够使人们把自己看作与他人、情境、环境关系中的对象；能够使人们进行角色采择，解读他人的观念，并赋予自己的行为以文化规范和规则，使人们能够以满足情境中的文化期望的方式行动等。

因此，如果人类没有拓展的情感能力，将不能表达大多数标识自己为人的行为，也不能创造和使用社会文化形式作为适应环境的方式。因为，"人类情感是身体和社会的语言"，这不仅是威廉姆·温特沃斯等社会学家提出的观点，也是涉身性认知等心理学思想的应有之义。因此，情感在生物与社会之间的适应作用是具有学理依据的。并且，人类是深度社会化的动物，必须积极地构造团结的社会关系和建立利于生存的群体结构，因此情感还提供促进人们建立这些极端关系的机制。当自然选择推动人类祖先发展（作为适应环境的方式）的同时，也拓展了创造文化的神经机制的能力，然后人类运用这种拓展的文化技能把情感定义为保持社会关系的方式。

下面，笔者以游戏活动中的心理学实验来模拟情感在人们社会适应中的作用机制。

五　实验：情感社会适应机制在虚拟游戏环境中的拓展性研究——以第一人称射击游戏为例

（一）研究问题与理论背景

人类情感与认知相互作用，互为补充，认知系统负责阐释世界，增进对现实的理解。情感，包含情绪，是辨别好与坏、安全与危险的判断体系，它是人类更好生存的价值判断。[①] 社会认知理论指出，动机和情感对判断有重要影响，而这种判断不会使我们对现实视而不见。[②] 上文

---

① 唐纳德·诺曼，《设计心理学 3：情感化设计》，何笑梅、欧秋杏译，中信出版社，2015，第 7 页。

② 齐瓦·孔达，《社会认知——洞悉人心的科学》，周治金、朱新秤等译，人民邮电出版社，2013，第 192 页。

的情感进化理论也提到，情感是注意的调节器，能够调节个体对环境的某些方面产生警觉，以更好地适应生存环境。情感这种"框定和集中"信息以提高生物的社会环境适应性的机制是否在虚拟游戏领域中也具有适用性？笔者利用第一人称射击游戏（First-Person Shooting Game；FPS）对该情感机制进行试验检测。

　　第一人称射击游戏是一种要求游戏玩家在紧张危险的枪战环境中消灭敌人获得最终生存的游戏。FPS 是 ACT① 的一个分支，它以玩家自己为视角进行游戏，具有身临其境的体验效果，大大增强了游戏的主动性和沉浸感。同时 FPS 具有 RTS②、RPG③ 等游戏的综合特点，是当今游戏市场上的热门类型之一，从早期的《反恐精英》《使命召唤》到近些年流行的《绝地求生》《穿越火线》等都是第一人称射击游戏的代表。因该类游戏可以在一定程度上模拟人们面临生存选择压力的情境，国外许多游戏研究都以 FPS 游戏为对象进行。笔者在 Web of Science 平台上检索 2001 年至 2020 年第一人称射击游戏研究论文共有 178 篇，年度分布如图 3 - 4。

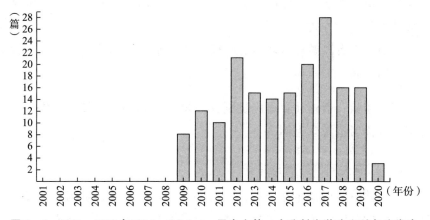

图 3 - 4　2001—2020 年 Web of Science 平台上第一人称射击游戏文献年度发表

---

① ACT，即动作游戏（Action Game），是游戏中的一种，它强调玩家的反应能力和手眼的配合。

② RTS，即即时战略游戏（Real-Time Strategy Game），游戏是即时进行的，讲究策略，玩家在游戏中经常会角色扮演，调兵遣将。

③ RPG，即角色扮演游戏（Role-Playing Game），在游戏中，玩家负责扮演一个或多个角色在一个写实或虚构世界中活动。

（二）实验目的

本实验是通过玩家在 FPS 游戏过程中对游戏环境里危险区域的警觉注意程度的分析来检测社会生存的情感预警机制在网络游戏中的适用性。此外，实验希望通过情感进化理论在虚拟游戏环境中适用性的检测来分析游戏与文明之间的关系，进一步探讨游戏与文明的同一性，为游戏文明进化理论向网络游戏领域延伸做铺垫。

（三）实验假设

H1：玩家在虚拟游戏情境中，对潜在危险区域的情感注意程度显著高于整体大环境的注意程度。

H2：玩家在虚拟游戏情境中，对环境中危险区域的情感注意程度显著高于非危险区域。

（四）实验指标

1. 眼动注视点个数（fixation count），该指标记录落在某一兴趣区域（area of interest；AOI）内的被试眼动注视点的个数，通常用于分析被试对某一区域的兴趣与注意程度。该指标数值越大表明被试的注意与警觉程度越高。

2. 访问时长（visit duration），该指标记录被试眼动视线访问某一兴趣区域的时间长度，通常用于分析被试对某一区域的兴趣与注意程度。该指标数值越大，则表明该对象或区域更能引起被试的注意与警觉。

（五）实验材料

选择两款第一人称射击游戏（游戏 A、游戏 B）让被试体验。第一款游戏（游戏 A）中有比较明显的游戏大环境地图视角与当前游戏情境视角，可用于分析被试玩家对大环境与潜在危险环境区域的注意程度差异。第二款游戏（游戏 B），当前情境视角中有较为明显的敌人区域与安全区域划分，可用于分析被试玩家对这两个区域的注视情况差异。下图分别是两款游戏及研究区域划分。其中，游戏 A 中（见图 3 - 5），左上角是游戏大地图视角，玩家可以在其中看到自己与敌人的相对位置，当前游戏情境中虚掩着的门是潜在危险区域，因为门背后可能存在着危险。游戏 B 中，左边的雕像对玩家没有危险，可视为安全区域，中间的两个"幽灵"是敌人，可以当作危险区域（见图 3 - 6）。

图 3 - 5　游戏 A 中大环境区域与潜在游戏区域划分

图 3 - 6　游戏 B 中安全区域与危险区域划分

（六）实验设备

Tobii TX300 眼动仪。该眼动仪采样频率为 300Hz，即每秒钟对被试眼动行为进行 300 次数据采样，精确度较高。

（七）被试招募

在浙江大学招募游戏玩家前来体验该游戏，被试人数 55 人，其中男性 33 人，女性 22 人。被试平均年龄 23.3 岁，方差 2.9；被试平均游戏年龄 12.3 岁，方差 3.8。实验在浙江大学 985 新媒体实验室中进行。

（八）实验过程

该实验采用被试内设计的方法，两款游戏随机先后顺序，游戏中间有短暂的间隔时间。实验开始前对设备进行校准，并告知被试实验要求。让被试在电脑上玩以上两款第一人称射击游戏各一关，并通过眼动仪记录被试的眼动数据，结束后对被试进行简短的游戏体验访谈。实验后用 Tobii Studio 软件与 SPSS 软件对所划分的区域进行眼动数据指标统计分析。

（九）数据分析

眼动热点图是用来分析被试注意力分布的可视化效果图。Tobii Studio 的热点图有 Heat map 与 Gaze Opacity 两种显示效果。Heat map 热点图是彩色覆盖效果图，红色区域为注视程度最高的区域，其次是黄色区域，最次是绿色区域。Gaze Opacity 是黑白挖空效果图，挖空的白色区域是被试实际看到的区域，而黑色区域是被试注意力不及的区域。

在游戏 A 中，被试对于大环境与潜在危险区域的注意力分配有明显的差别。从 Heat map 热点图中可以看出（见图 3 – 7），被试的主要注意力都集中在潜在危险区域（门）处，而对大环境（地图视角）区域的注意分配较少。在 Gaze Opacity 热点图中（见图 3 – 8），我们可以清楚地看到，被试几乎只关注潜在危险区域，而对大环境区域关注较少。

在游戏 B 中，被试对安全区域与危险区域的注意程度有明显差别。从 Heat map 热点图（见图 3 – 9）中可以看出，被试注意力主要集中在危险的敌人对象上，而较少关注安全的对象。另外，我们从 Gaze Opacity 热点图中（见图 3 – 10）也可以看出，被试在危险情境下，注意力高度集中在危险的敌人对象上，而较少关注安全的对象。

图 3 – 7　游戏 A 情境中的眼动实验热点图 1（Heat map）

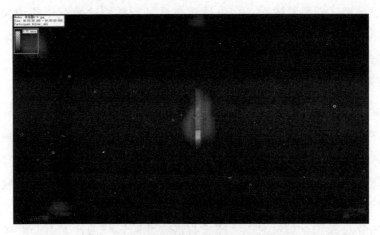

图 3 – 8　游戏 A 情境中的眼动实验热点图 2（Gaze Opacity）

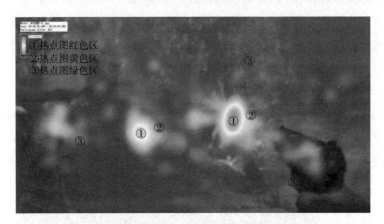

图 3 – 9　游戏 B 中的眼动实验热点图 1（Heat map）

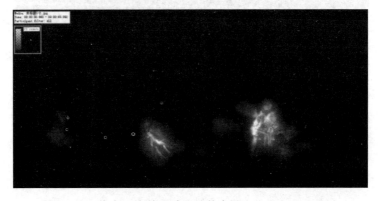

图 3 – 10　游戏 B 中的眼动实验热点图 2（Gaze Opacity）

　　接下来，笔者对研究区域进行数据统计分析。在游戏中，被试集体对潜在危险区域的注视点个数指标与访问时长指标均显著高于大环境区域。在注视点个数指标中，潜在危险区域的均值（3.65）明显高于大环境区域的均值（0.95），两个区域相关系数为 -0.21，显著性水平为0.12，即两个区域相关性不显著。通过对这两个区域进行成对样本 t 检验分析发现，显著性水平为0.00，即被试对潜在危险区域的注视点个数显著多于大环境区域。在访问时长指标中，潜在危险区域的均值（0.57）明显高于大环境区域的均值（0.22），两个区域相关系数为 -0.24，显著性水平为0.081，即两个区域相关性不显著。通过对这两个区域进行成对样本 t 检验分析发现，显著性水平为0.00，即被试对潜在危险区域的访问时长显著高于大环境区域。通过以上数据分析，我们证实了 H1 假设，即玩家在虚拟游戏情境中对潜在危险区域的情感注意与机警程度显著高于整体大环境。表3-3至3-8是该部分的统计分析表格。

表3-3　大环境区域与潜在危险区域注视点个数指标统计量

注视点个数指标	均值（个）	N	标准差	均值的标准误
大环境区域	0.9455	55	0.97026	0.13083
潜在危险区域	3.6545	55	1.71289	0.23097

表3-4　大环境区域与潜在危险区域注视点个数指标的相关系数①

注视点个数指标	N	相关系数	Sig.
大环境区域 & 潜在危险区域	55	-0.212	0.120

表3-5　大环境区域与潜在危险区域注视点个数指标成对样本 t 检验

注视点个数指标	成对差分					t	df	Sig.（双侧）
	均值	标准差	均值的标准误	95% 置信区间				
				下限	上限			
大环境区域 - 潜在危险区域	-2.70909	2.14020	0.28858	-3.28767	-2.13051	-9.387	54	0.000

---

①　本次实验研究所采用显著性检验 <0.05 水平（单侧）上具有显著性，<0.01 水平（双侧）上具有显著性，下同。

表 3 - 6　　大环境区域与潜在危险区域访问时长指标统计量

访问时长指标	均值（秒）	N	标准差	均值的标准误
大环境区域	0.2227	55	0.25940	0.03498
潜在危险区域	0.5708	55	0.42335	0.05708

表 3 - 7　　大环境区域与潜在危险区域访问时长指标的相关系数

访问时长指标	N	相关系数	Sig.
大环境区域 & 潜在危险区域	55	− 0.237	0.081

表 3 - 8　　大环境区域与潜在危险区域访问时长指标成对样本 t 检验

访问时长指标	成对差分					t	df	Sig.（双侧）
	均值	标准差	均值的标准误	95% 置信区间				
				下限	上限			
大环境区域 – 潜在危险区域	− 0.34802	0.54646	0.07369	− 0.49575	− 0.20029	− 4.723	54	0.000

在游戏中，被试集体对危险区域的注视点个数指标与访问时长指标均显著高于安全区域。在注视点个数指标中，危险区域的注视点个数均值（7.64）明显多于安全区域（1.58）两个区域的相关系数为 − 0.38，显著性水平为 0.004，即两个区域注视点个数呈显著负相关。通过对这两个区域进行成对样本 t 检验分析发现，被试对危险区域的注视点个数显著多于安全区域。在访问时长指标中，危险区域的访问时长均值（1.01）明显多于安全区域（0.35），这两个区域的相关系数为 − 0.34，显著性水平为 0.01，即两个区域的访问时长呈显著负相关。通过对这两个区域进行成对样本 t 检验分析发现，显著性水平为 0.00，即被试对危险区域的访问时长显著高于安全区域。通过以上数据分析，我们证实了 H2 假设，即玩家在虚拟游戏情境中，对危险区域的注意程度显著高于安全区域。表 3 - 9 至 3 - 14 是该部分的统计分析数据表。

表 3 – 9　安全区域与危险区域注视点个数指标统计量

注视点个数指标	均值（个）	N	标准差	均值的标准误
安全区域	1.5818	55	0.87540	0.11804
危险区域	7.6364	55	2.13753	0.28822

表 3 – 10　安全区域与危险区域注视点个数指标相关系数

注视点个数指标	N	相关系数	Sig.
安全区域 & 危险区域	55	− 0.380	0.004

表 3 – 11　安全区域与危险区域注视点个数指标成对样本 t 检验

注视点个数指标	成对差分					t	df	Sig.（双侧）
	均值	标准差	均值的标准误	95% 置信区间下限	上限			
安全区域 − 危险区域	− 6.05455	2.59927	0.35049	− 6.75723	− 5.35186	− 17.275	54	0.000

表 3 – 12　安全区域与危险区域访问时长指标统计量

访问时长指标	均值（秒）	N	标准差	均值的标准误
安全区域	0.3520	55	0.21032	0.02836
危险区域	1.0103	55	0.61636	0.08311

表 3 – 13　安全区域与危险区域访问时长指标相关系数

访问时长指标	N	相关系数	Sig.
安全区域 & 危险区域	55	− 0.342	0.011

表 3 – 14　安全区域与危险区域访问时长指标成对样本 t 检验

访问时长指标	成对差分					t	df	Sig.（双侧）
	均值	标准差	均值的标准误	95% 置信区间下限	上限			
安全区域 − 危险区域	− 0.65831	0.71617	0.09657	− 0.85192	− 0.46470	− 6.817	54	0.000

总之，从以上热图与数据分析中可以看出，被试在虚拟游戏环境中，对危险情境的感知具有情感预警机制，具体体现在被试将注意力集中于枪口瞄准的射击目标区域，而对不具有危险的房屋等环境投入注意资源较少。该实验结果说明了在第一人称射击游戏中，玩家的情感系统能够"框定和集中"信息，提高应对危险的社会适应性。

（十）研究结果与讨论

研究发现，情感的社会适应性机制同样适用于虚拟游戏环境中。从眼动结果中我们可以看出，游戏玩家在虚拟环境中对危险与潜在危险因素的注意与机警程度显著高于安全因素。在虚拟游戏情境中，玩家的情感系统能够"框定和集中"信息，提高应对危险的社会适应能力。该实验结果拓展了社会情感进化理论在网络游戏社会中的适用性。玩家为了更好地在虚拟游戏世界中生存（赢得比赛），会不由自主地将情感注意力资源集中投向影响玩家生存安危的重要因素（环境中的危险与潜在危险区域），提高情感预警机制以更好地保护自身安全。情感进化理论在虚拟游戏中的适用性使得虚拟游戏世界成为另一种社会生存环境。

虽然，本实验选择的是第一人称射击游戏，而没有选择其他类型的游戏，表面上看起来游戏类型不够全面，但根据第一人称射击游戏的特征可以看出，该游戏类型融合当今市场份额最广的竞技类、即时战略类、角色扮演类游戏的诸多特征。一些第一人称射击游戏还成为当今电子竞技项目的常备游戏类型。因此，我们可以将第一人称射击游戏作为进行当代网络游戏实验研究的一个典型分析代表。

我们知道，游戏与文明具有本体上的同一性，人类文明的历史在一定程度上就是游戏的历史。网络游戏是游戏文化在当代的符号样态。情感进化理论在网络游戏实验中的适用性证明了网络游戏在人类文明进化与社会适应性方面继承了古老游戏文化的一贯的特征。因此，情感在社会文明进化过程中的作用机制也同样适用于网络游戏社会。网络游戏也成为我们观察当代个体社会适应与文明进化发展的一个窗口。

第四节　文明进化中的游戏与情感机制

通过对文明进化过程中的游戏与情感机制研究，笔者发现游戏的情感传播机制是我们研究人类社会社群交往与情感团结的重要视角。

首先，情感社会学中关于情感进化论的研究认为，情感是推动人类文明进化与社会整合的重要力量。经过长期自然进化的人类大脑能够产生丰富的情感，这些情感又被用于社会关系的培育与拓展。情感成为人类超越猿这种社会水平较低动物的途径。① 在具体的社会进化过程中，人类的生存压力催生了促进社会结构整合的情感功能，使人类成为具有深度社会性的物种。因此，情感是促进社会连接并维持社会结构凝聚的重要力量之一。

其次，游戏在微观层面是一种审美冲动，具有一定的情感功能。审美游戏冲动既从主观方面都克服了感性与理性的分裂，又从客观方面能克服了追求生活/生命与形象的分裂。因此，只有当人在游戏时，他才是完整意义上的人。审美游戏状态是人性的完美状态。因此，游戏是一种使人性得到完满实现的文化实践。

再次，游戏在宏观层面是文明固有的、本质的、不可或缺的要素，是推动文明进化与社会发展的重要力量之一。赫伊津哈指出，游戏是人类文化诸领域的共同要素，是一种活跃在人类文化各主要领域中的基本结构。游戏与文明的同一性关系进一步肯定了游戏对于文明诞生、进步与发展的重要作用。游戏是文明的柱石之一。

综上所述，游戏是个人发展与文明进化的重要力量，情感是文明进化与社会整合的重要力量。因此，我们从游戏的情感传播角度切入研究人类社群交往与情感团结建构具体可靠的历史依据。此外，笔者通过眼动实验研究发现，情感进化的社会机制在网络游戏情境中也具有适用性。这说明网络游戏作为古老游戏在当代的具体形式，具有古老游戏的一贯特性和社会功能。因此，笔者对古老游戏与情感进化机制在社会文明中的作用研究对我们以网络游戏情感互动为视角研究网络空间的社群交往与情感团结建构具有重要指导意义。

接下来，笔者将对网络游戏的互动仪式机制展开研究，观察游戏活动中情感生成的微观社会机制。

---

① 参见乔纳森·特纳、简·斯戴兹《情感社会学》，孙俊才、文军译，上海人民出版社，2007，第 218 页。

第四章　中国网络游戏人群画像分析及
互动仪式链机制再讨论

网络游戏是基于数字技术与文化创意的游戏门类，是科技与文化融合推动文化产业发展的核心产业。广义的网络游戏包括电脑游戏、手机游戏、电视游戏、主机游戏等。随着互联网技术对现实生活的渗透与影响，网络游戏已经成为互联网生活的重要组成部分。因此，在今天，几乎没有人会与网络游戏完全隔绝。早在 2013 年，全球网络游戏的市场规模就达到了 930 亿美元，成为全球娱乐产业的龙头，电影用了 180 年所达到的高度，网络游戏只用了不到 40 年的时间就赶上并超越了，① 但游戏无疑已经成为全面化的娱乐现象。荷兰市场研究公司 Newzoo 发布的全球网络游戏产业的调查报告显示，2018 年中国已成为世界上游戏人口规模最多的国家，中国游戏收入占全世界的 28%。②

因此，本章主要对中国游戏玩家人群画像进行解读，使人们更加准确地了解当今中国游戏爱好者的类型特征。在此基础上，本章还将对游戏互动与互动仪式的关系进行进一步分析，并对互动仪式链的"身体在场"条件进行讨论，为接下来的网络游戏及其社群的互动仪式链机制分析奠定基础。

第一节　中国游戏玩家人群画像分析

随着互联网与数字娱乐产业的发展，网络游戏在今天已经远远超出了传统的"玩具"概念，而成为体验虚拟世界的一种来源，是数字化生存的一种预演。在中国，随着与互联网一同成长起来的"80后""90后"

---

① http://news.17173.com/content/2014-04-13/20140413011242681_1.shtml，最后访问日期：2015 年 2 月 5 日。

② 《2018 全球游戏市场报告：中国占全球游戏收入 28%》，2018－06－25，https://games.qq.com/a/20180625/030844.htm，最后访问日期：2020 年 4 月 30 日。

逐渐成长步入社会，他们将逐渐改变整个社会的互联网使用结构与水平，而他们对网络游戏文化有自己的判断力，并不盲目排斥。陈力丹等人曾分析指出，"在长期的媒介接触中，新一代人使用传媒之时通常具备三种能力：技术的能力、分析的能力和诠释的能力。现在网络游戏的参与者，多数可以兼顾这三种能力，并整合起来，进一步对媒体行为、媒体产品以及媒介产制背后的意识形态加以抗拒或批判，其能力超出了老年的一代人"。[①] 有研究显示，我们通常对网络游戏玩家的刻板印象其实与现实情况不符。在学习上，学业成绩与游戏行为之间并非简单的线性负相关关系，人们通常印象中的成绩优秀的女生不玩游戏的比例其实非常低；在人际关系上，游戏玩家并不是不善交际的孤僻人群，他们的同辈朋友数量较非游戏玩家多；在家庭方面，家庭生活水平与家长对网络游戏的看法间存在正向相关，非游戏玩家的家长对网络游戏呈现一种全盘否定态度，且带有明显的传统父权家长制色彩，家庭内部亲子互动频率低。[②] 此外，网络游戏爱好者也不仅仅是我们通常认为的青少年群体。美国娱乐软件协会（Entertainment Software Association；ESA）2011 年调查显示，美国网络游戏玩家平均年龄 37 岁。[③] 在年龄超过 50 岁的美国人中，大约五分之一的人会玩网络游戏。可见，网络游戏已不局限于"小孩子玩的"东西。因此，学会数字化生存，增加生命体验，就像小鸟学习飞翔一样，对于我们心智成长与环境适应是极其重要的。在我们对网络游戏不甚了解的情况下，对游戏加以简单否定，是极其粗暴的，也是非常危险的。[④] 我们对网络游戏文化传播与社会互动的核心机制进行研究就是为了能够更好地认识游戏行为与游戏玩家，因此，在研究网络游戏互动之前，我们需要对游戏玩家群体的基本画像进行研究，为我们更好地认识游戏玩家及其行为、破解人们对游戏玩家的误解与迷思奠定真实的基础。

---

① 引自陈力丹、郭闻捷《网络"偷菜"游戏的流行说明了什么》，《社会科学战线》2011 年第 7 期。

② 参见刘德寰、肖轶《青少年非网络游戏玩家的族群特征》，《杭州师范大学学报》（社会科学版）2014 年第 5 期。

③ ESA，《美国网络游戏玩家平均年龄 37 岁》，http://news.17173.com/content/2012 - 01 - 13/20120113163622747.shtml，最后访问日期：2015 年 11 月 30 日。

④ 参见李思屈《数字娱乐产业》，四川大学出版社，2006，第 231 页。

为了更准确地帮助我们的客户获取其用户参与游戏的动机与需求，Newzoo 最新启动了一项 Gamer Segmentation（玩家画像）的分类系统（见表4－1），其中包括终极玩家、全方位爱好者、云游戏玩家、常规玩家、硬件收藏家、爆米花玩家、后排观众以及时间填充者。[1]

表4－1　中国游戏市场新世代游戏爱好者画像及比例[2]

终极玩家（22%）	全方位爱好者（12%）	云游戏玩家（18%）	常规玩家（6%）
"玩游戏是我的DNA！没有什么事情比游戏更令我狂热了。我花大量的时间和金钱在游戏上。"	"我喜欢游戏的一切存在形式，无论是游玩、观看还是任何和游戏有关的事情。"	"我享受高质量游戏，最好是免费或打折的游戏。只有在必要时我才在硬件设备上花费。"	"我不经常看别人玩游戏。我有很多硬件设备，所以我更愿意自己玩游戏。"
硬件收藏家（11%）	爆米花玩家（10%）	后排观众（4%）	时间填充者（17%）
"我会一直关注最新的硬件新闻和趋势。无论是工作还是游戏，我都想要最佳的体验。"	"玩游戏或许不是我最大爱好，但我非常享受看别人玩。"	"我以前经常玩游戏。每当我观看大型电竞赛事，看到别人玩游戏时，我的激情都会被重新点燃。"	"我只有在有多余时间的时候，或者社交场合才会玩游戏。最喜欢的游戏平台是手游。"

数据来源：https：//newzoo.com/consumer-insights。

一　总体分析：中国游戏玩家性别占比差异小

在中国游戏用户总体水平上，男女游戏玩家的人数分布较为平均。在中国的一线与二线城市，以及年龄在10—50岁的人群中，有将近44%的游戏爱好者是女性。这与中国音数协游戏工委发布的《2019年中国游戏产业报告》的46.2%的比例大致接近。该报告显示，2018—2019年中国女性游戏用户已突破3亿人，且仍在继续扩大中。可见，这一比例与传统认为的"玩游戏大多是男孩子的乐趣"的印象有较大出入。

在总体平均的情况下，男女游戏爱好者的细分画像有如下特点（见表4－2）。

[1] 《Newzoo：中国重度游戏玩家高于全球平均水平》，http：//www.199it.com/archives/882341.html，最后访问日期：2020年11月30日。

[2] 《Newzoo：中国重度游戏玩家高于全球平均水平》，http：//www.199it.com/archives/882341.html，最后访问日期：2020年11月30日。

表 4 - 2　中国游戏爱好者性别对比

男性游戏爱好者		女性游戏爱好者	
玩家画像	占比	玩家画像	占比
1. 终极玩家	24%	1. 时间填充者	23%
2. 云游戏玩家	18%	2. 终极玩家	20%
3. 时间填充者	12%	3. 云游戏玩家	18%
4. 全方位爱好者	12%	4. 全方位爱好者	11%
5. 硬件收藏家	12%	5. 爆米花玩家	10%
6. 爆米花玩家	10%	6. 硬件收藏家	9%
7. 常规玩家	7%	7. 常规玩家	5%
8. 后排观众	4%	8. 后排观众	4%

数据来源：https：∥newzoo. com/consumer-insights。

（一）女性游戏爱好者中时间填充者与终极玩家比例较高

在女性游戏爱好者画像中，排名第一的是时间填充者玩家，占女性游戏爱好者总数的23%。所谓时间填充者，即是指仅将玩游戏视为打发时间的填充活动，其对游戏的爱好与沉迷程度较终极玩家要轻。这与全球范围内的时间填充者作为游戏爱好者画像所占比例最高（27%）相近。可见，游戏在大多数人手里通常是打发时间的工具，他们对游戏的自控力也较强。但值得注意的是，在国内女性玩家群体中，终极玩家的比例也较高，占女性游戏爱好者总体的20%，远高于全球女性终极玩家的平均水平9%。终极玩家的特征与行为模式表现为，他们通常会涉猎市面上的大多数游戏，会在游戏活动中投入在个人生活中占比极高的时间与金钱成本；另外，他们大多也有稳定的收入来支持自己的这一爱好。

（二）男性游戏爱好者中终极玩家比例较高，时间填充者比例较低

从男性游戏爱好者类型排行来看，国内男性占比最高的游戏爱好者类型是终极玩家，占男性玩家的24%。而以打发时间为目的的时间填充者玩家比例较少，只占12%。由此可见，中国男性游戏爱好者更偏向终极玩家。数据显示，在中国，以终极玩家为代表的重度玩家中，占比最高的人群为21—35岁的男性，占比35%，这与全球这一方面的数据（34%）基本吻合。其他几类玩家类型，男女差异较小。

（三）爆米花玩家的性别比例相当

除了直接玩游戏以外，近几年，观看游戏成为游戏消费另一大主力军。在游戏爱好者画像中，爆米花玩家就是这类以观看游戏为爱好的群体。他们更热衷于观看游戏直播或电竞比赛。随着直播与电竞赛事的兴起，这部分游戏爱好者的男女相似度最接近，各占各自性别爱好者人群的10%。但值得注意的是，在中国，爆米花玩家的年龄分布中，占比最高人群为21—35岁，占比28%，并且该部分主要以女性为主。她们喜爱游戏，有一定经济能力，这也意味着中国观看游戏人群的年龄普遍集中于有消费能力的年轻女性。

二　深度分析：终极玩家与时间填充者玩家

（一）重度玩家人群年龄分布与人们刻板印象不符

以终极玩家为典型代表的重度玩家画像与人们通常认为的是十几岁的青少年的刻板印象不符。在年龄方面，中国的终极玩家主要集中于21—35岁，将近占整个游戏爱好者类型的三分之二，在年龄分布曲线中呈"凸"型。而其中占比最多的年龄段是26—30岁，平均年龄为28.64岁。因此，片面地认为重度玩家主要是十几岁的青少年的刻板印象是不准确的。同时，可以从表4-3中看到中国终极玩家爱好电子竞技以及一切高科技的电子与科技产品，属于高端型的玩家。并且，因为他们有一定的经济能力，平时除了玩游戏，也会选择适当的旅游和度假，并不是我们通常印象中的"宅男"。相比较其他游戏爱好者画像，终极玩家的家庭情况大多数有伴侣，有孩子。

（二）时间填充者玩家年龄与终极玩家形成互补，且女性居多

由表4-4可见，在年龄分布上，时间填充者玩家呈现出明显的两极分化，曲线成"凹"型。16—25岁的玩家占比30%，36—50岁的区间占比49%，而26—35岁却只有15%。通过上面关于男女画像的分析，可以得出26—35岁的玩家主要是终极玩家。此外，在中国，时间填充者类型主要是女性，占总共类型的60%。时间填充者平时爱好看电影、旅游度假以及音乐，可以看出她们的日常娱乐活动丰富，游戏只是其中之一。同时，她们大多有伴侣，有小孩。

表 4 - 3　中国终极玩家画像

年龄分布			爱好
平均	中位数	众数区间	电子游戏 ♥♥♥♥♥
			电子与高科技产品
28.64	29	26—30	♥♥♥♥
			旅游和度假 ♥♥♥

家庭情况	性别分布

数据来源：https：//newzoo.com/consumer-insights。

表 4 - 4　中国时间填充者玩家画像

年龄分布			爱好
			电影/影视
平均	中位数	众数区间	♥♥♥♥♥
			旅游和度假
32.54	35	36—40	♥♥♥♥
			音乐
			♥♥♥

（年龄分布柱状图：10—15、16—20、21—25、26—30、31—35、36—40、41—45、46—50）

家庭情况	性别分布

（家庭情况柱状图：与伴侣或室友同住，家中无小孩；与伴侣同居或独居，有小孩；和父母同住；独居）

（性别分布饼图：女性 60%；男性 40%）

数据来源：https：//newzoo.com/consumer-insights。

　　从以上的分析可以看出，这两种游戏爱好者的画像在年龄分布上呈互补趋势。他们虽然在游戏程度上有差异，但在日常生活中较为相似，他们除了游戏以外，都热爱旅游度假，生活上有伴侣有小孩。因此，同一个玩家可能会在不同年龄段，呈现为不一样的画像。这也许与他们的生活习惯、家庭环境、工作休闲方式等因素息息相关。

由此可见，传统对游戏玩家性别及年龄构成的刻板印象与现实情况有较大出入。中国男女游戏玩家比例较为平衡，平均年龄也不是十几岁的青少年，而是 30 岁左右的青年群体。其中，在以终极玩家为代表的重度玩家和以爆米花玩家为代表的观看游戏者中，男女比例相当，很难说游戏爱好就是男性的偏爱。而以时间填充者为代表的轻度玩家中，女性尤其是较年长的女性占比较多，她们更多用游戏等娱乐方式打发时间。可见，玩游戏或通过游戏来消费已不仅仅是小孩子的乐趣，其更多地成为一种大众娱乐活动融入人们的生活仪式中，像日常生活中的其他符号消费一样建构着人们的数字化生活。

第二节　游戏互动与互动仪式

游戏文化具有仪式性的行为表现。赫伊津哈指出，"原始社会举行神圣的典礼、牺牲、献祭和神秘仪式，全都是为了确保世界的安宁，这是真正纯粹精神意义上的游戏。在文明生活中，伟大的本能力量滥觞于神话和仪式，法律和秩序、商业和利润、工艺和艺术、诗歌、智慧和科学全都滥觞于神话和仪式——这一切都扎根在原始游戏的土壤中"。[①] 因此，仪式体现了游戏精神。从文化角度看，符号是承载着精神内容的物质。[②] 因此，人的精神创造是一种符号活动。德国哲学家卡西尔表示，一切文化形式都是符号形式，因此，"我们应当把人定义为符号的动物（animal symbolicum）来取代把人定义为理性的动物。只有这样，我们才能指明人的独特之处，也才能理解对人开放的新路——通向文化之路"。[③] 所以，一切文化都是符号，没有符号就没有文化。[④] 所以，游

---

① 引自约翰·赫伊津哈《游戏的人：文化中游戏成分的研究》，何道宽译，花城出版社，2007，第 6 页。
② 可参见李思屈《技术与梦想：文化产业发展的新趋势》，《河南社会科学》2015 年第 8 期。
③ 引自恩斯特·卡西尔《人论》，甘阳译，上海译文出版社，2004，第 37 页。
④ 参见李思屈、李涛《文化产业概论》（第二版），浙江大学出版社，2010，第 4 页。

戏行为是一种具有仪式特征的人类符号行为。

　　互动性是网络游戏媒介最突出的行为特征之一。从表面来看，网络游戏是对现实世界的一种模拟，因此它和传统的文学、戏剧、电影等艺术形式一样，强调审美心理上的虚实共鸣。然而，网络游戏又区别于传统的文学、戏剧、电影，是一种互动性特别强的娱乐媒介。网络游戏的叙事表达与认知体验需要玩家的互动介入才能进行。虽然，数字时代，电视等传统媒介实现了互动点播，但这也只是改变了播放进度，并未实质改变内容本身，故缺乏互动的彻底性。而网络游戏由于玩家的互动介入，形成了各自玩家独特的游戏叙事与情感体验。以游戏中的 Boss 为例，单机游戏中的 Boss 是一个调用类，只有当游戏者触发了与 Boss 有关的游戏叙事时，Boss 才会从游戏文件中被调用出现，其他时候，Boss 只是个潜在存在的游戏角色项，因此，单机游戏的叙事与意义体验需要游戏者互动介入才能进行。网游中的 Boss 是永生的，它不在这个玩家屏幕上出现，就在另一个玩家屏幕上出现，有多少个游戏玩家就有多少个 Boss，每个游戏玩家的终端都是一个平行世界，每个世界都有一个 Boss 的化身。因此，不同玩家的互动与玩家的不同互动操作都能带来不同的游戏意义与情感体验。网络游戏具有彻底的互动性，这是其他娱乐媒介所不能比拟的。格罗戴尔（Grodal，2000）也指出，网络游戏与传统娱乐媒体（电视剧与电影）最显著的区别在于其互动性（Interactivity）。刘建明（2018）指出，仪式与传播是一种本体关系，他通过对作为传播仪式观思想来源的互动仪式理论的研究指出，仪式与互动是同一关系，仪式作为一种符号互动，是传播的本体。因此，对游戏互动的传播研究势必可以转入仪式互动的符号学研究，来探究游戏互动背后的情感与文化机制。

　　柯林斯在阐述互动仪式链理论时表明游戏活动属于互动仪式。柯林斯认为，微观过程中的互动仪式是人们最基本的活动，几乎所有社会活动都是由人们的相互交流，通过各种互动仪式形成和维持的。"无论用哪种基本术语说，这里就是我们的社会心理学、我们的符号互动或策略互动、我们的存在主义现象学或常人方法论、我们的讨价还价、游戏、交换或理性选择方面的经验的/体验的场所。"① 柯林斯认为，互动仪式是

① 引自兰德尔·柯林斯《互动仪式链》，林聚任、王丽君译，商务印书馆，2009，第31页。

微观情境行动的主要形式。互动仪式产生情境的能量，这种能量可能留下踪迹，带入进一步的情境中，形成后续互动的条件。因此，互动仪式中的能量是跨情境流动的。宏观社会过程来自微观情境互动，来自互动网络关系的历时性发展。小范围的、即时即地发生的面对面互动，是行动的场景和社会行动者的基点，它将揭开大规模宏观社会变迁的一些秘密。因此，柯林斯将整个社会看作一个长的互动仪式链条，并指出，社会结构的基础是"互动仪式链"。[①] 游戏活动虽然是人们的微观活动，但随着互动情境的链式发展，游戏活动能够洞察宏观社会结构的变化。

　　传播符号学视野中的互动仪式链理论为我们研究网络游戏互动的核心机制提供了切实可行的理论视角。游戏互动在本质上属于符号互动，游戏符号互动中充满了情感传播，而仪式是动态的符号，是一种相互专注的情感符号表达机制。互动仪式链理论突出了互动过程中情感与符号的重要性。此外，互动仪式链理论具有动态的结构特征，能够分析不同层次的游戏互动行为。因此，互动仪式链理论是研究网络游戏核心互动机制的重要理论。

第三节　对互动仪式链理论"身体共在"条件的讨论

　　传播符号学视野中的互动仪式链是一个动态的情感传播结构。该理论模型具有整体性、动态转换性和自我调节性等结构特征。我们在第一章已经简单介绍过互动仪式链理论的经典模型（见第一章图 1-2），它具有四个起始条件要素与四个结果要素，这里不再赘述。

　　由于互动仪式链理论来自微观社会学，而微观社会学强调互动者必须亲身在场——"身体共在"。柯林斯强调，人们的一切互动都发生在一定的面对面情境之中，其中至少包括两个人组成的际遇（encounter）[②]。柯林斯在提出互动仪式链理论的时候还处于传统媒介时代，互联网等新媒介

---

① 参见兰德尔·柯林斯《互动仪式链》，林聚任、王丽君译，商务印书馆，2009，第1~2页。

② 参见兰德尔·柯林斯《互动仪式链》，林聚任、王丽君译，商务印书馆，2009，第1页。

还没有对我们的生活产生重要影响。故，柯林斯重点研究的是传统媒介条件下的微观互动与社会互动。在互联网时代，以"身体不在场"为特征的网络互动越来越成为人们进行大范围社会互动的重要形式。"身体共在"的条件是否必要成为值得商榷的问题。以网络游戏互动为代表的线上互动正是这种"身体不在场"互动的具体形式之一。这既是互动仪式链理论的优势，又是其局限的来源。因此，我们在互联网时代以互动仪式链理论为视角研究网络游戏情感交往时需要对互动者"身体共在"这个条件进行再讨论。

一　此在与他人是一种"共在"的关系

要讨论人的在场问题，我们不能绕开存在这个存在论的基本问题。抛开哲学谈存在，必将陷入无根的境地。这是互动仪式链"身体共在"问题引发争议的局限所在。马丁·海德格尔用"此在"来称呼人这种存在者。那么，此在是如何存在的？人生在世，不论我们以什么方式生存，我们都不是与世隔绝的孤立存在者，我们都需要与世界和他人打交道。海德格尔将这一存在建构称为"在世界之中存在"，这是此在的基本建构。我们每个人都与其他人共同生活在这个世界，共享这个世界，因此，我们与他人是共同此在的关系。此在本质上是一种共在。① 人生在世的任何一种生存方式都是由此在在世这种基本建构规定的。因此，不论我们参加互动仪式是否亲身在场，我们与他人都是共同此在的关系。也即不存在身体不在场就不"共在"的情况。所以，我们不能简单机械地理解"身体共在"这一条件，而应该将其放在哲学存在论视野下进行理解。那么，接下来我们将要讨论的是，柯林斯当初提出"身体共在"条件的意义所在。

二　"身体共在"是为了相互影响

我们再仔细看一下柯林斯提出的"身体共在"条件的完整表述。他指出，"两个或两个以上的人聚集在同一场所，因此不管他们是否会特别

---

① 参见马丁·海德格尔《存在与时间》（修订本），陈嘉映、王庆节译，生活·读书·新知三联书店，2014，第61~70页。

有意识地关注对方，都能通过其身体在场而相互影响"。① 从这句话我们可以看出，柯林斯提出这个条件是强调通过"身体共在"而"相互影响"。也就是说，只要参加互动仪式的成员能够产生相互影响就达到了"身体共在"的意义，并没有一些研究者所纠结的是否"身体必须在场"。随着5G通信技术的推进，VR、AR等技术对互联网的加持，人们从来没有像今天这样便捷地与他人产生联系。世界越来越小，人与人之间的相互影响也越来越密切。因此，"身体共在"条件更多体现的是"去在场"的存在状态，而非"身体必须到场"的在者状态。接下去，我们将分析这样一种去现实存在的在场对互动有什么样的现实意义。

三　身体在场能够提供更多感知符号的通道

我们知道，互动仪式是一个符号互动过程。符号是通过各种媒介通道向我们传递的。相比于不在场的情形，身体在场的互动能够给互动参与者提供更多感知符号的通道。通过亲身在场，人们可以通过视觉、听觉、嗅觉、触觉等多感官来感知互动主体的符号表达。柯林斯曾对亲身在场这一问题进行过探讨。他以电话、电视、广播等媒介为例进行分析指出，远程的交流可以提供某些仪式参与感，使人们产生向往、成员意识和尊重感，但总是难以替代亲身实际参与所产生的团结。只有充分的身体聚集才能产生最强烈的效果。因为亲身在场使人们更容易察觉他人的信号和身体表现；进入相同的节奏，确认共同的关注焦点，从而达到主体间性的状态。可见，是否亲身到场主要影响的是互动仪式的情感效果。然而，柯林斯也指出，将来的媒体设计可以模拟人们能感知的生理方面以增强共享的情感体验，那么其效果与亲身在场将会是一样的。② 所以，亲身到场相比间接到场而言，只是为了使人们更充分地感知符号互动的信息，如今的互联网为我们感知符号互动信息开启了多维通道，即使是现场互动的人们也通常会拿出手机彼此互动。因此，不能笼统认为身体不在场就不能达到仪式效果。

---

① 引自兰德尔·柯林斯《互动仪式链》，林聚任、王丽君译，商务印书馆，2009，第86页。
② 参见兰德尔·柯林斯《互动仪式链》，林聚任、王丽君译，商务印书馆，2009，第93～106页。

四　媒介延伸了人体的在场

媒介拓展了"身体"的外延。著名媒介理论家麦克卢汉曾提出"媒介是人体的延伸"的观点。他指出，任何媒介都不外乎是人的感觉和感官的扩展或延伸：文字和印刷媒介是人的视觉能力的延伸，广播是人的听觉能力的延伸，电视则是人的视觉、听觉和触觉能力的综合延伸。[①]因此，从理论上看，媒介延伸了人体的在场形态。而互联网作为多媒体融合的媒介，可以视为整个人体的延伸。从现实经验层面看，以互联网为代表的新媒介技术的发展，为即时的远程交流提供了条件。在万物互联的时代，互联网一方面联接着现实社会空间，另一方面又突破了客观时空限制，建构了基于互联网的万物互联情境。这一万物互联的情境使人在全方位感知上都突破了以往的媒介时代。因此，如今的互联网与新媒体技术已不同于柯林斯那时的远程媒介概念。首先，媒介技术的发展突破了时空感知的界限。当下的互联网＋的媒介融合时代，在 IT 向 DT转化的时代中，网民的互动体验已经超越时空的限制，可以自由表达各种符号的情感，而不局限于文字代码。移动通信媒体的发展使得网络交流更加融入日常生活的节奏，创造时时在线的互动条件。而游戏领域的VR、AR 技术，以及直播平台在游戏领域的应用更是给人带来生理心理上的沉浸体验。其次，从互联网社群组织现状来看，目前包括游戏组织在内的网络社群组织，虽然也会举行线下组织活动，但大多数情况下都是在线上举办各种互动活动。虽然从未谋面，但同样能够一起分享共同情感与焦点，产生群体互动的情感符号。因此，网络媒介是人体的虚拟人体，网络情境是虚拟身体的在场。虚拟在场是包括网络游戏情境在内的网络空间的在场形态。

五　虚拟不等于虚假，非亲身不等于不在场

游戏互动情境的虚拟性不等于虚假性。虽然游戏框架和内容设计的是一个虚拟的世界，但这个情境是一个可以信任的表意空间。简单来说，游戏是虚构的，但游戏世界给我们的体验是真实的。

---

① 转引自郭庆光《传播学教程》（第二版），中国人民大学出版社，2011，第 119～120 页。

符号学的真实－事实原则告诉我们，人认识到是真实的与人为地造成的东西是同一回事。当人感知世界时，他并不知道他感知的是强加给世界的他自己的思想形式，存在之所以有意义（或"真实的"）只是因为他在那种形式中找到了自己的位置。因此"……如果我们对此深思熟虑的话，那么诗的真实就是形而上的真实，与它不相符合的物理的真实就应被视作谬误"。① 这一原则告诉我们，人创造了自身，而且创造了文明社会。这些都是在人类自身心灵的变化中发现的。网络游戏是人创造的符号世界，其符号设计的外表是虚拟的，但其内在的意义感知是真实的。赫伊津哈指出，游戏具有意义隽永的功能，无论我们怎么看待游戏，游戏都具有特定的意义。② 随着虚拟现实、增强现实游戏的推广，游戏玩家以越来越拟真的状态在游戏中在场互动。因此，虽然游戏故事是虚构的，游戏情境是虚拟的，但人们依旧热爱游戏，甚至认为游戏世界更加真实。这种真实是符号学意义上的真实，与我们所谓的物理真实不同。

第四节　当代中国游戏爱好者及其在场互动特征

通过本章的分析，笔者梳理出当代中国游戏爱好者的群体画像，并对游戏与仪式的关系及其在场条件进行了讨论。

首先，中国男女游戏爱好者性别比例较为平衡，平均年龄接近中青年。通过对游戏爱好者的群像分析，我们发现中国游戏玩家的性别比例较为平均，且不论终极玩家还是时间填充者玩家，他们的平均年龄与中位数年龄都在 25 岁以上。他们大多除了游戏活动以外，也有正常的人际生活，这与我们通常认为的玩游戏的人都是十几岁的青少年男性群体形象较为不符。这一方面是由于网络游戏文化在各年龄段人群中接受度日益增高；另一方面也可能是由于近年来国家对游戏市场管控的加强，减少了未成年人对网络游戏的沉迷。不论是什么情况，这都显示出我国网络游戏产业正在朝着更加健康更加普及的方向发展。我们需要反思以往

---

① 引自特伦斯·霍克斯《结构主义和符号学》，瞿铁鹏译，上海译文出版社，1997，第 3~4 页。

② 参见约翰·赫伊津哈《游戏的人：文化中游戏成分的研究》，何道宽译，花城出版社，2007，第 3 页。

对游戏玩家的刻板印象。

其次，游戏与仪式具有悠久的历史联系。一方面，仪式是游戏文化的精神表现。古老的文化仪式就具有游戏的特性。而游戏又是人类文化中的深层要素。因此，游戏与仪式具有深刻的联系。另一方面，网络游戏作为互动性极强的传播活动，对网络游戏的互动传播研究势必可以转入仪式互动的传播符号学研究，即通过互动仪式机制来探究网络游戏是如何通过互动形成情感传播与文化扩散的。

最后，我们要正确理解互动仪式链的"身体共在"条件。互动仪式链之所以强调要"身体共在"是为了实现互动者"相互影响"。因此，只要满足能够相互影响的条件，就不必拘泥于身体是否亲身在场。一方面，在今天，互联网使天南地北的人们相互影响成为可能。因此，我们不能机械地将这一条件理解为身体必须在场。另一方面，我们也不能简单机械地认为这一条件在互联网时代可有可无。我们应该在哲学存在论的"共在"思想下理解"身体共在"这一条件，这将有助于我们跳出微观社会学的局限，以更全面的视野来看待互动仪式链理论及其实践活动。

第五章　网络游戏的互动仪式机制

在过去的 20 年中，游戏产业已经发展出多样化的娱乐参与方式，包括直接体验游戏（我们俗称的"玩游戏"），观看游戏直播与赛事等。这些多样化的参与方式，给游戏参与者提供了更加多样性的选择，他们除了选择传统的直接玩游戏，还可以选择其他方式去感受游戏的乐趣。在上一章，笔者已经对游戏互动与互动仪式的关系进行了分析与讨论，因此，本章重点对以直接玩游戏与观看游戏直播为代表的多维度游戏娱乐方式分别进行互动仪式机制研究，分析情感要素是如何通过游戏活动传播的。

第一节　玩游戏的互动仪式机制分析

一　玩游戏的互动仪式启动条件

从互动仪式链理论模型可以看出，互动仪式是一个社会交往过程，这个过程中充满了情感与符号的生产与传播。世界各地的游戏玩家通过登录共聚的游戏世界开启了互动仪式过程。在游戏互动过程中，玩家们相互影响形成了共同关注的焦点。同时，玩家间有节奏的游戏互动带来了彼此有节奏的情感连带。玩家之间的游戏互动通过互动仪式机制激发了玩家社群的身份认同与情感团结，形成了代表特定游戏社群的文化符号，玩家在游戏互动过程中也获得了情感能量的满足，使得他们更有积极性地投入与游戏相关的社会互动过程中。

（一）云端共聚：网络游戏互动仪式的在场条件

游戏玩家登录游戏世界启动互动仪式。这场互动仪式起始于玩家因共同兴趣爱好与机缘而参与的同一款游戏。游戏玩家需要同时在线互动才能启动游戏互动仪式。在线上游戏中，虽然玩家"身体不在场"，但玩家能够通过游戏互动而感受到彼此的存在并相互影响，这是一种在云端共聚的互动仪式。

互动仪式的符号运行规则告诉我们，如果互动仪式活动的符号强度足够高，那么仪式的启动条件可以在不同时空层序上运行，包括远程在场、思维在场等超出即时即地的在场情境。网络游戏玩家的云端互动就是这种仪式符号规则的具体体现。

> 如果在家里，我和朋友一般会约好时间一起登录游戏开战，玩的时候会打开 YY 语音，带上耳麦，这样比较方便交流。如果一起出来玩，我们都是在网吧里开个包间，一起坐下来，这样交流会比较好，有互动。（小 P）

> 玩《暗黑3》的时候，我一般是把灯都关掉，我是点蜡烛玩的，再倒好酒，然后把游戏打开。这个东西是要花钱的。我觉得这个准备过程是有仪式感的。这样把自己喝醉了然后玩游戏，跟现实区别开来。在这个过程中，比如说杀戮各种角色对象，完成各种任务，日常中很难去完成的事情，和日常不一样。（FZK）

以上两位玩家讲述他们开始准备玩游戏时的情形。小 P 认为，无论是现实互动还是云端互动，交流的仪式是非常重要的。虽然大家同时只能盯着自己的电脑屏幕看，但只要有及时的互动交流，即使是通过远程语音通话，也可以保持同时在场的仪式感。FZK 介绍他玩游戏之前给自己设计的诸如关灯、喝酒、点蜡烛等仪式化活动。这个过程外表看似自己独自的活动，但在深层次上符合仪式符号层序循环的第三个层次，即思维意识中的仪式化过程，这是在场仪式行为的内化。

（二）互动界限：排斥局外人的符号界限与身份认同

互动仪式理论的第二个条件是对局外人设定界限。这一方面使得游戏可以在特定时空中有序进行，另一方面可以明确游戏的参与条件。游戏行为自古以来就具有划定特定区域界限的活动特征。赫伊津哈在阐述游戏的基本特征时就指出，游戏具有隔离性与局限性。即游戏是在特定的时间地点范围内进行的，游戏自有其进程和意义。赫伊津哈还特意指出，游戏和仪式在形式上没有明显的区别，神圣的场地和游戏的场地没有明确而显著的区别。① 网络游戏的互动仪式也具有排斥局外人的界限机制。这种排除局外人的机制不仅是形式上的需要，更是内在文化上的需要。

一方面，在形式上，网络游戏为了保证服务器的顺利运行，在规则上需要限制一定的人数。如果某个游戏服务器上在线用户过多，游戏运行的流畅性会受到影响，这直接影响到玩家的游戏体验。因此，一款大型在线游戏通常会设置多个服务器，每个服务器就相当于一个形式界限。一个玩家 ID 同时只能在一个服务器上进行游戏。

另一方面，在文化上，网络游戏作为一个充满亚文化的符号世界，为了保证组织文化的风格与纯度，不同游戏组织会设置用户进入的身份符号界限。这种界限既是一种亚文化资本的区隔机制又是身份符号的认同机制。符号边界（symbolic boundary）可界定为"社会行动者在对人和物进行分类时所获得的概念上的区分，并且这种区分是社会共识性的。而群体符号边界就是社会实在中有关群际差异的共识性的概念区分，群体符号边界同时也就是群际符号边界"。② 从符号学角度看，这种群体界限的设置体现了符号结构关系是社会约定与武断随意性的，也体现了符号的意义是在差异中体现的重要特征。这与建构论视角中的认同机制具有一致性。巴斯的"边界理论"从群内与群外的差异区分角度强调了设置边界在族群认同中的重要建构作用。他认为，族群认同是在互动的过程中产生强化的，群体内与群体外的差异加强了群体内的一致性，我们应该关注社群认同的文化边界而非地理边界。③ 安德森指出人类民族国家等共同体也是通过想象来建构的。④ 游戏世界是现实世界的模拟，其中的文化界限与符号区分也是想象的、概念性的边界，其界限区分的背后预设了不同游戏社群文化上的差异。有学者指出，这种符号边界的设

---

① 约翰·赫伊津哈，《游戏的人：文化中游戏成分的研究》，何道宽译，花城出版社，2007，第 11 页。

② 方文，《群体符号边界如何形成？——以北京基督新教群体为例》，《社会学研究》2005 年第 1 期。

③ Fredlik Barth, *Ethnic Groups and Boundaries: The Social Organization of Culture Difference*, (Boston MA: Little Brown and Company, 1969), pp. 14.

④ 本尼迪克特·安德森，《想象的共同体：民族主义的起源与散布》（增订版），上海人民出版社，2011。

置是一种亚文化资本的符号拒斥，只有获得相应的符号资本才能获得更深层次的身份认同。① 因此，游戏中排斥局外人的界限机制既是一种亚文化资本的区隔机制又是一种文化身份的符号认同机制。

在网络游戏中，游戏公会与游戏副本是较为常见的设置局外人界限的形式。公会是让具有相同文化风格与兴趣的玩家聚集起来的组织机制。不同公会都有自己的审核机制。一般来说，公会组织的会长对申请加入公会的游戏玩家进行审核，将符合自己公会文化的玩家吸纳进来，将不符合本公会文化或不遵守公会秩序的玩家排除在外，以确保本公会文化的和谐。因此，公会制度是以招募志同道合者为目的而设置的符号界限机制。

相反，游戏副本是一个以排他性为目的设置的文化符号界限机制。副本，俗称"私房"，是游戏中的一个单独区域。游戏玩家可以在独立与主线剧情的副本中进行游戏，而不对外边的游戏世界产生影响。这种私密性的规则设计，允许每个玩家或团队拥有排他性的活动区域，这解决了许多 MMORPG 中存在的诸如蹲点、盗猎、垄断 Boss 装备等问题，维护了游戏社会中的公平秩序。

总之，网络游戏中对局外人设定界限蕴含着深刻的符号机制。这个边界既是形式界限，又是文化界限。在形式上，排除局外人的机制是游戏正常运行的基本条件；在文化上，排除局外人的机制是游戏文化互动中符号资本拒斥与身份认同意义彰显的内在要求。这一机制集中体现了游戏作为互动仪式的动态符号属性。

（三）共同关注与情感连带：游戏中的情感共享与节奏同步机制

情感共享与节奏同步是共同关注与情感连带机制在游戏互动中的具体表现。游戏过程中，玩家间的共享情感与相关利益是游戏产生共同焦点的主要原因。玩家共同的游戏目标与情感社会联系促使玩家将注意力集中于共同的行动目标。游戏进度节奏与玩家意识和操作的同步性是有节奏的情感连带机制的具体表现。游戏超强的互动是这一连带效应的机制基础。玩家在游戏过程中将注意力集中在共同游戏目标上，并通过与游戏和玩家的及时交互产生彼此有节奏的情感连带。这个过程中，

---

① 吴迪、严三九，《网络亚文化群体的互动仪式链模型探究》，《现代传播》2016 年第 3 期。

玩家的意识与情感是高度卷入游戏世界中的。我们可以通过观察玩家游戏时的注意力集中程度来判断一款游戏对玩家的吸引力与带入程度。在互动仪式的符号学层面，交谈的会话过程是游戏节奏的情感连带。柯林斯指出，有节奏的会话交谈是一种情感连带的互动仪式机制。从传播符号学角度看，游戏是一种互动性叙事活动，[①] 它与会话在符号机制上具有相通性。因此，拥有良好用户体验的游戏过程是成功的互动仪式情感传播过程。

　　既然高度的注意集中与有节奏的同步协调是游戏用户愉悦体验的内在仪式机制，那么笔者接下来就利用用户体验研究中的眼动行为观察实验来记录玩家操作游戏时的视线运动规律，直观地展现玩家游戏体验过程中的情感连带机制。

实验一：视线运动与游戏节奏同步规律的眼动行为观察实验研究

　　1. 实验目的

　　本实验通过玩家在游戏过程中的眼动视线运动规律来观察玩家游戏行为与游戏节奏之间的连带关系。由于该观察实验的主要目的是直观地记录玩家在体验游戏过程中的视线注意轨迹与游戏节奏之间的关系，因此本实验通过质化描述分析眼动实验观察结果。

　　2. 观察指标

　　眼动轨迹图（Gaze plot），该指标显示视线的运动轨迹路线。轨迹图中的圆点表示注视点，注视点之间的连线是眼跳。注视点中的序号表示注意点产生的时间顺序，注视点的大小表示注意程度大小。轨迹图就是通过注视点和眼跳共同标识被试视线运动路径的。眼动轨迹是显示被试视线运动规律的质化数据。

　　3. 实验材料

　　经典单人闯关游戏《超级玛丽》。该游戏属于世界知名的经典游戏，其基本规则和游戏设计是其后许多游戏学习和模仿的对象，因此它具有许多游戏在操作上的基本共性。此外，该游戏规则简洁，易于操作，节奏明快，适合在实验室中进行行为观察实验。

---

①　关萍萍，《互动媒介论——网络游戏多重互动与叙事模式》，浙江大学出版社，2012。

4. 实验设备

Tobii TX300 眼动仪。

5. 实验对象

在浙江大学校内招募被试玩家体验该游戏。由于该游戏属于单人模式游戏，单人模式是复杂多人模式游戏的基本单元。本研究观察的是玩家行为与游戏进程的同步协调关系，因此，选择单人模式游戏进行观察。关于多人互动游戏的实验观察将在后文进行研究。

6. 实验过程

让被试玩家在熟悉游戏操作规则后，独自体验该游戏一关。实验全程用 Tobii TX300 眼动仪记录下玩家被试的眼动行为轨迹数据。实验后用 Tobii Studio 软件对被试眼动轨迹进行质化分析。

7. 实验结果分析

由于轨迹图的分析通常以描述视线观看顺序与注视时长为主。这里截选的四幅图（见图 5 - 1）是笔者用眼动仪记录下的被试在玩《超级玛丽》游戏时的部分眼动轨迹图。

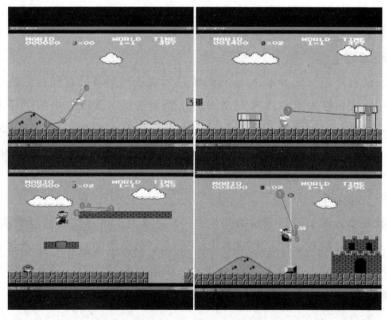

图 5 - 1　玩家在玩《超级玛丽》时的眼动轨迹示意（Gaze plot）

图中的圆点是眼动行为注视点，圆点之间的连线是眼跳，它们共同组成了眼动轨迹。注视点中的数字表示眼动注视的顺序，注视点的大小反映了注意力资源投入的程度。从眼动轨迹顺序可以看出，在整个游戏闯关过程中，玩家的注视焦点随着游戏进程的节奏而变化。当玩家操控的游戏角色在横向奔跑时，眼动轨迹在水平方向上与游戏进度相匹配；当玩家操控的游戏角色在纵向下落时，眼动轨迹在垂直方向上与游戏进度相匹配。整个过程中，玩家的眼动轨迹与游戏进程高度同步。同时，从注视点的大小变化中可以看出，玩家的注意程度随着游戏进度体现出一定的强弱变化。从图中可以看出，玩家控制的游戏角色在起点和落点处的注视点较大，而过程中的注视点较小。注视因为起点和落点通常是玩家需要集中注意力判断的地方，因此关注时间长，情感卷入较多。因此，注视点的大小变化在微观层面体现了游戏中有节奏的情感连带机制。总之，我们从玩家的注视点轨迹图中可以清楚地观察到玩家在游戏互动过程中充满着有节奏的关注与情感连带的互动仪式机制。

在一些多人模式的网络游戏中，玩家除了与游戏进行互动之外，还在与其他玩家的互动中建立了相互关注与情感连带的互动仪式机制。因此，接下来笔者观察并分析多人模式网络游戏中，玩家与玩家之间的相互关注与情感连带机制。

实验二：多人模式中玩家间互相关注与情感连带机制的眼动行为研究

1. 实验目的

本实验通过玩家的眼动注意程度分布规律来观察被试玩家与其他玩家互动中的共同关注与情感连点机制。

2. 眼动观察指标

（1）眼动热图（Heat map），该指标显示被试集体注意力的分布情况。热图红色区域表示注意程度最高，黄色区域注意程度次之，绿色区域注意程度最弱。

（2）眼动轨迹图（Gaze plot），该指标显示视线的运动轨迹路线。轨迹图中的圆点表示注视点，注视点之间的连线是眼跳。注视点中的序号表示注视点产生的时间顺序，注视点的大小表示注意程度大小。轨迹图就是通过注视点和眼跳共同标识被试视线运动路径的。

3. 实验材料

射击类网游 C。这是一款以团队作战为基础的射击游戏，可以用来进行玩家间互动的行为观察实验。

4. 实验设备

Tobii TX300 眼动仪。

5. 实验对象

在浙江大学招募被试玩家 55 人，其中男性 33 人，女性 22 人。被试平均年龄 23.3 岁，方差 2.9；被试平均游戏年龄 12.3 岁，方差 3.8。

6. 实验过程

让被试玩家在熟悉游戏操作规则后，体验该游戏一局。实验全程用眼动仪记录下被试玩游戏时的眼动注视数据。实验后用 Tobii Studio 软件对游戏注视的重点区域进行热图与轨迹图分析。

7. 实验结果分析

从被试游戏操作行为来看，玩家之间的相互合作与对抗都会产生高度的情感集中。玩家通过关注彼此的行为而采取相应的角色采择操作，推动游戏互动仪式有节奏地进行。图 5 - 2 是游戏实验进程中的示意图。画面左边是被试控制的角色，画面右边是其队友。从左右两个玩家射击的方向可以判断出，他们在游戏中具有共同关注的焦点，即游戏画面中间的三个敌人。

图 5 - 2　实验中玩家共同的注视方向

眼动热图与轨迹图的质化效果显示，被试将主要注意力分配给共同进攻对象与合作队友，两者之间有有节奏的情感连带关系。眼动热图显示（见图 5 - 3），被试的情感注意的集中区域（或兴趣域）正是玩家共同的行为关注焦点（共同射击的对象），即热图红色区域（①）。与此同时，被试在集中关注进攻对象的同时，也会将部分注意力资源投向右边的队友。通过眼动轨迹图数据显示（见图5-4），被试的注视焦点在共同关注对象与合作队友之间移动。我们从轨迹图的视线规律可以看出，主兴趣区域（共同进攻对象）与次兴趣区域（合作队友）之间有较多的眼动轨迹，这说明被试在游戏过程中频繁地将视线在共同进攻目标与合作队友之间移动，体现出关注焦点之间的情感连带关系。轨迹注视点的疏密程度也显示出情感关注的节奏变化。

①热图红色区
②热图黄色区
③热图绿色区

图5-3　游戏C实验眼动热图（Heat map）

图5-4　游戏C实验眼动轨迹图（Gaze plot）

通过以上两个眼动行为实验可以直观地看出，不论是单人模式（实验一）还是多人模式（实验二），玩家在与游戏和其他玩家互动中都存在明显的共同关注与情感连带的互动仪式机制。该机制推动玩家情感与注意卷入游戏世界的合作、竞争与闯关过程中。这与我们从理论上推论的结果是一致的。此外，柯林斯曾用脑电 EEG 实验观察到互动仪式中的有节奏合作和情感连带机制的微观实验证据，但表示目前缺乏关注焦点方面的实验证据。[①] 眼动实验以视线注视焦点为主要记录指标，笔者的这两个眼动实验证明了互动仪式的有节奏情感合作与关注机制，在一定程度上弥补了互动仪式机制在微观实验方面缺少关注焦点的证据。

总之，互动仪式的共同关注与情感连带机制是游戏互动传播过程中的核心机制。游戏互动传播中的关注焦点是一种与情感和利益相关的符号注视，不仅体现了游戏互动配合中的共享情感，还体现了与游戏成败进程相关的利益指向。游戏互动中有节奏的情感连带是游戏与玩家在精神与行动方面同步性的集中表现。

二　玩游戏的互动仪式结果分析

人具有通过符号呼唤不在场的意义，人们通过举办互动仪式呼唤参与者内心的情感与意义诉求。接下来，我们来分析网络游戏互动仪式唤起的情感性结果。

（一）群体情感：玩家获得集体团结与玩家成员身份感

游戏的互动仪式机制给玩家带来有节奏的集体兴奋，产生的重要结果之一就是集体团结情感。这是一种具有集体归属感的社会认同力量。社会认同是"个体自我概念的一部分"，这种自我概念来自他/她对某类社会群体（或多个社会群体）的成员资格的知识，以及基于这个成员资格的价值和情感意义。[②] 罗蒂指出，人类的团结感在于想象地认同他人生命的细微末节，而不在于承认某些原先共有的东西。[③] 因此，社会认同作为社会成员对自己的社群归属的认知与情感依附，[④] 是社会团结的实践过程与心理过程。游戏互动仪式在社会层面的重要结果就是形成集体团结与身份归属的情感。笔者通过实验观察与访谈观察玩家在游戏过程中产生的团结意识与组织归属情感。

① 兰德尔·柯林斯，《互动仪式链》，林聚任、王丽君译，商务印书馆，2009，第 122 页。

② Tajfel, *Differentiation between Social Groups: Studies in the Social Psychology of Intergroup Relations*, Chapters 1–3 (London: Academic Press, 1978), p. 63.

③ 罗蒂，《偶然、反讽与团结》，商务印书馆，2003，第 270 页。

④ 王希恩，《民族过程与国家》，甘肃人民出版社，1998，第 140 页。

实验三：游戏团队模式中的团结意识与自我主体意识的眼动实验研究

1. 实验目的

集体团结情感产生于互动仪式过程中的自我与团队意识。因此，本实验利用眼动仪记录并分析玩家在游戏过程中的自我意识与团队意识，研究玩家在组织合作模式中是否有较强的组织意识与团队意识。同时，实验进一步分析作为自我意识的延伸的团队意识与自我意识在游戏过程中的关系。

2. 实验材料

射击游戏 D。该游戏具有组织合作模式适合进行团队合作意识观察。该游戏组织模式可以在屏幕上同时显示玩家自己视角的窗口与团队成员的窗口。如图 5-5 显示，左边的分屏是玩家自己的游戏视角，右边的分屏显示的是队友的视角。玩家在游戏过程中不仅可以看到自己的游戏画面，也能够同时看到此时此刻队友的游戏画面。因此，我们可以通过玩家注视点在两个分屏中的运动来观察玩家的团队合作意识与自我主体意识。

图 5-5 射击游戏 D 的合作模式画面截图

荷兰 Valsplat 公司曾运用眼动追踪技术对这款游戏的团队模式进行产品测验，但对分屏显示的模式没有得出结论。"游戏开发者认为，将屏幕分为两个画面，让玩家可以看到队友所看到的东西，这会使游戏变得更有趣。玩家到底有没有看队友的游戏画面，若是看了那么他/她看了哪些地方及为何看向这些地方，研究这些问题能带来什么好处暂不清楚，但研究结果可能会很有意思。"①

3. 数据指标

访问次数 (visit count)，该指标记录被试对某一兴趣区域 (AOI) 的观看次数，该指标数值越大，说明对该区域的关注程度越高。我们将玩家对自己窗口的访问次数作为玩家自我主体意识的指标，将看队友窗口的访问次数作为团队意识与成员关切的指标。

4. 实验假设

玩家被试在游戏合作模式中，除了看自己视角的游戏窗口外，会兼顾队友视角的窗口。两边的视线访问次数差不多，自己窗口的访问次数应略多于队友窗口。

5. 实验设备

Tobii TX300 眼动仪。

6. 实验对象

在浙江大学招募被试玩家 55 人，其中男性 33 人，女性 22 人。被试平均年龄 23.3 岁，方差 2.9；被试平均游戏年龄 12.3 岁，方差 3.8。

7. 实验过程

让被试在熟悉游戏操作规则后，体验该游戏一回合。实验全程用眼动仪记录下玩家被试的眼动注视数据。实验后对玩家的游戏体验进行简短访谈。数据采集完后用 Tobii Studio 软件与 SPSS 软件对数据进行统计分析。

8. 数据分析

图 5-6 是被试玩家的眼动轨迹，我们可以清楚地看到，玩家的视线会在自我窗口和队友窗口间频繁移动。这说明，玩家在团队合作模式中具有一定的组织团结意识。他们不仅关注自己的游戏进程，还关注此时此刻队友那边的情况。通过对两个窗口的访问次数的均值统计发现（见表 5-1），玩家看自己窗口的次数（m = 76.31）与看队友窗口的次数（m = 73.96）相差无几。通过散点图（见图 5-7）与相关性分析（见表 5-2）发现，被试对自我窗口的访问次数与对队友窗口的访问次数具有

---

① 北京津发科技股份有限公司：《利用眼动追踪技术测试 Guerrilla Games 公司游戏产品〈杀戮地带 3〉的用户体验》，http://www.kingfar.cn/newsShow_66.html，最后访问日期：2016 年 3 月 30 日。

图 5-6 玩家在射击游戏 D 过程中的眼动轨迹

正相关，其相关系数为 0.982，在总体中此相关系数在 0.01 水平上具有显著性。这说明玩家在游戏过程中的团队合作与团结意识较强。同时，进行成对样本 t 检验（见表 5-3 和表 5-4）发现，玩家对两个游戏窗口访问次数的成对相关系数为 0.982，显著性水平为 0.000，说明被试玩家对两个窗口的访问次数具有显著相关性；成对样本 t 检验的双尾检验显著性水平远小于 0.05，访问自我游戏窗口与队友游戏窗口相减差值的平均值为 2.35，说明在这两个具有相关性的窗口中，玩家看自己窗口的次数显著高于队友窗口的次数。这说明玩家在保持团队关切意识的同时没有丧失游戏的自我主体性意识。通过以上数据分析，我们证实了实验假设，即玩家在游戏的团队合作模式中，除了关注自我游戏进程外，会重点关注队友的情况，两者具有显著相关性。对自我进程的关注度略高于队友的情况，这说明玩家在保持团队合作意识的同时没有丧失自我主体性意识。以下是对该部分数据的分析。

表 5-1 访问次数指标的描述性统计量

访问次数指标	均值	标准差	N
自我游戏窗口	76.3091	34.42161	55
队友游戏窗口	73.9636	34.08647	55

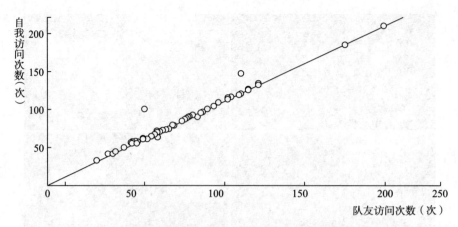

图 5-7　自我访问次数与队友访问次数散点图

表 5-2　自我访问次数与队友访问次数的相关性分析

访问次数指标		自我游戏窗口	队友游戏窗口
自我游戏窗口	Pearson 相关性	1	0.982**
	显著性（双侧）		0.000
	N	55	55

注：** 在 0.01 水平（双侧）上显著相关。

表 5-3　自我访问次数与队友访问次数的成对样本相关系数

访问次数指标	N	相关系数	Sig.
自我游戏窗口 & 队友游戏窗口	55	0.982**	0.000

注：** 在 0.01 水平（双侧）上显著相关。

表 5-4　自我访问次数与队友访问次数的成对样本 t 检验

访问次数指标	成对差分					t	df	Sig.（双侧）
	均值	标准差	均值的标准误	95% 置信区间				
				下限	上限			
自我游戏窗口 – 队友游戏窗口	2.34545	6.42685	0.86660	0.60803	4.08287	2.707	54	0.009

　　被试在实验后的访谈中普遍表示团队合作模式必须要有组织合作意识。只有良好的相互配合才能共同赢得游戏。此外，一些玩家还表示，如果是与认识的朋友一起组队合作玩游戏，因为彼此会有默契，合作

起来比较自然轻松，稍有失误也不会影响团队感情。如果是和陌生人一起合作，玩游戏的过程中会更加认真，更加专注，以避免自己失误给团队造成不好影响。可见，玩家在玩游戏过程中，无论是与认识的朋友一起玩，还是与陌生人玩，都会在意团队集体的荣誉与感受。因此，玩游戏的集体仪式行为在游戏的微观进程中具有激发团结合作的情感与意识。

另外，在宏观社会层面，游戏互动仪式产生的集体团结感会形成特定的组织社群。虽然作为互动仪式要素的情感是短暂的，但作为结果产出的则是长期的情感，一种对此时聚集起来的群体的依恋感。因此，这种团结情感是玩家生理情感经过互动仪式机制转化而形成的稳定的文化情感，是一种在专属文化社群中拥有身份存在感与情感归属的文化凝聚力。经常玩某款游戏的玩家通常被称为或自称为"XX游戏玩家"或"XX游戏忠实粉丝"，并建立游戏文化组织社群，这是游戏互动仪式产生情感团结的宏观表现。许多玩家都表示，如果长期玩一款游戏，会考虑加入其中的游戏玩家组织，并与团队中成员一起配合玩游戏。

> 我玩《部落冲突》有两三年了。我们一起玩的朋友有一个微信群，我们是一个部落组织，一起打别的部落，当时是我朋友带我进群的。我们部落的首领会指挥我们协同作战，你什么时候去攻打那边的谁，以什么策略去攻打。一般是我们这边的几号队员去攻打对面部落的相应号码。开展前我们首领会在群里@那人提醒一下。我们这个群主要是因为这个游戏建立起来的，现在也一致有人在里面说话聊天。(小P)

> 我一般玩单机的多，在学校的时候有加入仙剑游戏的粉丝群，还有"剑三"的玩家群，这两个我都加了。因为有共同的游戏爱好，所以在里面比较聊得来。(圈圈)

> 我有选择性地加入公会。看公会也得看是什么样的公会，我是一个休闲的玩家，就进那种比较没什么要求的公会，大家比较自由，聊聊天。关系不错的话有时候还会出来线下见个面什么的。(YY-HF)

（二）个体情感：玩家在游戏中获得个人情感能量满足

互动仪式机制在给玩家带来集体团结的同时，还给每个玩家带来了情感能量。情感能量是一种跨情境的动力能量。一方面，各个情境中的短期情感可以通过互动仪式机制转化成长期稳定的情感能量。"各种短期情感体验的结果往往都会流回到我称之为'情感能量'的长期情感构成中"。① 另一方面，情感能量作为短期情感的基线来源，之前积累的情感能量可以作为特定情境下开展互动仪式的动力来源。②

因此，情感能量是玩家通过游戏互动获得的，并且是能够推动玩家继续进行游戏的动力。游戏产业中的日活跃用户等用户活跃指标很好地体现了玩家的情感能量水平。通常情况下，情感能量高的玩家进行游戏互动的频率较高，是游戏中的活跃用户，在游戏中处于核心地位。而情感能量低的玩家进行游戏互动的次数较少，是游戏中的非活跃用户，他们大多处于游戏活动的边缘地位。情感能量高的玩家善于在游戏中建立各种社会关系，从而获得一定的地位，并凭借仪式中的地位资本获得一定的仪式权力。此外，大多数游戏都鼓励玩家频繁刷游戏，以获得经验值、积分、升级等各种奖励，这些奖励是开展深度游戏的资本。这些资本不仅有利于玩家在游戏世界中顺利过关，也有利于使玩家在游戏人际关系处于领导地位。许多游戏要求玩家必须具备一定等级或拥有特定装备后才能建立帮会或拥有特殊能力。情感能量高的活跃用户在这方面就具有比较优势。那些游戏界的知名选手大多都是情感能量高的明星，他们的一次直播比赛能够获得众多游戏爱好者的围观与拥簇，并从游戏爱好者那里获得情感能量与身份地位。

> 有一帮共同爱好的朋友一起玩，然后就我就建了一个游戏群，成为帮主。群里有本校的，还有上交、新加坡国立和南洋理工的。游戏出新资料片的时候就经常去打，主要是打副本。不过刚开始我技能不熟悉，然后大家一起死啊死的，不过挺开心的。欢迎比较会

---

① 引自兰德尔·柯林斯《互动仪式链》，林聚任、王丽君译，商务印书馆，2009，第187页。
② 参见兰德尔·柯林斯《互动仪式链》，林聚任、王丽君译，商务印书馆，2009，第181页。

玩的人进我们帮会，不是太极品的就行了。（伊卡）

　　我玩"剑三"的时候有加入帮会，但是没有投入过多精力，有时候就被踢了。我没有什么失落感，因为那些组织都是我不认识的人，基本都是玩游戏过程中突然弹出附近玩家的邀请加入帮会的对话框。我就加入了。然后我经常不玩网游，也不做帮会任务，被踢出去很正常啦。（少女花菜菜）

以上两位采访者在游戏活动中的情感能量水平不同，在游戏社会中获得的情感期望也不同。"伊卡"在游戏中活跃度高，具有较高的情感能量，拥有一定号召力，促使她在游戏中建立游戏帮会发展社会关系，拥有一定的地位与权力——帮会帮主，拥有准入帮会的管理权限。"少女花菜菜"的情感能量水平较低，游戏活动参加较少，经常被踢出帮会。但她对自己经常被踢有较为理性的认知，可见情感能量并不是非理性的情绪宣泄，而是具有社会取向的一种认知情感。

（三）文化符号：产生代表玩家群体的特色文化符号

成功的互动仪式还能够产生代表集体的符号。仪式产生的符号是仪式情感的具体表征。代表集体的符号是集体的特殊文化资本。在互动仪式链理论中，文化资本区分为一般文化资本和特色文化资本（particularized cultural capital）[1]，相应的作为文化资本的符号也分为一般化符号与特殊化符号。一般文化资本主要是指那些可能并不熟识的人之间众所周知的东西。而那些具体的信息，比如特定群体的成员身份、专门化语言、特殊的知识、经历、记忆以及其他的仅为群体成员共享的事件等构成了群体的特色文化资本。"特色文化资本很可能是最重要的一种，尤其是对流动性的情境动力机制而言更为重要。"[2] 作为一般文化资本的一般化符号和作为特色文化资本特殊化符号都承载了互动仪式（IRs）中的情感负荷，因此它们都是仪式成员储备着的情感符号。普通成员的一般化符号依赖于大型群体的重新聚集，而这些群体中的个人对于大规模的集结是

---

[1] 参见乔纳森·特纳、简·斯戴兹《情感社会学》，孙俊才、文军译，上海人民出版社，2007，第66页。
[2] 引自兰德尔·柯林斯《互动仪式链》，林聚任、王丽君译，商务印书馆，2009，第134页。

否发生或举行几乎没有主动性。既然这些一般化的符号通常并不能通过日常生活的普通互动被重新激起,所以它们呈现更多不稳定的倾向。而在相互了解的互动网络中,特殊化符号具有更大的稳定性与生命力。①代表集体特殊文化资本的符号能够在一定情况下激活集体的共享情感,从而促进集体团结,延续成员的关系。

　　游戏产生的各种代表群体的符号能够使成员感到自己与集体相关,具有促进组织团结的力量。而充满集体团结感的成员会格外尊重这些符号。游戏官方推出的游戏周边产品是唤醒游戏玩家共享情感符号的典型代表。一些铁杆游戏玩家会花费许多金钱收集这些游戏周边产品。因为,这些周边产品对游戏玩家来说具有特殊的情感意义。以二次元游戏玩家付费行为为例,他们在符号产品上的购买意愿强烈。《2019 年中国游戏产业报告(摘要版)》显示,二次元用户群体具有忠诚度高、消费意愿强、认同感强的特点,有利于游戏企业及产品获得市场,降低风险。艾瑞咨询发布的研究报告也显示,这一群体最爱为产品周边、游戏和漫画付费(见图 5-8)。而且,随着年龄的增长、经济收入的增加,他们为符号产品付费的意愿也在逐渐增加。②

　　另外,除了游戏厂商,游戏玩家内部也会生产代表群体的符号。这是游戏玩家群体内部为了保持文化团结与情感凝聚力的符号生产行为。例如,游戏玩家创作的同人作品、游戏玩家发明的行话以及游戏公会组织的各种文化衫、Logo、口号标语等符号化标识都是玩家群体内部生产的符号。这些符号在不同情境层面具有不同的仪式效果。如和朋友一起玩游戏被称为"开黑";《王者荣耀》被戏称为"王者农药",《英雄联盟》被称为"撸啊撸""LOL"等。这些都是游戏玩家自发生产出来的行话符号。此外,一些游戏玩家组织会设计自己的文化衫、会徽等代表该群体的文化符号,拥有这些符号象征着自己与组织相关,能够产生归属感。柯林斯将这种符号行为称作利用象征重构互动仪式(IRs)的过程,这一行为从仪式链的每一瞬间变动中获得情感能量,最终构建个体

---

① 参见兰德尔·柯林斯《互动仪式链》,林聚任、王丽君译,商务印书馆,2009,第 134~135 页。

② 艾瑞咨询,《2015 年中国二次元用户报告》,http://report.iresearch.cn/report/201511/2480.shtml,最后访问日期:2015 年 12 月 3 日。

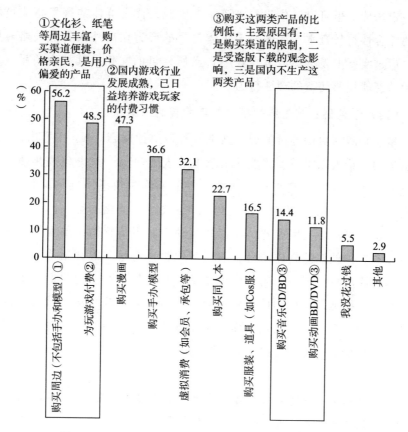

图 5 – 8 2015 年中国二次元用户在 ACG 上的消费类型

数据来源：于 2015 年 6 月通过艾瑞咨询及二次元人口普查委员会联合调研获得，N = 33487。

的人格。①

成员身份符号是互动仪式代表群体的符号的集中体现。这些符号既包括上面提到的游戏周边产品，还包括游戏行话、共同的经历、记忆、组织社群名称标识等。只要是被游戏成员共同认可的代表集体的符号都可以作为成员身份符号的一部分。这种集体符号代表着一种游戏亚文化，不仅联系着游戏文化圈中的人际关系，而且还能够在一定情境下转化为经济关系。因此，代表群体的符号既是个体的文化资本，又是社会资本，

① 参见兰德尔·柯林斯《互动仪式链》，林聚任、王丽君译，商务印书馆，2009，第 151 ~ 152 页。

在一定情境下也可以转化为经济资本。因此，代表群体的符号是成员积累的综合性符号资本。那些捍卫集体符号的行为在局外人看上去略显荒诞，但这实际上是群体成员在捍卫自己所认可的文化及其社会关系，是一种情感能量驱使下的理性行为。

（四）道德感：产生维护游戏集体荣誉的道德感

情感唤醒从更深的价值观层面来看源自道德震撼。Jasper 指出，"只有从道德上给人以震撼，才能从情感上让人感动"。① 这些代表集体文化的符号使成员自己感到与集体相关，是能够唤醒情感团结的文化力量。这些符号是涂尔干所谓的"神圣物"，是仪式神圣化的客体，使仪式活动充满道德品质。正因如此，从仪式互动中获得情感团结的人们会由衷地尊重和维护他们的集体符号，而对污蔑集体符号与破坏集体团结的行为予以坚决反抗。因为，当人们虔诚地膜拜他们的神圣符号时，他们实际上是在守护他们自己和他们的社会。这就解释了为什么游戏玩家内部会呈现超级一致的文化团结，而这种游戏文化团结越强烈就越不能容忍外界对他们所属文化的诋毁、破坏与侵入。

> 现在玩《英雄联盟》才是主流，连王思聪、周杰伦都玩。星际争霸虽然也是电竞游戏，但玩法上面太呆板了。我就是主张现在玩游戏就得玩 LOL，这年头不玩 LOL 都不好意思说自己是玩游戏的。（WD）
>
> 你要我说现在是玩什么游戏的，我只能说现在全世界都在玩 LOL。（SZW）

从 WD 和 SZW 的访谈中可以看出，他们谈到自己所玩的游戏得到明星和大众的广泛认可时，会从价值观层面感到由衷的自豪。笔者在与玩家访谈时感受到，这种自豪感使他们感觉到自己不是孤立的个体，能与更广泛的同好群体产生情感联系。尤其当他们以王思聪、周杰伦等名人为例进行介绍时，仿佛把自己与之进行社会归类。这样更加增强了他们的集体荣誉感和自豪感。

---

① 转引自谢金林《情感与网络抗争动员——基于湖北石首事件的个案分析》，《公共管理学报》2012 年第 1 期。

集体反抗是另一种仪式道德感的体现。2009 年的"魔兽停服事件"遭到魔兽玩家群体抗议就是游戏道德感力量的例子。当年由于国家文化部门对进口游戏的审查制度使得《魔兽世界》被迫长期停服,众多魔兽玩家询问游戏何时开服未果,并遭到戒网瘾专家的批评,于是众多魔兽玩家愤然进行维权抗议。他们还制作了一部名为《网瘾战争》的影片,借此次魔兽停服事件为故事背景,表达网络游戏玩家维护自身社群权益的声音。

> 但至少,你可以在电脑面前举起你的手,并把你的声音、你的力量,通过这局域网传给我。为了我们仅有的精神家园,一起高喊:我们是魔兽玩家!(来自《网瘾战争》)

《网瘾战争》中的这段文字成为当时一句强有力的维权口号。这是游戏仪式唤醒玩家道德感的具体表现。这种看似情绪化的语言,实际上是文化情感在维护集体文化符号时的具体表现,是玩家维护自己文化社会与精神家园的道德呼喊。

第二节 看游戏的互动仪式机制分析:以游戏直播为例

随着近年来网络直播平台的兴起以及电子竞技的发展,观看游戏逐渐成为人们的游戏体验方式。游戏直播是以视频内容为载体,以电子竞技比赛或网络游戏为素材,主播实时展示、解说自己/他人的游戏过程或游戏节目的服务。[①] 2011 年,美国的 Twitch 成为世界上第一个以游戏为主要内容的直播平台,美国也成为世界上最早开发游戏直播产业的国家。在美国,电子竞技的重要赛事的观看者一度超过了诸如 NBA 总决赛、美国职棒大联盟世界大赛等赛事(见图 5 - 9)。自 2014 年开始,中国也涌现出一批有着雄厚资本的专业化游戏直播平台。艾瑞咨询发布的《2019

---

① 艾瑞咨询,《2019 年中国游戏直播行业研究报告》,http://report. iresearch. cn/report/201907/3414. shtml,最后访问时间:2019 年 10 月 8 日。

年中国游戏直播行业研究报告》显示，2018 年中国游戏直播平台用户规模达 2.6 亿人，电子竞技以及短视频平台开拓游戏直播业务，均成为推动游戏直播用户增长的力量（见图 5 - 10）。① 可见，以观看游戏作为一种娱乐方式的游戏爱好者已成为网络游戏产业中的一个新消费群体。这

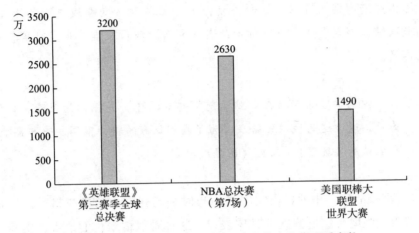

图 5 - 9　2013 年美国热门电竞比赛和体育比赛观看人数

数据来源：艾瑞咨询《2015 年中国游戏直播市场研究报告》

图 5 - 10　中国游戏直播平台用户规模及预测

数据来源：艾瑞咨询《2019 年中国游戏直播行业研究报告》

---

① 艾瑞咨询，《2019 年中国游戏直播行业研究报告》，http：∥report. iresearch. cn/report/201907/3414. shtml，最后访问时间：2019 年 10 月 8 日。

种观看游戏的娱乐方式不同于自己亲自玩游戏的传统方式，其互动乐趣与情感体验具有什么样的文化特点？接下来笔者将对游戏直播平台的互动仪式文化进行深入分析。

一 游戏直播平台的内容、主播、用户与互动特点

国内外游戏直播平台的发展都经历了"异步单向—同步互动—内容垂直化"三个过程（见图5-11），本研究探讨的直播平台专指内容垂直化的独立游戏直播平台。

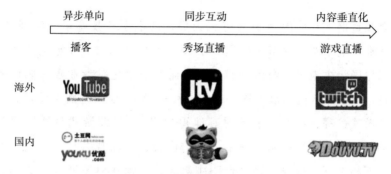

图5-11 游戏直播平台发展历史与特点

国内的游戏直播平台大致经历了2013年之前的萌芽期，2013—2014年的独立运营增长期，2015—2018年的全面爆发期，到2019年至今的成熟稳定发展期，具体阶段及特点见下表5-5。可以发现，国内游戏直播平台经过了从最初的传统音视频网站/平台分离出来，逐渐走向专业化、垂直化的过程。

表5-5 游戏直播平台发展历史与特点

发展阶段	发展特点
萌芽期：2013年之前	·电竞游戏催生游戏直播的需求； ·视频网站与语音平台开始打造自己的直播子系统。
增长期：2013—2014年	·各平台旗下直播子系统独立运营，变为最早的直播平台； ·国家执行"光进铜退"政策提升网速催生大量主播； ·海外Twitch被并购刺激国内资本涌入直播平台。
爆发期：2015—2018年	·直播大战爆发； ·移动电竞风靡推动游戏直播市场；

发展阶段	发展特点
爆发期：2015—2018 年	·腾讯入股斗鱼、虎牙，加大对头部游戏直播平台的投资； ·虎牙敲钟上市，成功登陆纽交所； ·游戏版号影响上游游戏内容。
成熟发展期：2019 年至今	·熊猫直播关闭，工作团队与主播被其他平台吸收； ·快手等短视频平台加大游戏直播投入； ·腾讯发布《腾讯游戏关于直播行为规范化的公告》，强化行业自律。

游戏直播平台的内容主要有三大类，即电子竞技赛事、游戏节目、个人直播。电子竞技赛事主要是线上线下各个级别的职业电竞比赛，电竞直播也围绕主流电竞游戏项目进行。游戏节目包括专业媒体制作的游戏节目，以及个人爱好者制作的 UGC 游戏内容。个人直播主要是直接展现日常游戏过程，以及主播解说其他视频。[①] 从目前游戏直播用户的观看行为来看，重大赛事是用户最关注的内容，现场观看与视频观看的火爆程度不相上下。这与直播平台刚刚兴起，电竞赛事发展较为成熟且优质资源相对稀缺等原因有关。

电竞比赛的重大赛事会重点关注，看那些人比赛很刺激。感觉直播的人玩得都很厉害，我看那些厉害的选手玩游戏，可以学习他们的打法和技术。（GC）

我看专业选手的比赛主要是看他们怎么打的，因为 LOL 里面有不同的玩法，比如我的英雄是玩打野的，我就专门看那些打野的选手是如何操作的。（KN）

电子竞技游戏从某种意义上来说是一种讲究策略的游戏。普通玩家通过观看职业选手的比赛，可以从中学习游戏技能知识。直播平台提供了这样一种传播渠道。以上两位访谈玩家都表示，他们看重大赛事直播时会重点关注游戏的玩法。

① 艾瑞咨询，《2015 年中国游戏直播市场研究报告》。

游戏直播平台上的互动主体主要是游戏主播/游戏解说与观看的用户。游戏主播/游戏解说是直播平台催生的新兴职业的典型代表，他们相当于节目主持人，负责主持讲解游戏节目，并与观众用户开展互动。

游戏主播是直播平台吸引观众和增加用户浏览的重要基础。一些知名游戏主播拥有超高的人气与粉丝数，他们能够凭借个人魅力为游戏直播平台带来海量用户。许多用户都是根据主播风格来选择观看游戏直播节目的。

> 看直播，主播也是一大看点，主播比较逗，会调动气氛。现在做直播平台的越来越多。直播平台很赚钱，许多职业选手退役后也去做主播。主播赚钱其实也没那么多，最赚钱的是淘宝店，吸引粉丝去买。自己不愿打游戏的时候就看看直播视频，看看别人玩。(HFYY)

> 天天看啊。我看直播一般选主播比较风趣有意思的那种。比较搞笑的那种。就是可以点订阅吗，一般就订阅那几个主播，之后会有信息推送给你，什么主播又开播了。然后有空了就打开看看。特别大的比赛也会看，但这种比较少，一年较少。平时就一天看个几盘，一次半个小时左右。斗鱼和战旗看得比较多。(小P)

> 我知道他们有些主播的粉丝量非常疯狂的。一个主播下面会有场控和自己的粉丝群。有的人气主播的QQ粉丝群就有好多个。(二次元CY)

> 直播间我去的挺多的。我和那些主播互动很多的。给主播送礼物，和她们聊天调侃，我从最开始一分钱不花到现在已经花了1500多（元），成为土豪了。我关注5个主播，重点关注3个，一个是比较萌的"00后"女孩，一个是唱歌特别好听的"90后"女孩，一个是和我差不多的"80后"有共同话题可以聊的。(FZK)

> 有的主播人气高到一定程度后，会接一些广告。他们会在直播过程中向我们"安利"一些产品，比如某某刚推出的游戏会找一些主播在直播过程中介绍。(QM)

以上是几位玩家对主播的评价，从他们的访谈中可以看出，直播平台上的主播具有聚拢人气的作用。这些人气是他们个人以及平台变现的重要资本。因此，知名主播成为许多游戏直播平台争抢的焦点，他们的身价因此也非常高。直播平台为主播提供展示才华的舞台，主播为平台带来用户流量，主播和平台之间形成了互惠互利的循环。

根据之前游戏玩家画像分析显示，在我国以观看游戏直播为代表的爆米花用户中，男女比例较为平均。这部分人群中，占比最高的年龄分布为21—35岁，约占28%。[①] 观看游戏直播已经成为不同性别人群都能够接受的娱乐活动，且这部分人大多都具备一定的消费能力。

弹幕评论与礼物打赏是用户在游戏直播平台上的主要互动方式。"弹幕"这个词最初来源于军事用语，是指用密集的炮火射击目标，由于炮火过于密集以至于像一张幕布一样。现如今，弹幕主要是指用户在视频网站观看视频时将自己的评论文字直接发送到屏幕上的互动方式。这些评论就像炮弹扫射一样在屏幕上飞过，故被称为弹幕。国内 ACG 文化圈的 A 站（AcFun 弹幕视频网）和 B 站（Bilibili 哔哩哔哩网）率先引入弹幕文化成功后，各主流视频网站和直播平台也纷纷采用这种互动评论的方式，既实现了用户即时互动的需要，又增加了娱乐趣味。弹幕评论成为看别人玩游戏的互动仪式实现方式。弹幕刚刚在国内出现时，其遮挡视频内容的形式要人们造成了一定的观看不适。随着弹幕技术的进步，一些弹幕视频网站对弹幕形式进行了优化设计。例如，A 站 B 站的弹幕可以调节透明度，降低遮挡效果，另一些弹幕网站可以让用户选择弹幕只从顶端飞过，尽量不对视频画面主体部分造成过多的遮挡。这些优化设计都使得弹幕成为更加友好的用户互动体验方式。

直播平台的礼物打赏是一种风格化的符号互动与消费行为。与传统的人情往来的礼物赠送相比，直播平台上赠送的是虚拟礼物，而且主要是观众对主播的赠送。通常情况下，观众对喜欢的主播进行虚拟礼物的赠送与打赏，主播在收到礼物后，会出于礼貌对赠予者表示感谢。这种虚拟礼物的购买与赠送行为即是观众与主播之间的符号互动与消费过程。一方面，观众需要花费一定的金钱购买不同价值的符号产品——虚拟礼物，用于给主播打赏。另一方面，主播获得的这些虚拟礼物又可以通过

---

① 《Newzoo：中国重度游戏玩家高于全球平均水平》，http://www.199it.com/archives/882341.html，最后访问日期：2020 年 11 月 30 日。

直播平台进行资金变现,与平台方进行收益分成。

下面,笔者将对直播平台中的弹幕评论与礼物打赏这两种互动仪式行为分别进行分析。

二　弹幕评论与礼物打赏:直播平台的核心互动仪式

(一)弹幕评论:直播平台的互动的主要方式

弹幕评论是观看游戏直播时用户之间互动的主要方式。观看游戏直播的用户因为共同的爱好观看同一场直播比赛,这是仪式情感启动的基础。直播内容的吸引力越强,越容易聚集用户观看。传统的游戏直播由于缺少及时的双向互动,直播过程以类似大众传播的模式进行。弹幕评论的出现解决了传统直播形式中的互动缺陷,将每个用户的评论按时间轴进度同步打到游戏视频上,让所有在线用户,包括主播与其他观众都能及时看到彼此的评论反馈。因此,弹幕功能突破了传统异步互动的节奏,为所有用户创造了一种"同时在场"的互动节奏,让每个用户感知彼此的存在,营造一种仿佛大家就围在你身边一起观看游戏比赛的仪式体验。因此,弹幕功能为每个个体创造了彼此心灵在场的互动仪式条件。同样,弹幕互动也具有限制局外人的互动仪式机制。能够在直播平台进行弹幕互动的观众必须在相应的直播平台上注册登录,并进入同一个游戏直播频道才能进行。游戏直播作为一种特定类型的文化活动,具有文化认知上的专业性,一般非游戏爱好者很难理解直播的游戏内容与专业化的弹幕内容,所以能够登录直播平台进行互动观看的用户基本上都是热爱游戏的局内人。此外,进行弹幕评论需要用户事先进行注册登录等常规互动机制,这些机制也在一定程度上设置了门槛,提高了观众的专业性,保证了直播平台文化传播的文化纯度。在游戏直播过程中,观众的关注焦点主要包括游戏主播、游戏内容与弹幕内容。游戏主播的作用主要是通过对游戏内容的解说来建立屏幕前观众与直播内容之间的有节奏的情感连带。因此,主播的个人魅力是能够影响观看节奏与情感体验的重要因素。许多游戏直播平台不惜重金签约知名主播与明星主播进驻游戏平台,目的就是吸引更多的用户观看。因此,弹幕是建立观众与观众、观众与主播、观众与游戏内容之间情感连接的纽带。弹幕评论在屏幕上的滚动能够吸引观众与主播的注意力,从而建立和引导频道内所有用户之间共同关注的焦点。观众可以通过弹幕内容感知其他观众此时此刻的兴趣焦点，形成有节奏的情感连带效应；主播可以通过弹幕内容察觉观众此时此刻的兴趣焦点，从而调整解说策略以优化传播效果。于是，观众通过频繁的弹幕互动建立起有节奏的相互关注与情感连带机制，形成观看游戏直播时的互动仪式。

　　以弹幕互动为特色的游戏直播观看仪式的反复实践形成了具有成员身份感的情感团结。游戏直播吸引了具有相同文化属性的观众聚集，弹幕评论让观众感知彼此的存在与体验，促进了文化情感的传播与身份认同。虽然弹幕在一定程度上对观看内容造成了遮挡与干扰，但这种表面上的"破坏"行为实则是文化形态背后的情感互动与引导，使观众产生情感上的满足。人们对内容的认知与体验是一个心智感受过程，因此对直播内容的认知与体验最终都会汇入心理体验中。弹幕内容大多是对游戏直播内容的各种评论与注解，最终会进入心理认知过程帮助人们理解直播内容。随着弹幕礼仪的出现，弹幕内容在屏幕上的呈现方式更加友好。因此，从最终的心理认知角度看，弹幕评论在形式上的遮挡不会造成破坏性干扰，而且会成为彼此心灵感知的纽带，从而促进集体团结情感的形成。同时，弹幕评论的互动机制还能够激发观众情感表达，提升观看时的情感能量水平。弹幕文化营造出的"你不是一个人在观看"的情境体验增强了对话式的交互情感体验。这种对话式的体验能够产生有节奏的情感连带，形成蕴含情感能量的情境动力。因此，一条弹幕评论可以引发观众的互动与响应，这是情感能量的推动力量。此外，当个体的一条弹幕评论引起其他观众或主播的反馈时，个体的情感能量将获得提升，一种身体不在场的存在感油然而生。这些产生的情感能量会成为之后情境互动的资源储备，从而形成跨情境的情感动力。往往情感能量高的用户在观看游戏直播时的评论主动性较高，并通过频繁的弹幕互动积累游戏直播仪式中的情感能量。

　　观看游戏直播的仪式作为专属领域的文化活动能够产生代表群体的符号，这些符号是集体情感的符号表现形式。弹幕作为观众生产的文本符号，蕴含了游戏文化圈内的文化特质，是直播平台中代表集体文化符号的集中体现。首先，弹幕是代表作为观众的用户的符号，每一条弹幕背后都是一个个观看成员。因此，整个弹幕文化背后就是该文化所簇拥的集体。其次，互动产生的代表群体的具体符号内容蕴含在一条条的弹幕中。弹幕是集体符号的具体表现形式。同时，正因为弹幕所代表的是一种集体文化样态，因此弹幕符号的仪式互动能够唤起成员的道德感。由于弹幕诞生于 ACG 文化圈，因此游戏直播平台作为具有 ACG 文化属性的媒体有弹幕文化所适用的土壤，大部分在直播平台观看游戏的用户都选择在开启弹幕功能的情况下观看游戏直播，而那些关闭弹幕功能的用户也会在观看直播内容中时不时地观看边上的聊天内容。弹幕功能给直播平台带来属于游戏文化圈的文化交流形式。在游戏直播平台上，弹幕让每个人都可以真切实时地参与互动，弹幕就是观众，尊重并维护弹幕文化就是守护观众自身与观众的社会文化。因此，弹幕文化唤起的文化道德感实际上是一种社会化的情感过程，这一过程通过反复融入观看游戏直播的互动仪式而不断得到强化。

（二）礼物打赏：直播平台互动的情感表达与资本转化

礼物打赏是观众的自愿行为。礼物打赏需要花费一定的经济资本，因此，礼物打赏行为的自主性也充分体现出观众与主播之间情感表达与资本获得方面的双向需求。

直播平台的礼物与打赏行为是一种情感表达的社会互动。李音（2019）指出，直播平台中，观众给素未谋面的主播"送礼"往往不是出于现实世界中社交礼节或面子的压力，而是为了实现"情感展示"（表达情感）与"理性诉求"（建立关系）两个最直接的目的。一般来说，"礼物"价值越高、"送礼"频率越高，送礼者与其他个体的连带关系越容易得到强化。互动仪式理论指出，人们在互动仪式活动中是情感与符号的追求者。那些情感能量与符号资本储备更丰富的人通常是互动仪式中的明星，他们能够把积累的情感与符号资本用于社会互动的再投资，从而获得更高的关注与回报。

一方面，观众通过礼物打赏的符号赠予行为，拉近与主播的距离，获得了情感上的满足与社会关系的满足。通常主播会对打赏的观众表示感谢，并积极与他们进行互动。一些打赏金额高的观众甚至能获得主播的额外福利。打赏的观众在得到主播的回应后会获得情感能量的满足。另一方面，主播通过获得的礼物与打赏积累了符号与情感资本，并能够通过直播平台进行资本的价值转化与收益分成。因此，直播间的礼物与打赏本质上是一种符号互动与消费行为。

直播平台的礼物打赏行为具有互动仪式的效果。在互动中，观众、主播与平台之间形成了基于虚拟符号互动的情感表达与资本流动。对于观众来说，整个过程中最重要的不是金融资本的流动，而是通过金融资本流动所连带起的情感能量与符号资本的互动与再生产。在与主播的礼物互动中，观众获得了他们渴望的情感回馈、地位乃至权力，提升了内心的情感能量满足。对于主播来说，他们在互动过程中获得了广泛的关注，成为直播间中的互动仪式明星，并通过虚拟礼物积累了符号资本与社会资本，还能够将之转化为经济资本，实现自己职业的身价上升。对直播平台来说，通过观众与主播的符号互动，直播平台获得了流量与用户，并通过礼物打赏获得了金融资本与盈利。因此，通过"金融资本（充值/购买）—符号资本（赠送/打赏）—金融资本（变现/分成）"，直播平台构建了符号生产与变现、情感表达与获得的互动仪式过程。

三　观看游戏直播的情感连带机制

通过看别人玩游戏来达到娱乐体验的方式最初是来源于观看体育比赛的集体仪式。观看体育比赛的受众大多都是所观看体育项目的爱好者。他们通过或在现场或在电视机前观看体育赛事获得情感能量的满足。他们观看体育比赛仪式时的情感体验与集体兴奋就仿佛自己亲身进行比赛一样，这与观看游戏直播时的情感体验原理一样。互动仪式理论家萨默－伊弗勒引入认知神经科学理论，对这种非亲自参加游戏互动的观看仪式进行了解释，拓展了柯林斯的互动仪式理论。萨默－伊弗勒吸收了安东尼·戴玛丝的"身体标记假设"（somatic marker hypothesis），当人们把以神经活动为基础的情绪反应用符号表征为各种情感时，就赋予了文化以意义，文化也因此首先是一种情感反应，围绕人们在情境中如何感受而生成，这与认知加工相对。当把生物水平上体验到的积极情感用文化符号来标记时，人们才更有可能通过简单地激活或积累标识产生情感的生理反应的符号，来长期地增强这种情感能量。这些标识情感反应的文化符号也就具有再次激活情感反应的潜力，并因此提高了情感能量水平。这个过程被戴玛丝称为"仿佛……一样环"（as-if loop）。因为激活与生理反应相联系的符号产生情绪反应的操作过程，仿佛与原始刺激在场时生成情绪性生理反应的过程一样，[①] 所以观众有节奏的情感连带不一定非要亲身实践游戏互动才能感受，只要在心理认知层面体验到与现场亲身互动一样的情感激活就能够产生互动仪式的情感连带体验。

柯林斯分析互动仪式符号循环的三个层序理论时强调的符号内循环过程，在一定程度上也体现了萨默－伊弗勒的思想。柯林斯指出，互动仪式符号循环具有三个依次深入的层序。第一个仪式循环是当前符号所在时空情境下的互动仪式。第二个循环是将符号运用到超出当前情境的更大范围的互动情境中。第三个循环是个体头脑内的符号运动。[②] 这个层序的符号循环是前两个层序的内化过程，是构成思维的内在会话，是内在自我的情感符号体验过程。因此，最深层的情感体验是内在的符号认知过程，这与萨默－伊弗勒提出的在神经生理层面产生有节奏的情感连带原理类似。这一原理不仅解释了观看游戏直播行为具有类似玩游戏的情感体验，也解释了其他非亲身参与的互动仪式机制展开的可能性。

第三节　游戏互动仪式的情感传播机制模型

通过以上对玩游戏与看游戏两种主要游戏互动传播方式的分析，我们发现游戏互动是典型的互动仪式情感传播行为。互动仪式的相互关注与情感连带机制是游戏互动进行情感传播的核心机制。该核心机制在玩游戏过程中表现为共享情感、利益目标与游戏进程的同步连带效应；在游戏观看行为中，该机制集中表现为弹幕评论与礼物打赏等互动行为。虽然亲自玩游戏与看别人玩游戏在具体互动方式略有不同，但核心的仪式互动机制是相同的。首先，这两种游戏形式都是玩家基于共同爱好的云端共聚仪式。其次，都具有排斥局外人的符号资本与身份认同机制。再次，共享情感的关注焦点与有节奏的情感连带是两种游戏互动形式的核心仪式机制。在结果方面，两种游戏互动仪式都产生了丰富的情感与符号，包括集体团结的归属情感，具有情境行为动力的情感能量、维护

[①] 参见乔纳森·特纳、简·斯戴兹《情感社会学》，孙俊才、文军译，上海人民出版社，2007，第 73~81 页。

[②] 参见兰德尔·柯林斯《互动仪式链》，林聚任、王丽君译，商务印书馆，2009，第 147~152 页。

群体文化的道德感，代表集体的共享文化符号。综上所述，笔者绘制了
网络游戏情感传播的互动仪式机制模型，如图 5 – 12。

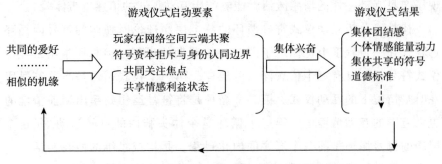

图 5 – 12 网络游戏互动仪式的情感传播机制模型

第六章 仪式团结的社群：游戏玩家社群交往与情感团结

社群是一种基于互联网的新型人际交往形式，是当今互联网中社会关系的主要组织形式。1993 年，美国学者霍华德·瑞恩高德首次提出虚拟社区/社群（virtual community）概念，它是一种有足够多的人以充分的情感进行长时间的公共讨论而形成的人际关系网络。① 何方（2016）认为，互联网新型社群是因兴趣追求与价值认同、共识达成、情感交流、信任建构而聚集在一起的相对固定的群组及其社会关系。

游戏社群是典型的基于共同兴趣与价值认同形成的互联网社群。互联网时代，玩家通过社群寻找志同道合的朋友，交流兴趣与话题互动，构筑了独特的社群形态，形成了富有特色的社会文化现象。中国音数协游戏工委等发布的《2019 年中国游戏产业报告（摘要版）》显示，截至2019 年 12 月，中国游戏用户规模达到 6.4 亿人，并处于持续扩大中。② 《中国移动社群生态报告》显示，游戏社群的粉丝数量和用户访问量均居于各类兴趣社群首位（见图 6 – 1）。③ 可见，游戏社群是互联网中人数最多、活跃度最高的亚文化社群之一，是当今互联网社群的典型代表。

因此，对游戏社群的研究，不仅是我们研究当代游戏玩家及其文化的重要选题，也是我们观察互联网社群建构与传播的重要缩影。那么，游戏社群是如何形成的？游戏社群形成的内在动力机制是什么？游戏玩家的社群互动是如何促进与维系游戏社群的文化认同与团结的？游戏玩家的社群交往对游戏玩家的社会化成长又有何影响？要回答这些问题，我们需要进入游戏玩家社群内部，通过切近的观察来分析游戏玩家及其

---

① Rheingold，H.，*Virtual Community*：*Homesteading on the Electronic Frontier*（Addison. -Wesley Inc，1993）.

② 中国音像与数字出版协会游戏出版工作委员会（GPC）、国际数据公司（IDC），《2019 年中国游戏产业报告（摘要版）》，中国书籍出版社，2019，第 1 页。

③ 企鹅智酷，《中国移动社群生态报告》2015 年 8 月 6 日。

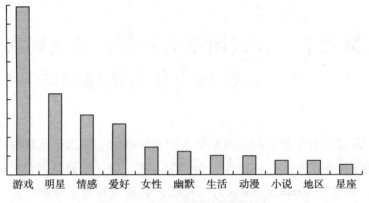

图 6 − 1　热门兴趣社群类型分布

数据来源：企鹅智酷《中国移动社群生态报告》。

社群文化的生成与传播。因此，本章内容以互动仪式市场理论为分析工具，在系统分析互联网社群互动仪式机制基础上，深入具体游戏玩家社群，通过参与式观察与深度访谈相结合的方法，探索玩家社群互动仪式实践活动对成员社群维系与情感团结的建构作用。

第一节　互联网社群的互动仪式机制研究

网络游戏属于互联网文化，对网络游戏的互动研究势必要基于互联网互动研究。社群是由一群兴趣、背景或价值观相同的人通过互联网互动所聚集而成的共同体，是当今互联网社会关系的重要组织形式。社群成员通过长期的互动交往会产生情感与价值观上的认同感和归属感，也会促进社群成员社会关系的建立与强化。网络社群已经成为志同道合的人们进行交往与沟通的媒介组织。情感作为微观互动的重要力量，是推动文明进化的动力，也是促进社会结构形成的力量，社会关系产生于持久的符号互动与情感交往之中。艾瑞咨询发布的《2016 年中国网络社群研究报告》指出，网络社群中不仅具有内容与资源等经济价值，而且具有情感价值。社群成员由于在情感层面拥有共同的价值观而具有更高的信任度。[①]　因此，本部分首先从情感传播的视角出发，借助互动仪式链理论，对互联

---

① 艾瑞咨询，《2016 年中国网络社群研究报告》。

网社群内部的符号互动结构进行深层次的分析，探索互联网社群互动交往的情感传播机制，为接下来的游戏社群互动仪式研究奠定基础。

一 重归部落化：互联网中的社群传播现象

根据麦克卢汉的理论，随着互联网与社交媒体的发展，人类社会传播形态正在经历"重新部落化"的时代。人们生活在多元化的部落生态中，而随着移动互联网的发展，这些部落单元又进一步裂变分化为社群。相比以往的部落，在同一社群中，成员间的价值观、情感、文化认同等特质更相近，这其中又以网络亚文化社群最为典型。随着网络社会的发展，虚拟社群或网络社区成为新的社区/社群形式。

艾瑞咨询发布的《2016 年中国网络社群研究报告》显示，中国网络经历十几年的发展，已经从最初以"熟人社群"为基础的 1.0 时代迈入网络连接人和一切的社群 3.0 移动时代（见表 6-1）。[①]

表 6-1 中国网络社群发展历程及形态

社群阶段	媒介形态	社群特点
社群 1.0 时代 （2002—2005 年）	QQ 群	通过群聊天实现人群的聚集与信息的互通
社群 2.0 时代 （2006—2014 年）	论坛、BBS、SNS 社交	基于兴趣、细分需求等的个性标签更加清晰，网络社群内的联系更加紧密，从单一节点向多个节点发展
社群 3.0 时代 （2015 年至今）	微博、微信、移动社交网络	更多基于移动互联网，通过社群间的情感流动连接人与人，并将信息、资源连接起来，形成更多利益共同体

速途研究院发布的《2015 互联网社群发展研究报告》对中国的互联网社群现状有一个较为清晰的描述。该报告显示，中国主流的互联网社群根据基本属性可以分为娱乐、电商、文化、体育、社会、科技六大类。其中娱乐类占比 36%，是所有类别中占比最多的社群（见图 6-2）。游戏社群、音乐社群、电影社群都是娱乐类社群中的重要细分社群。

报告还显示中国网络社群的人口统计学特征以年轻大学生为主。其中，男女性别比为 6∶4，比例基本平衡，男性略多于女性（见图 6-3）。

---

① 艾瑞咨询，《2016 年中国网络社群研究报告》。

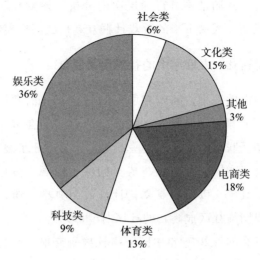

图 6 - 2　中国各类网络社群占比分布

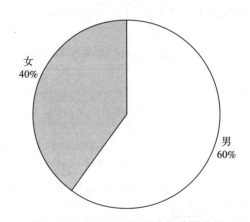

图 6 - 3　中国网络社群成员性别比例

男性在社群互动中表现得更为积极，参与度更高；而女性在社群活动中更多的是寻求共鸣、寻找共同话题。25—45 岁的人群占总数的 70% 以上（见图 6 - 4）。由于互联网社群是近几年新出现的组织现象，主要以兴趣爱好为话题展开线上交流，因此多以年轻人为主，他们更容易通过互联网结成兴趣社群。在社群成员的学历构成方面，大部分社群都以大学本科与专科学历的成员为主，占比约为 75.9%（见图 6 - 5）。这些数据说明我国网络社群成员的整体教育素质较高。

　　近年来，随着社群经济的兴起，网络社群研究再次进入人们的视野。

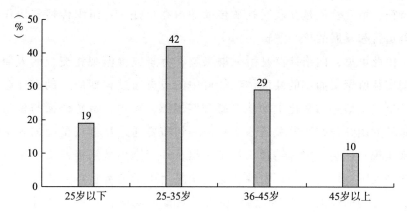

图 6 – 4　中国网络社群成员年龄结构分布

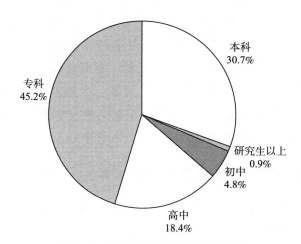

图 6 – 5　中国网络社群成员学历分布

有学者指出，社群经济以社群内部成员的横向交流为纽带，依靠归属感和认同感而建立。社群经济是以社群聚合与市场选择相结合、社会价值与经济运行相结合为主要特征的新的创业和经济形态。互联网社群作为当今互联网社会关系的主要组织形式，不仅创造了新的经济组织形态，也建构了一种新型的社会关系形态。还有学者将互联网社群界定为，在互联网背景下，因兴趣追求与价值认同、共识达成、情感交流、信任建构而聚集在一起的相对固定的群组及其社会关系的总称。蔡骐（2019）进一步从媒介与文化的角度分析指出，网络社群是在新媒体环境下，人与人之间从技术连接到情感共振的结果。网络社群的聚合，是一种以兴趣和情感为核心的亚文化传播现象。聚合力和裂变效应是社群的外在传播特征，情感价值是互联网社群传播的内在特征，自组织传播和协作是社群运行和发展的核心逻辑。

由此可见，网络社群是由一群兴趣、背景或价值观相契合的人通过互动交往所聚集而成的共同体，社群中的成员通过长期的互动交往会对该社群产生情感与文化上的认同感和归属感。其中，情感传播与价值共享是社群团结与归属的关键要素，这一切需要通过社群成员间的互动交往来实现。社会学家乔纳森·特纳指出，社会结构从终极意义上来看是由微观人际互动建立的，宏观社会结构是由中观的社群单元通过人际互动有机结构而成的。① 而情感是在人际互动中隐藏在对他人的社会承诺背后的力量，也是决定社会结构形成的力量。② 帕森斯在吸取了涂尔干仪式理论基础上指出，社会是通过价值而结合在一起的。但是价值，就其存在而言具有情感的认知。③ 因此，互联网社群互动交往中的情感价值传播机制成为当下社群研究的重要议题。本研究以互动仪式理论为视角，延续了涂尔干、帕森斯、欧文·戈夫曼、兰德尔·柯林斯等人关于情感传播的理论，将促进社会结合的价值要素融入情感传播中进行考察，以期发现情感价值传播机制在互联网社群中的意义。

二 互联网社群中的互动仪式链构成要素

互联网社群作为通过共同兴趣爱好与价值观形成的共同体单元，在互动交流过程中逐渐形成共享的符号与情感，具有较强的文化价值认同与情感归属。成功的互联网社群已初步具备了互动仪式的运行机制，并通过一系列仪式活动巩固社群的情感团结。

（一）云端共聚：互联网社群互动交往的在场情境

参与者同时在场是开启互动仪式的起始条件。天南地北的成员因为共同的兴趣爱好而聚集在同一个社群组织，满足了互动仪式共同聚集在同一场所的条件。虽然在互联网空间中，社群成员的同时在场是一种虚

---

① 乔纳森·特纳，《人类情感——社会学的理论》，孙俊才、文军译，东方出版社，2009，第63～64页。
② 乔纳森·特纳，《人类情感——社会学的理论》，孙俊才、文军译，东方出版社，2009，第7页。
③ 兰德尔·柯林斯，《互动仪式链》，林聚任、王丽君译，商务印书馆，2009，第153页。

拟在场，与柯林斯提出的身体在场条件略有不同，但柯林斯强调是"不管他们是否特别有意识地关注对方，都能通过其身体在场而相互影响"①。也就是说，共同在场这一条件的目的是让互动仪式参与者能够通过共同在场而相互影响。我们已经在上一章讨论过身体在场的必要性，这里不再赘述。随着云计算、5G、VR/AR 等技术对互联网的加持，今天的世界已经越来越小，同一社群成员间的相互影响已成为不争的事实，及时的云端互动成为可能。云共聚也已经能够满足以往身体在场互动所需要的仪式条件。尤其是在 2020 年新冠肺炎疫情期间，所有线下工作停摆，人们通过互联网开展线上办公、在线授课等云共聚的方式实现了以往线下的工作。因此，互联网社群的互动交往是一种云端共聚的新型互动仪式。

（二）　成员身份：准入互联网社群的特色文化资本

互联网社群内部文化的统一性使得进入社群具有一定的准入门槛，只有具备相应社群文化身份的人才能方便进入，这体现为互动仪式中的设置界限排斥局外人的文化标准。特定群体的成员身份、专门化语言、特殊的知识、经历、记忆以及其他的仅为群体成员共享的事件等构成了群体的特色文化资本。其中，成员身份是最重要的特色文化资本之一，是个体准入特定亚文化群体的钥匙。特定的互联网社群往往是由兴趣、文化、背景等文化资本相似的成员组成。如果个体不具有相应社群的成员身份的文化资本，个体便难以顺利进入开展互动仪式活动。符号的意义在于其差异性。因此，具有社群特色文化资本成为区分社群成员与局外人的重要文化标准。设置局外人的准入门槛对于建构与维护社群的内部团结与文化认同具有重要意义。

（三）　关注焦点：产生共享的社群文化符号

共同关注的焦点引发群体共享的符号。互联网社群作为由一群具有相同兴趣爱好的人聚集起来的共同体单元，其中共同的兴趣爱好与讨论的话题就是社群成员共同关注的焦点。共同关注的焦点使社群成员的互动仪式过程具有高度的集中性与指向性。社群成员通过对共同关注焦点

---

① 兰德尔·柯林斯，《互动仪式链》，林聚任、王丽君译，商务印书馆，2009，第 86 页。

的互动与讨论，赋予其以意义，形成群体认知共识，逐渐形成社群共享的文化符号。因此，共享的社群符号承载着社群的情感与文化，是社群文化的符号化表征，能够激起社群成员的情感团结与文化归属感，因而也成为社群组织形成情感文化团结的重要基础。

（四）情感连带：从技术连接到情感共鸣的关键环节

有节奏的情感连带是互动仪式通过符号互动产生情感传播的条件，是推动社群成员从技术连接到情感共鸣不断运行的关键环节。成功的互动仪式是一种互动双方默契合拍的同步互动。人类最强烈的快乐源于全身心地投入同步进行的社会互动之中。[①] 通过和谐顺畅的同步互动，社群成员间建立了共享的情感连带。互联网社群作为一种基于相同文化情感与价值观取向的共同体，其实质是一种情感共同体。马克米兰和查韦斯早在 1986 年就指出共同体具有"共享的情感纽带"。这是"真正的共同体的决定性因素"。[②] 鲍曼在分析共同体时，也表明了"相互的、联结在一起的情感""温馨的圈子"的说法。[③] 可见，有节奏的情感连带是社群成员凝聚在一起的情感纽带，是互联网社群从技术连接到情感共鸣的关键环节。

由此可见，互联网社群作为一种具有共同兴趣与情感价值取向的一种共同体单元，其内部的符号互动与情感传播遵循互动仪式机制。共同关注的焦点与有节奏的情感连带是互联网社群进行情感传播的核心机制。社群成员之间通过传递共同的关注焦点激活共享的符号要素，并通过有节奏的情感连带引发成员之间的情感共鸣。

三　组织取向的社群文化情感

在情感的驱动下，志趣相投的社群成员围绕关注的话题进行频繁的互动仪式活动，包括线上的公共讨论及线下的友谊聚会等等。在这一过程中，作为文化符号资本的价值观的匹配程度决定了成员间情感团结的

---

① 吴迪、严三九，《网络亚文化群体的互动仪式链模型探究》，《现代传播》2016 年第3 期。

② McMillan, D. W. & D. M. Chavis, "Sense of Community: A Definition and Theory," *Journal of Community Psychology*, 14 (1), 1986, pp. 6 - 26.

③ 齐格蒙特·鲍曼，《共同体》，欧阳景根译，江苏人民出版社，2007，第5～6 页。

深入程度。文化是流淌在血液中的基因，深刻影响着人们的价值观与情感取向。蔡骐（2019）指出，社群成员在持续的互动过程中进行价值观的匹配，成功匹配者将形成对社群的文化认同和情感黏结，继而在情感的驱动下进行更深层次的社会交往。价值观体现为一定的文化符号，一定的文化符号承载着价值观。情感与价值观的互动匹配也在一定程度上凸显了社群传播的符号互动本质。

那么，社群要如何建构一套能够激活组织凝聚力的文化机制呢？克莱·舍基在《人人时代》中认为社群的基础有三个：共同的目标、高效率的协同工具、一致行动。人类学家拉尔夫·林顿认为强有力的部落群体必须具备三个特征，即相似的文化、频繁的互动以及共同的利益。①可见，共享的文化与有效的互动是社群形成的重要基础。文化是社群的灵魂，能够产生群体智慧的力量。对共同文化的认同是一切文化社群建构的开始。这个文化认同过程是社会行动者经由个体社会化过程而内化建构起来的，是行动者意义的来源。因此，任何社群想要持续存在，都需要建立自己的文化体系。

文化影响情感，情感赋予文化以力量，文化机制对解释情感的动力机制具有重要意义。文化力量能够激发人们的情感去从事文化实践行为。主流文化能够产生普遍的情感行为，如民族文化产生民族团结与自豪感；亚文化产生特色情感行为，如动漫游戏等二次元文化产生相应的文化情感实践。戈登（Steven L. Gordon）的情感文化理论认为，人的情感更多的是文化力量的效果，因为文化力量限制了人们应该如何对他人和情境做出反应。社会成员在社会化过程中习得了描绘每一种情感的语言符号，关于这种情感的信念表达以及情感规则。戈登将这些语言、信念、规范等文化符号的整体标签为社会的情感文化。因此，一个社会的情感文化不仅通过语言，而且通过仪式、艺术形式和其他的文化成分揭示出来。②

戈登的情感文化理论指出，情感文化中具有两种定向：情感组织

---

① 卢彦，《社群 +：互联网 + 企业行动路线图》，转引自《互联网 + 社群方法论：九阳神功（因为太干，所以很长）》，新浪博客，http://blog. sina. com. cn/s/blog_14ccb27a1010 2w4hj. html.

② 乔纳森·特纳、简·斯戴兹，《情感社会学》，孙俊才、文军译，上海人民出版社，2007，第 26 页。

（institutional）意义和冲动（impulsive）意义。[①] 组织定向的情感是指，人们关于"我是谁"的意义感受将随着他们对组织规范遵守的累积而明晰；而冲动定向的情感是指，人们将从更具有自发性的行为中揭示自我的意义，这种自发行为常常违背规则性期望。由此，情感的组织意义通常使人以有助于保持组织情感规则和标准的方式行动。相反，情感的冲动意义通常使人游离于组织规则和惯例之外。戈登主张的是两种情感的选择依赖于个体在什么意义上把它们看作是最真实的。社群团结与归属感是组织定向的文化情感。戈登认为，组织定向是长期关系中情感的资源。[②] 这种组织定向的长期情感与互动仪式产生的具有社会取向的情感能量具相似的组织团结功能，是社群文化认同与实践的情感力量。

四　社群凝聚力需要仪式活动

社群的凝聚力除了共同的使命，还需要一定的仪式化行为。伊斯兰教有斋月，中秋有团聚仪式，夫妻有结婚纪念日，天猫有"双11"购物狂欢节……总之，人们为了呼唤不在场的意义都会举行有特色的仪式活动。所以，网络社群若想赋予组织以意义也需要通过仪式进行呼唤。

对社会组织而言，仪式能够产生集体情感，并将这种情感进行符号化表征，形成社群文化认同的情感与符号资本。对个人而言，社群中的个人能够利用仪式所产生的情感和符号资本，进行后续的社会互动。因此，仪式中的情感与符号循环模式，即"互动—情感—符号—互动"，是社群组织情感传播的基本动力结构。[③]

此外，我们知道，互动仪式能够产生促进组织集体团结与维护集体凝聚的情感与符号，它们在塑造个体特征和划分群体界限中都具有重要的作用。因此，互动仪式对社群关系的维持与团结来说是至关重要的。

[①] Steven L. Gordon, "Institutional and Orientations in Selectively Appropriating Emotions to Self," in D. D. Franks & E. D. McCarthy, eds., *The Sociology of Emotions: Original Essays and Research Papers* (Greenwich, CT: JAI Press, 1989), pp. 115-135.

[②] 乔纳森·特纳、简·斯戴兹，《情感社会学》，孙俊才、文军译，上海人民出版社，2007，第28页。

[③] Erika Summers-Effler, "Ritual Theory," in J. E. Stets & J. Turner, eds., *Part of the Series Handbooks of Sociology and Social Research* (New York: Springer Link, 2010), pp. 135-154.

游戏玩家社群作为一种互动性极强的亚文化组织，其组织运行符合互动仪式的基本规律。接下来，笔者从互动仪式在组织传播中的市场团结机制入手，分析玩家社群的仪式化情感交往行为。

第二节　研究对象选择：以《仙剑奇侠传》游戏后援会社群为例

本研究之所以选择《仙剑奇侠传》（以下简称《仙剑》）粉丝后援会作为个案进行研究主要有以下几点原因。首先，《仙剑》系列游戏是国产游戏中的知名品牌，诞生历史久，产品结构丰富，拥有众多玩家和粉丝。其次，《仙剑》在全国范围内拥有成体系的玩家后援会系统，具有游戏官方赋予的制度形态文化资本，是比较成熟的游戏玩家社群。最后，《仙剑》后援会举行过丰富的线上线下活动，是进行社会关系互动研究的典型个案。

一　游戏知名度高，产品结构丰富，玩家粉丝众多

《仙剑奇侠传》最初是中国台湾大宇资讯股份有限公司旗下的系列电脑游戏。首款作品发行于 1995 年 7 月，推出后荣获两岸无数的游戏奖项，被众多玩家誉为"旷世奇作"。自 1995 年发行第一款游戏以来至今已有 20 多年的历史，仙剑游戏故事以中国古代的仙妖神鬼传说为背景、以武侠和仙侠为题材，迄今发行的游戏产品包括多款 RPG 单机游戏、网络游戏、卡牌桌游、页游、手游，几乎涵盖目前所有细分游戏市场。所谓荣誉、人气、获奖项等都是市场反响和产品品质的集中体现，《仙剑奇侠传》系列游戏主要获奖荣誉见表 6 - 2。

表 6 - 2　仙剑奇侠传系列游戏获得的主要奖项

2015 年	《仙剑奇侠传六》制作团队荣获 2015 年度 CGDA 中国优秀游戏制作人大赛专业组最佳游戏关卡设计奖
2014 年	2014 年 7 月 10 日《仙剑奇侠传五前传：梦华幻斗》获得 2014 巴哈姆特游戏大赏电脑单机游戏银赏
	2014 年 12 月《新仙剑奇侠传 ONLINE》获得第七届 265G 网页游戏龙虎榜年度最佳音效游戏荣誉

年份	内容
2013 年	2013 年 12 月 27 日《仙剑奇侠传五前传》获得 2013 年第十届游戏产业年会评选的"2013 年度十大最受欢迎的单机游戏"大奖
	2013 年 7 月《仙剑奇侠传五前传》获得 2013 年巴哈姆特游戏大赏电脑单机游戏铜赏、人气国产自制游戏银赏
	2013 年 12 月《新仙剑奇侠传 ONLINE》获得中国游戏产业年会"2013 年度十大最受欢迎的网页游戏"荣誉称号
2012 年	2012 年 11 月《仙剑奇侠传五》获得 2012 年度 CGDA 大赛最佳游戏音乐制作奖优秀奖
	2012 年 7 月《仙剑奇侠传五》获得 2012 年巴哈姆特游戏大赏人气电脑单机游戏银赏、人气国产游戏金赏
	2012 年 1 月《仙剑奇侠传五》获得中国游戏产业年会评选的"2011 年度十大最受欢迎的单机游戏"第一名
	2012 年 11 月《新仙剑奇侠传 ONLINE》获得金翎奖"玩家最期待的十大网页游戏"
2011 年	2011 年 11 月《仙剑奇侠传五》获得 2011 年度 CGDA 大赛专业组最佳游戏 3D（人物/场景）美术设计奖入围奖
2010 年	2010 年 1 月 20 日—21 日《仙剑奇侠传四》荣获中国游戏产业年会"金凤凰奖""2009 年度十大最受欢迎的单机游戏"称号
2008 年	2008 年 3 月《仙剑奇侠传四》荣获 GAME STAR 游戏之星"年度最佳电脑单机游戏"金奖、"年度最佳国产游戏"金奖
	2008 年 1 月 15—17 日《仙剑 Online》荣获第四届中国游戏产业年会"2008 年度最受期待的网络游戏"大奖
2007 年	2007 年 11 月 26 日《仙剑奇侠传四》被《财经界·管理学家》评为 2007 年"最有产业价值的优秀创意"称号
	2007 年 9 月 4 日在游戏权威平面媒体《大众软件》举办的"水晶奖"评选中，《仙剑奇侠传四》获得了"2007 年度最佳单机版游戏奖"
2005 年	2005 年 12 月《仙剑奇侠传三外传·问情篇》荣获电脑玩家第八届游戏金像奖由编辑评选的"最佳游戏音乐"及由玩家票选的"人气单机自制游戏"
	2005 年 2 月《仙剑奇侠传三外传·问情篇》荣获"GAME STAR 游戏之星"专家评审奖——"最佳角色扮演游戏""最佳配乐音效奖""最佳制作人奖"
2004 年	2004 年 2 月《仙剑奇侠传三》荣获"GAME STAR 游戏之星"国内自制游戏中由玩家票选的"最佳单机游戏"（金奖）及由专家评审出的"最佳制作人奖"
	2004 年 1 月《仙剑奇侠传三》荣获中国游戏产业报告暨"互联星空"中国最受欢迎的游戏之"十大最受欢迎的民族游戏"与"十大最受欢迎的单机游戏"奖
	2004 年 1 月《仙剑奇侠传三》荣获由中央 5 套《电子竞技世界》与《GAMESPOT》对 2003 年度游戏作品联合评选的"2003 年度最佳国产游戏"

续表

2003 年	2003 年 12 月《仙剑奇侠传三》荣获《大众软件》评选的"年度最佳本土原创作品"奖
	2003 年 12 月《仙剑奇侠传三》荣获《电脑商情报·游戏天地》评选的"2003 年度最佳国产游戏"奖
	2003 年 11 月《仙剑奇侠传三》荣获由台湾省经济部工业局举办的"2003 数位内容竞赛"活动"数位内容产品奖"
	2003 年 9 月《仙剑奇侠传三》荣获《电脑玩家》举办的第六届游戏金像奖中"最佳国产游戏""最佳游戏画面""读者评选最佳国产游戏"三项大奖
	2003 年 9 月《仙剑奇侠传三》荣获第二届中华杯多媒体比赛技术奖
1998 年	《仙剑奇侠传 WIN95 版》荣获 CEM STAR 计算机育乐多媒体展——最佳角色扮演类奖
1997 年	1997 年《仙剑奇侠传 WIN95 版》荣获电脑玩家第一届游戏金像奖最佳音乐、最佳国产游戏荣誉
1996 年	《仙剑奇侠传 DOS 版》荣获 CEM STAR 计算机育乐多媒体展——最佳国内角色扮演类荣誉。第三届台湾区多媒体 KING TITLE 金袋奖——游戏类金袋奖

此外，仙剑作为超级 IP（Intellectual Property，即知识产权），产品结构丰富，粉丝来源广泛。仙剑官方自 2014 年以来开展大 IP 战略，其产品几乎覆盖了泛娱乐行业的各个部门，除了游戏产品以外，仙剑 IP 产品还包括漫画、音乐唱片、官方小说、舞台剧、电视剧、网络剧、电影、声优剧等，是国产游戏中产品结构最丰富的品牌。IP 的一大特点就是庞大的用户导入量，这在近几年的手游领域表现得尤其明显。仙剑最早也最著名的 IP 衍生产品是同名电视剧。2005 年第一部仙剑电视剧播出后极大地提升了仙剑的品牌影响力，为仙剑品牌导入了大量的粉丝，使仙剑粉丝数量呈几何倍数增长。游戏产品结构的多样化丰富了游戏的粉丝来源，壮大了粉丝组织规模。

二　社群体系覆盖全国，获得官方认证，具有稳定的文化资本

仙剑玩家粉丝社群组织化程度高，包括覆盖全国各个省份的仙剑后援会组织体系，此外还包括一些地方高校的游戏社团与其他网络社团组织。

其中仙剑奇侠传后援会是体系化程度最高、覆盖面最广的玩家粉丝组织类型，该体系组织由玩家自行成立管理，同时与游戏官方保持密切

互动，是游戏玩家与游戏官方之间沟通的媒介。

　　　　仙剑奇侠传后援会是由全国各地热心的仙剑迷组建成立，并得到了官方的支持，不定时地举办一些仙剑线下活动和宣传等，让广大玩家能够有组织可寻，随时随地了解更多仙剑相关的消息和活动。对仙剑游戏的发展起到了巨大的推广宣传作用。（仙剑后援会官方介绍语）①

　　　仙剑后援会最初是百游公司②2011年在《仙剑奇侠传五》上市之前提出的玩家组织构想。游戏公司呼吁各地仙迷（仙剑玩家粉丝的简称）以省为单位自发成立玩家后援会组织，游戏官方给每个省一个组织认证指标，经过官方认证的后援会组织成为代表这个省的玩家组织。各地后援会的会长、副会长等领导层由玩家内部选举产生，报游戏官方备案批准。游戏玩家如有对游戏的意见或建议可以通过后援会组织由会长或副会长与游戏官方互动，游戏官方如有希望后援会帮忙配合的活动可以让

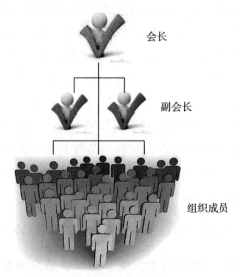

会长

副会长

组织成员

图6-6　仙剑后援会组织层次架构

---

① 引自仙剑后援会官方主页 http://www.softstar.net.cn/news/palhyh/，最后访问日期：2015年12月21日。
② 百游公司是当时《仙剑奇侠传五》的发行公司。

会长或副会长将官方消息群发给后援会成员。因此，仙剑后援会也成为游戏官方与普通玩家之间互动沟通的桥梁。

《仙剑奇侠传五》游戏发布时，游戏官方邀请各地后援会会长共同出席发布会，代表所有玩家共同见证游戏的发布仪式。各地仙剑后援会都有自己的 QQ 群、官方微博等组织互动平台，游戏官方网站会公布各地后援会组织的联系方式，帮助玩家找到自己的组织。此外，游戏官方还建立官方 YY 频道、官方微博、官方贴吧、微信公众号等综合互动平台，作为后援会的综合交流平台，促进全国各地玩家之间的交流与互动（见图 6 - 7）。由此可见，仙剑游戏后援会在成立初期就形成了类似于今天明星粉丝的饭圈后援组织。

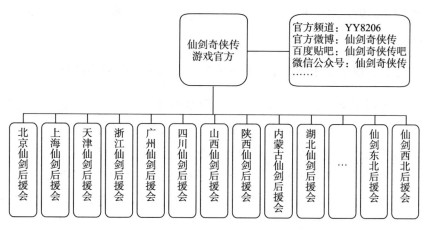

图 6 - 7　仙剑后援会及其官方组织体系

在后援会体系之外，一些高校中的游戏社团也是具有一定体系化的玩家粉丝组织。据笔者采访了解，一些高校中的仙剑游戏社团在地位与功能上与当地省份仙剑后援会类似。这些高校中的仙剑游戏社团大多由仙剑后援会成员成立并管理运营，方便同一学校内部玩家互动交流。一些高校仙剑社团组织直接就是当地省份仙剑后援会的一个分会组织。他们在举办与仙剑有关的社团活动时可以向游戏官方申请赞助奖品。部分仙剑高校社团还承接举办仙剑官方主办的一些玩家社群互动活动，在某种程度上实践着与仙剑后援会相同的社群功能。因此，笔者在进行玩家组织社群研究时，也将高校游戏社团作为研究对象，尽可能全面地反映一个游戏的玩家组织互动情况。目前比较著名的仙剑高校社团有武汉大学仙剑文化社、浙江大学仙剑文化社、东南大学仙剑文化社、山东大学仙剑文化社等。

从仙剑后援会体系建构来看，这些经过游戏官方认证的社群具有类似制度形态的文化资本。制度形态的文化资本是指将行动者掌握的知识与技能以某种形式（通常以考试的形式）正式予以承认，并通过授予合格者文凭和资格认定证书等社会公认的方式将其制度化。从这一意义上讲，制度化的文化资本是一种介于身体化文化资本与客观化文化资本之间的中间状态（朱伟珏，2005）。制度形态的文化资本使个人与团体能够获得社会公众认可的身份与权力，从而进行更大范围的社会活动与关系再投资。获得游戏企业官方认证的游戏社群组织，具有正式的名分与地位，能够和官方的商业资本进行更加密切的互动，获得其他群体所不能获得的权力与资源。

三　社群活动丰富，是进行玩家组织社会关系研究的典型个案

仙剑后援会组织以及高校游戏社团组织过丰富多彩的线上线下活动，这些活动既包括游戏玩家自发组织的，也包括游戏官方举办的。各种层面的游戏活动是组织互动仪式的具体形式，这些互动仪式活动的举行促进了玩家粉丝群体的情感团结，增进了玩家成员之间的社会交流，是研究游戏玩家组织互动与社会建构的重要经验材料。笔者亲身参加过仙剑后援会组织的各种线上线下活动，并对一些组织成员与领导者进行过访谈，这些观察与访谈的材料是笔者接下去研究的基础。

综上所述，仙剑奇侠传作为游戏界的超级 IP，拥有数量庞大的粉丝群体，在全国范围内形成了体系化的社群架构，并广泛开展各种形式的互动仪式活动，在游戏玩家组织社群中具有很好的代表性。因此，笔者试图通过对仙剑玩家粉丝组织的分析，研究游戏玩家组织在推动玩家社会化过程中的积极作用。

第三节　理论视角：互动仪式市场团结理论

长期以来，经济学的理性选择理论被用于研究人类社会行为问题。经济学中的理性选择理论实际上是自我利益最大化的规范表述，基本等

同于"理性人"假设，其基本思想是人们的行为目标是追求自我利益的最大化，或者说，人们总是比较各种可能行动方案的成本和收益，从中选择那个净收益最大的行动方案（王鹏、林聚任，2006）。然而，"理性人"假设无法对诸如情感等非理性行为进行有效解释。为解决这一难题，柯林斯在理性选择理论基础上，提出了解释情感等非理性行为的互动仪式市场（interaction ritual market）理论。柯林斯认为，在群体心理与社会结构之间存在对应关系，两者之间的关键环节是互动仪式。符号资本与情感能量是互动仪式市场最关键的资源要素。因此，互动仪式市场理论对解释人类社会行为，尤其是情感等非经济行为具有重要指导意义。

互动仪式市场理论认为，个体在日常生活中经常会与他人不期而遇，与其完成一定程度的互动仪式，包括最直接的功利性际遇和失败的仪式，到全身心参与的仪式团结等。每一个人将与谁、以何种仪式强度进行互动，取决于他或她所具有的际遇机会，以及他们能够互相提供什么，来吸引对方加入这一互动仪式，这些都体现了互动仪式的市场特征。① 柯林斯将这种跨时空的社会际遇的整体宏观分配，视作不同强度的互动仪式市场。这一理论为从概念上形成微观际遇与宏观社会之间的连接提供了一种方式。

互动仪式市场是产生情感团结的市场。经历过成功互动仪式的人获得了群体团结的感觉，希望再次体验这种集体团结感而反复参加仪式。在这个过程中，情感团结的需要成为个体长期动机的关键，推动单一情境的互动仪式逐渐演变成长期的互动仪式链，形成长期稳定的社会团结关系。因此，互动仪式市场是一种抽象意义上的社会关系市场，与有形的物质市场一样，它也是资源交换的场所。成功的情感团结仪式能够产生高度的情感能量与符号资本，它们又可以作为仪式活动的资源进行社会关系与文化情感的再投资。因此，情感能量与符号资本是互动仪式市场中两种最重要的资源。这两种资源在情感团结市场的配置机制促进了宏观社会结构的形成。

---

① 参见兰德尔·柯林斯《互动仪式链》，林聚任、王丽君译，商务印书馆，2009，第200页。

一　情感能量：推动互动仪式市场团结的内在动力

情感能量是互动仪式市场中的关键资源，是推动个体进行互动仪式的内在动力，也是个体在互动仪式市场上寻找的重要目标。一个人情感能量的储备是影响其开展进一步的互动仪式的关键因素之一。具有高度情感能量储备的个体能够创造出围绕自己的关注焦点，并激起他人共享的情感。这些具有高度情感能量的人就是我们通常所说的社交明星。

人们行为的最终目标是追求情感能量的最大化。因此，个体在互动仪式市场中往往趋向选择情感能量回报最大化的情境，情感能量也成为社会互动的内在动力。这一目标与人们对物质利益、权力、地位等其他利益的追求并不矛盾，因为后者不过是最终获得情感能量的一种必要手段。因此，在这个意义上，追求情感能量可以是高度理性化的，情感能量也成为不同行动领域、不同价值的社会选择之间进行比较的共同标准（王鹏、林聚任，2006）。

萨默－伊佛勒在继承了柯林斯最大化情感能量是进行社会互动的基本驱动力的观点基础上，拓展了情感能量增加的途径。除了拥有权力、地位和与他人建立团结关系以外，自我拓展（self-expansion）也可以增加情感能量。即当人们能够通过探究和发展新的关系、新的团结和新的角色来拓展自我的意义时，人们将体验到情感能量的增加。[1] 可见，拓展身份的社交行为也是个体追求情感能量满足的重要途径。

二　符号资本：准入互动仪式市场的必要条件

互动仪式理论认为，人们通常是根据符号资本的匹配来寻找交往对象，同时寻求情感能量满足。通过情感能量的"注入"后，原有的符号资本被强化、新的符号资本被创建，这又为下一次的互动仪式提供了"神圣物"。[2] 因此，在互动仪式市场中，符号资本是凝聚情感能量负荷的要素。

---

[1]　参见乔纳森·特纳、简·斯戴兹《情感社会学》，孙俊才、文军译，上海人民出版社，2007，第77页。

[2]　参见李霞《微博仪式互动的社会心理学研究》，博士学位论文，南开大学，2008，第19~20页。

　　符号资本是进入互动仪式市场的准入门槛。我们知道，人是各种社会关系的总和。身份符号作为标识社会关系的符号，是各种符号资本的集中体现，是进入互动仪式市场的必要条件。互动仪式生产代表集体的符号，它是群体在互动仪式中集中呼唤的意义载体。如果没有相应的身份符号，个体便不能顺利进入相应的互动仪式市场开展关系互动。

　　符号资本是个人身份、地位、权力的象征。以身份符号为代表的符号资本蕴含着开展社会交往的特殊资本，因此，身份符号储备不同的个体，其所拥有的社群地位与权力也不同。拥有丰富符号资本的个体往往可以获得较高的社会地位与社会尊重，他们能够凭借这些符号资本获得更多的权力。

　　符号资本可用于社会互动的再投资。各个社群往往是由身份符号相似的个体所组成的，互动的主体通常选择那些与自己的符号资本属性相匹配的人作为互动对象。善于利用符号资本的个体能够利用从情境中获得的符号资本进入后续的互动仪式，丰富自身的符号资本储备。当开展互动的社群重视集体共享的符号资本时，他们很容易通过这些符号资本获得彼此的认可与认同，这些符号资本提供了社交互动中的关注焦点。当这些共享的集体符号资本在条件完备的集体互动仪式活动中被反复使用时，会增加集体的团结感，促进长期稳定的社会关系形成。

　　总之，符号资本与情感能量是互动仪式市场中的两个重要资源。符号资本是进入互动仪式市场的必要条件，情感能量是推动互动仪式市场运行的动力，它们互相作用，相互强化。在互动仪式市场中，人们往往趋向于选择那些与自己符号资本与情感能量需要相匹配的情境进行社会交往。在这个过程中，个体获得情感能量满足与文化身份认同，不仅拓展了人们的社会关系，也促进了宏观社会结构的形成。

第四节　仙剑后援会社群情感团结的互动仪式研究

　　游戏玩家社群组织是以游戏文化为中心，以互联网为主要交流平台形成的情感文化共同体。游戏玩家社群组织的社会活动既有线上的也有线下的，既有仪式化程度高的正式活动也有仪式化程度低的非正式活动。笔者观察到全国各地的仙剑玩家后援会组织既有线上互动也有线下活动，仪式化程度从日常会话到节庆晚会都有覆盖，可以作为游戏玩家组织互动仪式研究的典型个案。笔者以"线上/线下"与"仪式化程度高/仪式化程度低"为坐标，将游戏玩家组织的活动划分成四个区间（见图6-8），即线上非正式仪式、线上正式仪式、线下非正式仪式、线下正式仪式，将仙剑玩家后援会迄今为止开展的主要活动分别归类到各区间中，并对各区间中的典型仪式活动进行研究。归类包括：线上非正式仪式——日常会话交流（QQ群、微博等），线上正式仪式——线上晚会/歌会（YY频道），线下非正式仪式——日常见面聚会（聚餐、K歌、出游等），线下正式仪式——游戏主题展会/晚会（展会/签售会、游戏节庆晚会）。

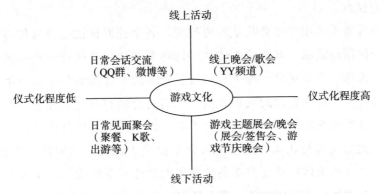

图6-8　游戏玩家社群组织开展社会互动仪式的主要类型

一　线上非正式仪式——以线上日常会话交流为例

游戏玩家的日常线上会话交流是常见的线上非正式仪式。柯林斯指出日常的会话是一种仪式行为。因为会话跟人们在一起唱歌一样，有共同的关注话题，并共同创造了一种会话的实在，具有共同的情感。

仙剑玩家后援会以QQ群、微博、贴吧、微信、直播平台为线上互动平台。这些后援会组织平台的联系方式都统一公布在仙剑游戏官网中，方便玩家寻找组织。

其中QQ群是组织的大本营，QQ社群互动也是各地区玩家组织开展互动的主要形式。这与最新的"90后"社交媒体使用调查报告显示的QQ是"90后"最常用的社交媒体具有一致性（见图6-9）。笔者以浙江仙剑后援会作为全国仙剑后援会的代表进行分析，发现其QQ群

（1000 人群）成员构成以"90 后"为主，占比达 65%；以仙剑官方小说读者群（2000 人群）为综合群代表进行分析，发现"90 后"占比 60%；以浙江大学仙剑群（500 人群）作为高校仙剑社团群代表，发现"90 后"占比 75%。因此，笔者以仙剑后援会 QQ 群为例进行玩家日常会话交流仪式分析。

图 6 - 9　"90 后"群体社交媒体使用喜好排行

数据来源：《中国移动社群生态报告》

　　会话仪式的成功开展需要以遵守对话情境中的基本规则为前提。为保证游戏玩家组织内良好的互动环境，促进和谐交流，避免不必要的争论，各游戏玩家组织都会制定基本组织互动规则，以确保会话仪式的顺利进行。浙江仙剑后援会入群的基本要求如下：

　　　　一个中心，新银（指"新人"）改名：地区＋符号＋昵称；两
　　个基本点，坚持三剑和谐、坚决赶走 H 图和广告党。

　　　　　　　　　　　　　　　　　　　　　　——浙江仙剑后援会

　　以上这段话是玩家申请加入浙江仙剑后援会时的身份审核要求。从中可以看出组织为确保群内关系和谐，提出两点基本要求，一方面给予玩家充分的会话自由，希望各种游戏（三剑①）玩家之间和谐相处，体现了对于多元文化的包容性；另一方面坚决维护游戏文化属性，禁止发不雅内容和无关广告，体现了游戏大文化环境的纯净性。这是大多数玩家组织对成员开展会话互动的基本要求，也与大多数亚文化社群的言论准

---

　　①　三剑指仙剑奇侠传、轩辕剑、古剑奇谭三款国产游戏。

则相一致。中国最大的游戏粉丝组织百度游戏贴吧的负责人也表示，游戏玩家组织在确保组织文化底线的情况下对成员互动具有极大的包容性。①《仙剑奇侠传》的百度贴吧吧规也体现出这种文化底线上的包容性。

[置顶]［精］［仙吧吧务］仙剑奇侠传吧吧规［2014 版］

你好！欢迎你来到百度仙剑奇侠传吧。

此处是为了游戏《仙剑奇侠传》而设的交流平台，此处你可以与大家畅快地交流一切有关仙剑的主题。你可以在此尽情地与同为仙剑爱好者的大家讨论。而当然，在此之前你也必须先看吧规，以免造成大家的不快与误会。

当您在本吧发表第一篇帖子时，将视为您已经阅读过此吧规，请你遵守相关协定，也愿您在本吧玩得开心，讨论得畅快！

如若因触犯吧规而被删帖，吧务将不予提醒和解释，请吧友们发帖前仔细阅读吧规，以免悲剧发生。贴吧等级 10 级以上明知故犯行为严重者封 1 天以示警告。

——仙剑奇侠传吧

游戏玩家组织中的成员权力关系可以简单分为管理层和普通成员。管理层负责群内日常事务管理与重要决策制定，具有决定普通成员进出组织的权限。普通成员在管理层领导下有序开展日常互动。浙江仙剑后援会对管理层和普通成员都制定了相应的群内规则。

管理人员应遵守的规则：

一、身为管理人员，必须有一定的在线时间（电脑手机都可），需要随时掌握群内动态以便于管理，禁止长时间不在线（有特殊情况需知会下别的管理人员）。如出现此情况，经管理（员）商量决定可以撤掉其管理员身份。

二、身为管理人员，必须让其他管理（员）知晓你的大致情

---

① 《揭秘百度贴吧：中国最大的游戏粉丝组织》，新浪游戏，http：∥games. sina. com. cn/y/n/2015 - 09 - 09/fxhqhuf8257393. shtml，最后访问日期：2016 年 1 月 16 日。

况，不要出现同为管理（员）但连你是干嘛的都不知道。【PS：管理（员）之间有必要互通信息，否则会议或活动通知有可能无法正常传达到！】

三、禁止管理员滥用权限，禁止管理员随便拉人和无理由随便T人（从不冒泡、不改名，触犯群规的除外），若发现一次严重警告，再犯直接撤销管理员身份！如有成员毫无缘由退群再进群又退群的，管理员可以拒绝其加入。【PS：管理员在加人时有必要看下该QQ的资料，一般Q年龄为0资料为空的可以不加。视情况而定。管理员应督促群内人员按照格式改名，若其不听有权T群】

——浙江仙剑后援会群规

以上是浙江仙剑后援会对群管理员的职责要求。身为群管理员在享有一定的权力的同时也必须肩负起自己的职责。首先，管理员需要经常在线以及时关注群动态；其次，要与其他管理员保持即时联系共同配合群中的管理事务；最后，管理员不得滥用管理层特权。如管理员不遵守这些规定将会被撤职。因此，管理层玩家在享有一定的权力的同时必须履行一定的职责，体现了组织权力与责任的对等性。

对所有群成员的要求：

一、身为群内人员，禁止在群内发广告和一些类似的地址链接QQ群等来宣传，身为管理人员更须自重。发现后警告，超过两次管理有权将其T出群，管理人员直接撤马甲。如需宣传，请先联系管理。【事不过三。PS：仙剑官方、仙剑YY频道的活动广告以及类似会服、预售等特殊情况除外】

二、群内成员需保持良好的关系，禁止目中无人不搭理别人一副高高在上的姿态，不应过多带入自己负面情绪与大家聊天，禁止对别人的排挤，禁止在群里恶意滋事，禁止对他人的辱骂或言语攻击或爆出现实中的事情威胁等行为。【如果有矛盾发生，@管理员协助解决。如果管理引发矛盾，撤管理（员）踢出；如果涉及辱骂等严重行为，踢出；否则警告，再犯踢出】

三、聊天内容没有限制。禁止聊色情，发现后警告，再犯或不

改踢出；谨慎聊宗教政党等会引发矛盾的话题。【有些话题容易引起纠纷，可以讨论但不要变成争论然后升级成争吵】

四、请不要在群相册、群文件上传与本群无关与仙剑无关的内容，发现后管理员有权删除，多次出现该情况踢出。

五、群相册照片所属权归上传者，活动相册的照片大家可以欣赏，有参与该活动的人可以下载保存照片，但是不得将本人照片以外的照片外传；群友相册照片不得下载，发现警告，多次发现踢出。【如果是个人照或者几个人的小合照，照片里的人也有照片的处理权，爆照的照片等同处理】

六、爆照是一个自愿的事情，请不要强迫威胁诱骗别人爆照。也请爆照的人不要发非本人照片或假照片。发现以上行为踢出。

七、进群必须改名，改名标准为：地区（所在地或故乡）＋符号＋昵称。【地区最好是所在地或故乡，不然随便说一个地方那就算有地区也没有意义了，像江浙沪、甬台温之类的简称也是可以接受的，但是别名像羊城、锦官城之类的大家不一定都知道尽量还是不要取了，然后浙江群就不要出现地区是浙江了，地区也别太小尽量大家都知道好交流沟通】

八、禁止刷屏，发现警告。如果情节严重的恶意刷屏，直接请出群。

福利和活动：

一、因后援会有时候会有福利，经常在线的高等级童鞋们拥有优先享受福利的待遇！从不上线或者从不冒泡的人，管理员有权决定是否让此人享受此福利。

二、对于福利和活动的参与，请自己多多注意群里的消息，不要等到（活动）截止了再来说没有看到。

——浙江仙剑后援会群规

以上是浙江仙剑后援会对所有群成员的规范，从中可以看出浙江仙剑后援会为了保持群内和谐与文化纯净对成员行为做了详细的规定。除特殊话题以外，群内成员的聊天内容没有限制，体现组织积极促进成员交流的愿望。对于初次违规的成员会先予以警告，如果出现屡次触犯群

规的成员，管理层会将他请出群，这也在一定程度上体现了组织的包容
性与底线。同时，浙江仙剑后援会充分尊重个人隐私，保护群内部文件
与照片的所有权，避免给成员造成不必要的伤害与损失。此外，浙江仙
剑后援会还制定了成员福利措施，活跃的成员拥有优先享受福利的资格，
这也体现了后援会组织鼓励成员积极参加组织活动的激励措施。

在遵守群规的前提下，仙剑后援会组织会内的日常会话仪式没有具
体限制，既可以聊与游戏相关的内容，也可以聊与游戏无关的内容。对
会话者来说，讨论的问题是否真实并不重要，重要的是他们之间有共同
关心的问题。因此，日常的会话看上去无规律，但其内在动力遵循着互
动仪式的基本机制。

柯林斯将会话作为有节奏地产生团结的合作模型，[①] 其中伴随着情
感与符号的生产与传播。因此，对话者在遵守情境规则的前提下进行有
节奏的话题互动是开展成功会话仪式进而形成组织团结的关键。以下是
浙江仙剑后援会内的一次有关游戏玩法问答的日常会话内容（见图 6 -
10）。谈话的各方虽然身处不同的城市，但围绕着共同的话题进行有节奏
的对话，形成一次成功的会话仪式。

成员 ID 名称前面的【筑基】、【化神】、【渡劫】是组织设置的成员
活跃度等级标签，不同活跃度的成员拥有不同的称号标签。这些游戏中
趣味性称号的使用，一方面激励玩家成员积极开展互动获得高级称号，
另一方面也方便管理层在发放福利时有侧重地进行分配。这种活跃度称
号标签是 QQ 群中的常见互动激励机制。

除了日常会话以外，游戏组织管理员有时也会对谈话内容进行议题
设置，引导谈话内容走向，形成一种有组织的集体仪式。以下是浙江仙
剑后援会群中的一次禁言仪式活动的群公告。

> 从现在起，本群禁止剧透剧情和直线任务，只能一起研究 Boss
> 战，迷宫攻略，凡剧透者一律禁言至下个月。（荆门♀義和发表于
> 2015 - 07 - 08 00：00）

---

① 参见兰德尔·柯林斯《互动仪式链》，林聚任、王丽君译，商务印书馆，2009，第
115 页。

```
【筑基】温州    AA(546***878) 13:19:45
仙 6 的战斗模式   不习惯啊。怎么    就只能操作一个人物呢。
【化神】江苏    BB (458***564) 13:20:00
慢慢就习惯了。是只能一个。。
【筑基】温州    AA(546***878) 13:20:18
其他的   是靠边上的   自动模式。
【化神】诸暨    CC (104****035) 13:20:22
可以转换的啊
【渡劫】宁波    DD(125***993) 13:20:32
哎哎哎
【筑基】温州    AA(546***878) 13:20:33
或者道具模式。。再或者    集中    分散
【化神】诸暨    CC(104***035) 13:20:37
我就是一回合换一个的
【筑基】温州    AA(546***878) 13:20:53
可以转换成什么模式?
【渡劫】宁波    DD(125***993) 13:20:58
直接自动模式    看戏
【筑基】温州    AA(546***878) 13:21:10
那加血呢。
【化神】诸暨    CC(104****035) 13:21:12
模式或者操纵人物
【化神】江苏    BB(458** *564) 13:21:14
可以换成回合制,但是并没有太大变化。加血让明绣加
【筑基】温州    AA(546***878) 13:21:27
好吧。。[谢谢]
```

图 6 - 10　仙剑后援会群内日常对话

为了照顾到一部分童鞋近期内无法玩到仙剑 6 而被提前剧透,
我们准备晚上 8 点至 8 点半这个时间段开启全员禁言,以向大家再
次发布一次剧透的惩戒方式,各位童鞋到时候请注意群动态,否则
不要怪我们不留情面了。(荆门♀義和发表于 2015 - 07 - 08 09：03)

从今天起,本群全面解除关于剧透禁言的规定,童鞋们不用再
担心被关小黑屋了!尽情地释放你们对仙 6 的不满吧![表情][表
情](荆门♀義和发表于 2015 - 07 - 30 13：33)

从话题禁言活动中可以看出,玩家组织中的管理人员为了协调已经

玩过游戏与还没有玩游戏玩家之间的交流和谐，特意限定一段时间禁止已玩过游戏的玩家在群中谈论游戏内容，防止未玩过游戏的玩家提前被剧透。等过了话题禁言时期后，管理员通知大家可以畅所欲言，也欢迎大家对游戏的批评。这场禁言活动期间，大部分成员都按照管理员要求主动不剧透，偶尔有没看到禁言公告的成员不小心剧透了也会在第一时间道歉，并表示不再犯规。这种活动虽然未必很正式，但在一定程度上促成组织全体成员的一致行动，具有仪式化的效果。这场仪式化的禁言活动在一定程度上团结了那些没有玩游戏的成员，促进了组织中各部分玩家的和谐相处与组织队伍的整体壮大。

综上所述，游戏玩家组织的日常会话交流是一种典型的互动仪式活动。游戏组织成员在遵守基本会话规则的前提下，可以畅所欲言，既可以聊与游戏相关的内容，强化共同关注的文化焦点，以增进文化认同；也可以聊与游戏无关的内容，拓展人际关系，增加社会资本。游戏玩家组织成员的权利与义务、福利与等级具有对等性，组织设置激励措施鼓励玩家积极互动，营造仪式团结所需要的重复互动与情感唤起。游戏组织管理员时而设置组织谈话的议题这种行为有利于组织成员形成共同的关注焦点与情感连带，并促进玩家之间的和谐相处。这种特殊的谈话议题设置与普通的日常聊天相互交替成为游戏玩家组织会话互动仪式的常态。会话仪式的反复进行促进了组织内部的情感团结与文化认同。

二 线上正式仪式——以线上晚会/歌会为例

大型庆典晚会/歌会等文艺表演活动是仪式化程度较高的互动仪式类型，也是古老的正式仪式在互联网空间中的具体体现。在线上活动中，游戏的大型公会的集体表演活动是线上正式仪式的典型代表。线上直播平台是各种游戏社群组织的聚集阵地之一。仙剑游戏也在YY直播平台上开设了自己的专属频道：YY8206，其主要功能就是为玩家提供线上娱乐互动并举办各种类型的直播晚会。

首先，进入YY公会频道后，频道管理员会提示新进成员修改ID名称以方便统一进行身份管理。YY8206的ID名称格式为：无社团成员，即"仙剑、XX『守护仙剑』"；有社团成员，即"仙剑、XX『您的社团』"。按照要求修改完ID名称的人会从游客身份变成该公会中的一员。

公会中的其他成员也可以通过 ID 名称显示的身份来初步认识新进成员。有社团成员是指那些在公会中有组织部门归属的成员。类似于拥有各种社会职能的组织，有社团成员隶属于相应职能部门，通常要从事相应社团部门的事务性工作。而无社团成员类似于普通公民，只需遵守公会规则就行。

"仙剑、南宫煌卜一卦『守护仙剑』"和"仙剑、永夜『K 厅监管』"分别是 YY8206 公会中的两个成员。前一个是普通成员，后一个是该公会中的 K 厅监管人员。有社团成员由于具有具体社团的部门归属，在部门圈子中能够建立自己的特殊社会关系，同时，他们经常参加职能部门在公会体系中的活动，从而有机会与更多的人打交道，因此该部分成员在公会中较为活跃也拥有较高的受关注度，在公会社交中处于相对优势地位。

其次，每个成员的账号具有成长等级，不同等级用户享有不同的公会权限。等级差别在外观上体现为 ID 的不同颜色。以下是 ID 颜色与权力等级权限对照（见表 6 - 3 和图 6 - 11）。

表 6 - 3 YY 公会 ID 马甲颜色与等级权限对照

ID 马甲颜色	ID 马甲等级与权限
黑色马甲	YY 官方人员 大家请谨防有人冒充官方人员，如有疑问请去客服频道 ID：10 咨询确认。
紫色马甲	频道所有者（OW） 也就是频道建立者，拥有此频道的最高权限，可以分配权限给其他人。
橙色马甲	频道总管理（VP） 频道总管理（VP）的权限在 OW 和频道管理员之间，拥有与 OW 基本相同的操作权限，协助 OW 发展公会
黄色马甲	全频道管理员（MA） 频道的总管理，可以进行频道的管理、子频道的管理分配以及添加会员等操作
红色马甲	子频道管理员（CA） 子频道的管理，可以设置子频道信息对子频道进行管理
粉红色马甲	二级子频道管理员（CA2） 二级子频道的管理，可以设置二级子频道信息对二级子频道进行管理
蓝色马甲	会员（R） 拥有普通会员权限，可以随意进频道中任意房间（有密码的除外），不受限制级的约束
绿色马甲	嘉宾（VIP） 拥有普通会员权限，有会员贡献，一般授予公会的友好人士，外交人员

续表

ID 马甲颜色	ID 马甲等级与权限
亮绿马甲	临时嘉宾（G） 拥有普通会员权限，无会员贡献，退出频道后再进入将变为游客身份
白色马甲	游客（U） 普通用户，不能进入限制级频道
灰色马甲	临时游客 偶尔服务器在维护，所以才会出现灰马甲

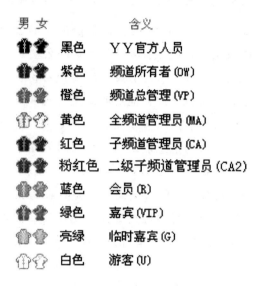

图 6–11　YY 公会 ID 马甲颜色与等级权限

成员权力等级与成员在公会中的活跃程度与贡献程度成正比。如果成员经常在线互动，等级晋升得更快。如果成员在公会中担任一定的职务也会享有一定的身份权力，这与成员所肩负的职责相对应，权力与责任规则同 QQ 群中的逻辑上一致。

由于 YY 是一个综合性公会平台，任何成员都可以加入自己想加入的任何公会，这就在一定程度上造成了公会组织之间的交叉，有利于各公会文化之间的交流互动。那些拥有多个公会身份的成员，往往活跃度较高，拥有较高的受关注度与社交空间，从而更容易积累身份符号资本与情感能量。

资料 公会 YY人生 会员

身份	公会名称	频道ID
	【官方】仙剑奇侠传官方YY频道	8206
	♥青丘的应许之地♥(≖ ◡ ≖✿)	28808314
	[籼盟]踏遍天涯 聚首籼盟 【常回家看看˜多联系联系	55446662
	中庭月色正清明	68614691
	【流浪營地】貓爺的私人領地	69659097
	[古风] 七凉少女粉的闺房	69788651
	泠雨微澜	78411892
	✎琴第一曲倾尽天下✎	86170364
	WHITE空灵原创艺术团队&仙猿剑会	93229381
	··➤海外仙剑后援会	137132997

图 6－12 某 YY 频道会员的公会马甲颜色身份资料

上图 6－12 是仙剑 YY8206 公会中某位成员的公会身份资料。从他的公会列表可以看出，他既是仙剑 YY8206 的公会成员，又是许多其他公会频道中的成员，是 YY 平台上典型的多重身份成员。并且，从他在不同公会中马甲颜色可以看出，他身兼多重管理职务，既有子频道管理员，又有全频道管理员。这些多重身份使他在 YY 公会中获得更多社会关注，有利于积累更多的情感能量与文化符号资本，从而拓展自己线上的关系网络。

由于 YY 平台具有庞大的公会组织，并且在跨公会互动中具有较低的门槛，因此 YY 平台成为举行大型线上集体活动的重要阵地之一。其中，YY 晚会是仙剑等游戏公会举行大规模正式互动仪式的常见方式。在举办 YY 晚会前夕，YY8206 会通过微博发布晚会公告，预告 YY 晚会的开播时间、频道、出席嘉宾、节目内容等演出信息。仙剑玩家与粉丝通过海报信息登录 YY 频道开展晚会互动仪式。

> 我曾经做过直播。我们每次直播前会提前策划，比如在直播过程中搞一些抽奖活动，让主持人讲讲笑话段子之类的，调动气氛。我们会在微博和微信上公告直播时间、频道地点和主要内容。频道上的用户只要觉得好玩有趣，我们的目的也就达到的。(YMC)

YMC 介绍了自己做线上晚会直播的经历。他表示，虽然是远程的线上互动，但为了观众的情感体验，还是要提前策划。由于微博与微信都是社群成员聚集的媒体平台，用户具有针对性。因此，通过微博和微信通知活动信息是互联网社群常用的手段。

由于直播平台上的互动大多以屏幕前的云互动为主，所以 YY 晚会节目的形式以主播和嘉宾的唱歌、配音和访谈为主。晚会过程中由主持人和场控负责整场晚会的节奏进程。晚会主持人在自己的电脑屏幕前通过麦克风向在线观众主持节目，场控人员在幕后负责将麦序①使用权发给每位表演嘉宾或主播。在 YY 公会频道中，会员习惯用"抱上麦序"与"抱下麦序"等活泼的语言来告诉大家自己是否在使用公会麦克风。晚会开始时，主持人会被场控"抱上麦序"，像正式的电视晚会那样进行开场白主持。在开场后，主持人根据节目流程和现场情况进行晚会主持。

我们以唱歌节目为例来描述晚会演出节目仪式的展开。首先，主持人会介绍节目与表演嘉宾，并请场控负责人将歌手"抱上麦序"，让嘉宾与大家打招呼。此时，观众会在公屏上用文字和鲜花等符号与嘉宾回应。在主持人与嘉宾寒暄完之后，主持人会让场控负责人将自己"抱下麦序"，把话筒交给嘉宾进行演唱表演。演唱嘉宾在自己电脑前播放歌曲伴奏并对着麦克风演唱歌曲。一般正式的晚会现场，演唱嘉宾都会带上自己的字幕组。嘉宾的 YY 字幕组的主要工作是在麦序栏里面滚动播出演唱的歌词，方便听众欣赏歌曲。由于字幕组背后是一个个真实的人，他们在推送歌词时偶尔会带有自己的创意展示。如有的字幕组运用花式排版制造丰富多彩的字幕呈现效果，有的字幕组成员会在歌曲间奏期间通过各种表情动画符号来为歌手伴舞（见图 6-13）。这些生动形象的互动方式给以语音为主的晚会制造了生动活泼的视听体验。观众在欣赏节目的过程中可以通过礼物如鲜花系统和文字系统给嘉宾送上虚拟的赞美与祝福（见图 6-14）。有些会员观众为了表达自己对嘉宾的喜爱会送出鲜花等虚拟礼物，形成别具一格的符号化情感表达。观众与演出嘉宾之间的这些语音与图形符号互动方式是直播平台中情感与符号互动的具体表现形式。嘉宾收到的礼物与点赞作为一种符号资本会在其个人主页上显示出来，是嘉宾受欢迎程度的重要情感与符号指标。那些礼物与点赞很多的 YY 会员通常拥有较高的受关注度与情感能量，他们可用

---

① 麦序，即场上麦克风使用顺序。YY 平台是语音互动平台，成员通过麦序规则进行语音互动。在不限制使用的情况下，成员通过排队抢麦克风使用顺序，在正式演出中，场控管理员有选择地安排上麦的成员。

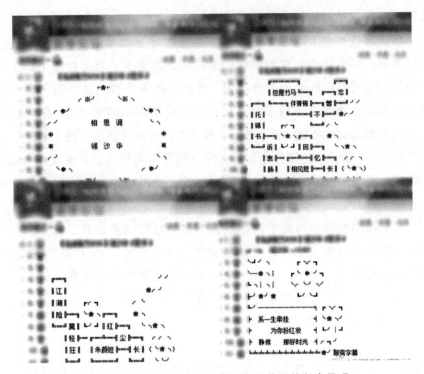

图 6 - 13　线上晚会中表演嘉宾与字幕组的创意呈现

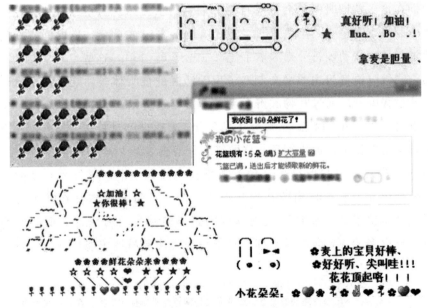

图 6 - 14　线上晚会中观众对嘉宾表演赞美表达形式

积累的这些情感和符号资本提升自己在 YY 平台中的排名与热度，这些都是可用于其开展后续的互动仪式活动的资本，因此，他们往往是 YY 公会中的社交明星。

"欢乐抢板凳"是 YY 平台中用于抽奖活动的游戏应用，能让频道中的所有成员参与其中。由于互动规模之大，因此抢板凳抽奖游戏也成为 YY 晚会中最受欢迎的仪式环节之一。游戏组织举办的 YY 晚会通常会通过抽奖环节向粉丝们送出各种奖品。在抢板凳活动中，游戏官方设置中奖的板凳序号，观众只需在抢板凳游戏开始后点击屏幕上的"抢"字按钮就开始自动进行抢板凳编号。抢到板凳的顺序与按按钮的时间快慢相关。当所有成员同时抢板凳时，那些最先按下按钮的成员就抢到编号靠前的板凳，而晚按按钮的成员就抢到靠后的板凳编号。获奖的成员的 ID 会显示在系统栏的中奖名单中。抢板凳是一个运气与策略相结合的游戏。主持人与场控会将中奖板凳的编号根据在线互动人数进行调整。如果在线人数非常多，那么中奖编号越靠前，游戏速度就越快，竞争也就越激烈，这就要靠玩家的点击速度。总之，中奖编号不能超出在线人数的上线，主持人通常会事先告知获奖编号或奖品个数，好让参与抢板凳的会员制定抢板凳的速度策略。抢板凳游戏具有极强的互动仪式特征，所有在线会员在主持人的一声令下之后进行着同样的操作，形成共享的关注焦点与情感连带。会员通过该活动产生同步的情感节奏，增强了远程互动的仪式感。

在晚会结束时，主持人会像正式晚会那样来一段结束语，并通常会说一句具有情感团结与文化认同的口号，号召所有在线会员将这句话集体打到公屏上，形成刷屏的节奏（见图 6 - 15）。这种仪式性的闭幕式营造了一种类似弹幕刷屏的效果，使远程参会的会员感受共同的文化情感，具有一种"天涯共此时"的互动仪式情境。

综上所述，游戏直播平台是具有多元文化包容的社群空间，是游戏玩家开展大规模集体活动的重要平台之一。线上直播晚会/歌会是游戏玩家组织开展线上正式互动仪式的常用方式。在线上直播晚会/歌会中，所有成员在自己的电脑屏幕前观看这一同步直播的节目，具有共同的关注焦点与情感连带，形成一种"天涯共此时"的现场感。在晚会过程中，主持人与场控负责掌握整场晚会的进度节奏，晚会节目以主播或嘉宾的

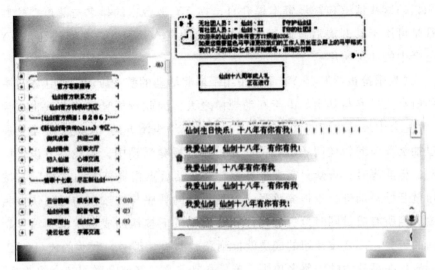

图 6－15　线上晚会闭幕式刷屏仪式

直播互动为主要形式，而观众以评论、点赞与礼物等符号互动形式形成集体互动。此外，基于直播平台的功能，直播活动还会穿插着抢板凳等全员互动游戏来调动晚会的节奏气氛。成员收获的礼物和赞美等能被系统统计的符号是每个成员情感能量与符号资本储备水平的集中体现，那些拥有礼物和赞美较多的成员通常拥有较高的情感与符号资本储备，这些储备可用于后续的互动仪式投资，因此，他们是社群直播平台中的社交明星。通过直播平台的互动仪式活动，游戏玩家不仅从中获得了情感能量与符号资本，形成游戏情感团结与文化认同，还在一定程度上结识了新朋友，拓展了自己的社会关系网，有利于培养网络社会中的数字化生存能力。

三　线下非正式仪式——以线下日常聚会活动为例

线下活动是线上活动的深入与延伸。包括游戏玩家在内的网友线下约见通常戏称为"面基"（offline meeting）。面基即面见"基友"、网友。"基友"的本义是同性恋人，随着社会包容度的进步，很多并非同性恋的两个男性朋友，也开始戏谑地互称"基友"，再到后来就不限性别了，女性之间甚至男女之间的朋友，也可称为"基友"。由于很多互称"基友"的人都是在网上相互交流的，他们往往相隔很远，一旦有机会在现实生活中见面，是绝对不会错过的。因为大家本是网络上的"基友"，面对面交流的活动就称为"面基"。[①] 游戏玩家组织的线下活动主要以增进玩家之间的相互交流，拓展现实世界的人际关系为主要目的。其中，仪式化程度较高的线下活动以精心组织的大型游戏主题展会与晚会为代表。而仪式化程度较低的非正式线下活动以玩家组织的各种聚会活动为主。仙剑玩家组织的线下活动涵盖了从日常聚会到组织参加或举办大规模集体晚会/展会等各种活动。该部分重点介绍仪式化程度较低的日常线下聚会活动，下一部分重点介绍仪式化程度较高的大型游戏主题会展/晚会等仪式活动。

柯林斯指出人与人之间的日常际遇是最基本的互动仪式。"小范围的、即时即地发生的面对面互动，是行动的场景和社会行动者的基点。"[②] 玩家组织的日常线下聚会就是现实社会际遇的基本形式。玩家的线下日常聚会活动主要有聚餐、K 歌、玩桌游、户外拓展等，各地形式多样。他们不太在乎具体是什么活动内容，重要的是有机会在现实的三次元世界中见到二次元世界的好友，有的时候一起吃个饭、唱个歌就是一次线下聚会活动。因此玩家日常线下聚会活动具交友的性质。

12.7 西北仙剑后援会新疆活动

第一届新疆仙剑后援会拌面加面大赛于 2013 年 12 月 7 日北京时间 11 点 30 分在新疆农业大学举行～活动内容唠唠嗑儿～溜溜弯儿～吃吃面儿～前三名将获冬日祭门票各一张加面一盘～温馨提示～天冷注意保暖～联系人止血草～亲爱的们，我在农大等你们～

联系人：止血草 130 ＊＊＊＊＊＊＊＊

——西北仙剑后援会微信公众号

【四川仙剑后援会】开年第二次面基聚餐＝皿＝

正值新春佳节来临之际，……为迎接回到成都的学生党、工作党，以及神秘嘉宾，四川仙剑后援会特在成都市区内开展 2013 年第

---

① 《"基友"与"面基"》，中国青年网，http://wenhua.youth.cn/xwjj/201402/t20140206_4615128.htm，最后访问日期：2016 年 1 月 16 日。

② 参见兰德尔·柯林斯《互动仪式链》，林聚任、王丽君译，商务印书馆，2009，第 3 页。

二次线下聚餐活动……

【时间】

2013 年 2 月 3 日（周日）

【地点】

＊＊＊烤肉（香槟广场店）：成都市锦江区东大街＊＊号香槟广场＊楼

【流程】

11 点在香槟广场集中。

11 点 15 分左右，进店。

11 点半以后来的请直接到店找组织←_←。

【注意】

1. 本次聚餐 AA 制，午餐自助烤肉 55 元/人。

2. 本次聚会来回路上安全自负，所以请大家多多注意安全。

【最后】

本次聚餐还会有神秘嘉宾出现哟~!!!!!!!!! 如果有意愿参加和有任何疑问，请加四川仙剑后援会群：146＊＊＊＊＊＊（2000 人群）联系。

——四川仙剑后援会新浪博客

以上是两个不同地区仙剑后援会组织的线下聚会活动内容。从中可以看出，线下聚会活动通常是很普通的社交活动。大家一起聊天吃饭，相互建立友谊关系。

此外，从上面的例子看出，通常线下聚会活动都需要花费一定的时间、金钱等成本。因此，与线上日常仪式相比，参加线下仪式的成本较高——至少需要花费一定的金钱在具体的时间到确定的地点参加活动，而线上日常活动只需在电脑前即可。互动仪式市场理论指出，人们的所有社会互动行为最终都是为了获得个体情感能量（以下简称 EE）满足，而 EE 寻求受物质资源的制约。[1] 任何社会选择或互动的成本不只体现于

---

[1] 参见兰德尔·柯林斯《互动仪式链》，林聚任、王丽君译，商务印书馆，2009，第 236~239 页。

EE 中，而且体现在仪式生产的物质方式中。互动仪式的一瞬间产生的 EE 可能需要耗费许多物质成本。倘若用金钱等物质作为衡量标准，人们难以度量与解释以情感等非金钱符号为追求目标的互动仪式行为，而当人们用 EE 作为衡量标准时，物质的与非物质的投入都可以转化成情感能量收益进行测量，从而解释更多情感社会行为。柯林斯根据互动仪式市场理论提出互动仪式评估的成本－收益模型（见下图 6－16），指出人们能参与互动仪式行为的 EE 寻求与成本之间的关系。当人们觉得某个互动仪式情境的收益高于成本时，他们会选择参加这个互动仪式，反之则会退出。玩家通过互动仪式市场的成本－收益模型来衡量情感能量收益与投入的成本之间的比率关系来决定是否参加互动仪式。因此，能够花费一定成本前来参加线下互动仪式的玩家往往具有高度的 EE，并能够形成更为牢固的情感团结，因为他们已通过情感收益计算认为参加线下活动是值得的。

$$比率最大化 \quad \frac{收益（EE）}{成本（EE+物质）}$$

图 6－16　互动仪式成本－收益模型①

　　游戏文化具有一定的包容性。以仙剑后援会为例，他们既会在组织内部组织开展线下活动，也会与其他游戏组织联合举办线下活动。游戏组织内部的活动是常见形式，通常在游戏官方发布新产品时，后援会都会借此机会组织群内成员开展线下聚会。以下是浙江、福建、西北等地仙剑后援会在仙剑发售新产品时组织的相应线下聚会活动。

TCG 卡牌《仙剑奇侠传对战卡》线下试玩活动

　　活动时间定为：10 月 18 日 12：00－17：00，地点：杭州上城区平海路＊＊号＊＊＊＊＊，报名请私信我：群内昵称、QQ 号、联系电话。九月二十号截止报名。（宁波·向鼬走⌇⌇↘发表于 2014－09－10 22：42）

——浙江仙剑后援会 QQ 群

---

① 参见兰德尔·柯林斯《互动仪式链》，林聚任、王丽君译，商务印书馆，2009，第 239 页。

仙剑对战卡西北试玩会即将在兰州、西宁两地举办

《仙剑对战卡》西北试玩会即将举行。活动时间：（甘肃）2014年10月12日（青海）2014年10月19日。详细信息参见活动海报。

——西北仙剑后援会微信公众号

后援会仙剑舞台剧——厦门站活动公告

仙剑后援会的众老们：

此次仙剑舞台剧已经确定在厦门地区展开，具体时间是2015年9月3日—2015年9月4日……

借这个机会，仙剑会的籼米来一场神鬼莫测的面基，现场有我们的入党人猿小苏带来一些小惊喜……由于是小惊喜，这些东西暂时保密。

此次聚会预计时间（两天一夜），各位籼米请妥善合理安排时间。（另：请准备好鼓鼓的荷包＊1，满满的节操＊N）

特别注明：由于9.3是抗战胜利日，各地方或有放假三天的假期，厦门的住宿跟车票会相对紧张。7月中旬我们将开始进行人员统计，请待初恋般地，密切关注群邮箱通知。有想一同去观看的福建的籼米们吗？那就快快加入我们温暖的大家庭，QQ群号：106＊＊＊511

福建仙剑后援会管理组（全体管理人员携手邀请）

此外，游戏玩家组织有时也会超出自己游戏文化范围与其他游戏玩家组织开展联谊活动。虽然特定游戏玩家组织是一个具有明显群体边界的组织，但只要是在游戏文化上不冲突，玩家组织之间也会相互交流，举办联谊活动，拓展社会关系。以下是四川仙剑后援会和四川轩辕剑后援会两个不同游戏的玩家组织进行的联谊活动。"本次联谊活动的报名方式不以加入聚会群为准""欢迎带外人参加"等通知内容都体现了组织线下活动是以拓展人际关系，增进彼此交流为主要目的。

四川仙剑后援会 & 四川轩辕剑后援会联合举行中秋线下聚会活动

中华民族传统节日中秋佳节来临之际，经过多次讨论，四川轩

辕剑后援会 & 四川仙剑后援会联合举行中秋线下聚会活动。

本次活动是大宇资讯旗下"双剑"——仙剑和轩辕剑的四川两大后援会第一次共同举行的大型线下活动。在中秋团圆之际，同样也寓意仙轩粉丝团结有爱、互相帮助、互相支持，两大后援会团结协作、共同发展（天音：在菜肴的带领下好基友一辈子）。欢迎我们四川轩辕剑后援会 & 四川仙剑后援会的朋友们踊跃参加。

【活动时间】：2013 年 9 月 20 日（中秋节三天假期的第二天）

【活动地点】：＊＊＊＊＊

【集合时间】：9 月 20 日上午 10：30—11：00

【集合地点】：＊＊＊＊

【活动报名】：为了统计人数，根据报名人数准备奖品，请有意愿参加本次活动的朋友们，将以下信息以邮件的方式发送给石头（QQ 邮箱：519＊＊＊911@qq.com，报名截止时间：2013 年 9 月 19 日 22：00）

群 ID：

QQ 号：

参与人数：

联系方式：

……

为了便于统计礼品数量和参加活动人数，请大家务必按照本邮件的活动报名方式提前进行报名。确定能参加活动、犹豫到时候去不去、暂时还不能确定能去但又想去的朋友可以加到聚会交流群去商量。本次活动的报名方式不以加入聚会群为准！

——四川仙剑后援会

通过各种形式的线下仪式活动，玩家关系从线上延伸至线下，不仅进一步增进线上社会关系，还拓展了现实世界的人际关系。以下是几位游戏玩家对线上二次元游戏世界与线下三次元现实世界关系的看法。

我把二次元世界和三次元世界两者结合起来的。我给你看手机通讯录。所有号码空格后面是什么，前面是网名，后面是真名，只要知道真名的我都注在后面。三次元是一个现实社会，二次元也是一个交友平台。因为我的二次元朋友里面以仙迷为主，哪怕之前没有见过面，只要一见面就有莫名的亲切感，这是我的感受。我可以把二次元发展成三次元，但反过来不成立，很难。二次元以兴趣为主，容易聚成圈子，而把没有这个爱好的人带进这个圈子很难。（小2逍遥）

只要玩过共同的游戏，就有许多话题可以聊。很多面基的朋友都是游戏里的亲友队友。比较理想的线上线下关系模式是因游戏而认识，并且发掘出游戏以外的其他共同话题与社会关系，这样的友谊比较长久。（二次元 CY）

我们玩游戏有一个群当中大多是以前的同学，虽然现在不在一起上学，但因为在一个区玩游戏，所以时常有联系。（Oasis）

在线上一起副本开荒，在线下就是一起吃饭。里面人的关系都可以转化成现实的关系。玩游戏可以认识同学和同学的同学，总之挺开心的。（伊卡）

从中可以看出，以共同兴趣为纽带的游戏玩家可以通过线下聚会活动将线上关系拓展到线下生活中来，拓展自己的社会关系网。萨默－伊佛勒指出，当人们能够通过探究和发展新的关系、新的团结和新的角色来拓展自我的意义时，人们将体验到情感能量的增加。[①] 可见，玩家通过现实世界与虚拟世界的穿梭，在拓展人际关系的同时，也获得了情感能量的增加。

综上所述，以日常聚会为代表的线下非正式互动仪式是线上玩家开展现实生活社会交往的主要形式。他们以共享的兴趣爱好为基础，分享文化情感与身份认同，并可以自由地将这种线上文化关系转化为现实中的人际关系，丰富自己的社会生活关系网络，在一定程度上有利于个人社会化的发展。

---

① 参见乔纳森·特纳、简·斯戴兹《情感社会学》，孙俊才、文军译，上海人民出版社，2007，第77页。

四　线下正式仪式——以线下游戏主题展会/晚会为例

仪式化程度高的正式活动往往能够吸引更多人关注。正式的线下活动大多由游戏官方或政府机构主办，例如，综合性的大型游戏产业会展，如中国国际数码互动娱乐展览会（China Joy）等；专业性的电子竞技线下比赛，如世界电子竞技大赛（WCA）等；游戏主题庆典盛会，如仙剑奇侠传二十周年庆典晚会、剑网3《侠客行》醉江湖狂欢夜等。

由于本章重点研究的是玩家组织举行的仪式活动，因此本文不从官方角度对此类活动进行研究，而只从玩家组织观看这类活动的角度进行研究，研究他们如何有序组织各地玩家前去围观互动。由于综合性游戏展会中游戏符号较为分散，各种游戏玩家群体之间情感仪式团结性较弱，因此笔者选择符号相对统一的单一游戏主题盛会进行分析。在上一章中笔者已经对围观电子竞技比赛活动的情感仪式机制做了重点分析，因此笔者在该部分选择以仙剑奇侠传为代表的大型游戏主题线下盛会进行研究，特此说明。此外，仙剑玩家组织也自发组织过类似于游戏官方举办的大型线下晚会，因此，笔者将以有代表性的仙剑玩家组织自办的线下大型晚会为对象，通过观察与访谈，研究他们组织大型线下晚会的幕后故事。总之，在该部分，笔者以仙剑为例，通过对仙剑玩家组织围观官方大型线下仪式活动的组织行为与仙剑玩家组织自办同类活动的幕后策划筹备行为进行综合研究，分析他们在线下正式仪式活动中台前幕后的情感互动机制。接下来，笔者以仙剑游戏主创签售见面会活动、仙剑游戏官方举办的大型游戏主题晚会与仙剑玩家组织承办的游戏主题晚会为例进行综合分析。

（一）游戏主创签售/见面会

游戏主创签售/见面会（以下简称"签售会"）是游戏玩家粉丝与游戏主创人员面对面近距离互动的主要活动。自2012年以来，重要的仙剑游戏产品发售以后，仙剑游戏官方都会在官网与微博等平台公布全国范围的巡回签售活动，与游戏玩家近距离接触互动。

当游戏主创来到签售会所在城市，当地的仙剑后援会组织会开展相关的配合工作，作为应援。一般来说，当官方公布签售会行程安排后，仙剑后援会成员会将该信息群发到各个后援会群中，组织大家去现场捧场互动。以下是 2015 年《仙剑奇侠传六》杭州签售会时，浙江仙剑后援会成员发起的其中一条群公告通知。

8 月 8 日仙剑六杭州签售开始组队啦~

"仙剑之父"姚仙将于 8 月 8 日下午 15：00 在杭州新华书店（庆春路与延安路交叉口）＊层茶吧举办仙剑六签售活动，欢迎小伙伴们参加~

可在现场按原价购买仙剑六梦缘版、相忆版、豪华版请姚仙签名，也可自带仙剑产品及周边索要签名。

参加签售会不需报名，签售会结束之后想来面基玩耍，以及 9 号打算去白马湖 ACG 武林大会的小伙伴请联系小 2 报名组队，电话 152＊＊＊＊＊418。

（小 2 逍遥发表于 2015 - 08 - 04 16：45）

笔者采访了这位网名叫"小 2 逍遥"的发起人。"小 2 逍遥"是活跃在多个仙剑玩家后援会组织中的成员。他的家乡在山西，是山西仙剑后援会副会长。接受采访时，他在浙江上学，因此也加入了浙江仙剑后援会。这则杭州签售会的通知就是他在浙江上学期间发布的。据"小 2 逍遥"介绍，他曾参加仙剑官方小说在上海、福州、杭州等地签售会，也参加过《仙剑奇侠传五前传》在沈阳、广州、上海、苏州、杭州等地的签售会，经常活跃在山西仙剑后援会、浙江仙剑后援会、仙剑永远官方小说群等用于仙迷交流的 QQ 群，并自己创建了仙剑吃货后援会 QQ 群等组织。"小 2 逍遥"是仙剑后援会中的明星成员，曾一度接受新浪游戏频道的采访。他表示，参加官方线下活动是个交友机会，可以去认识更多的志趣相同的朋友，促进彼此之间的情感交流，有助于发展自己的社会关系网。

　　我发起这则通知也是希望认识更多的仙迷朋友。我当时在仙五前传杭州签售会的时候建了浙大后援会的群，在里面喊了一声，有一大波仙迷响应。仙剑官方去当地办签售会，后援会积极组织去联系，场地是官方联系，配合书店组织人过去。游戏主创和玩家交流互动，后援会可以做到这个程度，一些办得好的后援会还出互动题目，答对的有奖品。"管大"① 曾高度评价后援会在签售中的促进作用。他在某地签售时说真的很谢谢后援会来了这么多人，否则他也很担心这个签售会会冷场。确实签售的很大一部分受众是来自当地后援会的。后援会粉丝本来就多，你一说来本地签售，"姚仙"② 也来了，有些玩家从来没见过"姚仙"，赶紧抓紧机会来见一见，哪怕只在省会城市签售，周边城市周边省份的都会赶过来，但凡方便的。一个是撑场面，再一个是促进情感交流。（小 2 逍遥）

仙剑玩家组织能够通过签售会活动组织玩家与游戏主创之间的互动交流，促进了玩家与游戏官方之间的情感联系。这种现场互动类似于粉丝与明星的见面会，但游戏主创与娱乐明星不同，他们是幕后工作者，少有机会在人前与粉丝互动，而且他们一般不会有太多的公司工作人员为其服务，因为他们自己就是普通的工作人员。因此，在许多游戏动漫签售会现场，一些热心的忠实玩家会自发充当志愿者，为维护签售活动秩序服务。"小 2 逍遥"就是这样的忠实玩家。

我在仙五前传杭州签售会的时候提前去现场帮大家踩点熟悉环境，在现场又负责帮"管大"的小说盖章。当时仙五前召集本校同学的时候我帮大家争取到和主创合影留念的机会，也算圆了大伙的心愿。另外，像仙剑舞台剧的粉丝沙龙的交流活动，我也去当志愿者了，当时是在上海演出，上海后援会的成员也一起积极组织配合帮忙。（小 2 逍遥）

像"小 2 逍遥"这样因文化认同而从事情感志愿工作的游戏玩家被戏称为 NPC。NPC，即 Non-Player Character 的缩写，原指网络游戏中的非玩家控制角色，他们承担着服务于玩家的重要功能，或帮助玩家熟悉游戏系统，或推进游戏剧情发展，是游戏玩家与游戏系统/游戏设计者交

---

① "管大"是仙迷对仙剑官方小说作者管平潮的昵称，特此说明。
② "姚仙"是仙迷对"仙剑之父"姚壮宪先生的昵称，特此说明。

互的重要符号。玩家志愿者的角色作用类似于游戏中的 NPC，他们因喜
爱游戏而从事志愿服务，不求金钱等物质上的回报，只为获得情感能量
的满足。因此，一方面，玩家 NPC 在志愿服务过程中认识了游戏主创人
员与更多的玩家同人，有利于结交新的朋友，发展自己的社会关系网；
另一方面，他们通过从事志愿服务帮助游戏线下活动开展，因此，在许
多 ACG 文化的线下活动中，如签售会、动漫游戏展会，主办方都会尝试
通过招募 NPC 的方式促进线下互动仪式的有序进行。总之，玩家 NPC 在
志愿服务中积累了文化资本与社会资本，并从中获得情感满足，这一切
让他们觉得自己的付出是值得的。

　　总之，游戏主创签售/见面会既是游戏官方在推出新产品时常用的营
销活动，也是玩家与游戏主创、玩家与玩家之间交流的互动仪式。一方
面，玩家粉丝和游戏主创之间通过互动交流增进了情感联系，有利于促
进游戏文化符号的深度认同，有利于游戏的长远发展。另一方面，玩家
通过该活动平台认识了更多志趣相同的同人，建立了新的友谊，拓展了
自己的线下人际关系。因此，游戏主创签售会/见面会是一个互动仪式市
场，玩家在这个市场中开展多层次的社交活动，获得文化资本、社会资
本与情感能量。

（二）大型游戏主题晚会

　　线下大型游戏主题晚会是玩家参与的仪式化程度最高的活动。截至
2016 年 1 月，笔者观察到的以仙剑游戏文化为主题的正式晚会可以分为
两种，一种是完全由游戏官方策划举办的大型晚会，一种是由玩家组织
策划举办、官方提供支持的线下晚会。第一种晚会是规模最大、参与人
数最多的线下晚会活动，但成本较高、举办次数较少，仙剑官方目前举
办过两场这样的大型线下晚会：一次是 2012 年在上海卢湾体育馆举办的
"仙剑十七周年庆典晚会"，另一次是 2015 年在安徽合肥奥体中心举办的
"仙剑二十周年庆典晚会"。第二种晚会在表现形式上与第一种晚会类
似，只是规模和范围较小，但玩家组织参与较多、成本较低，举办次数
较多。玩家组织自办的主要大型晚会在 2015 年就举办了四场，分别是北
京师范大学仙剑晚会、武汉大学仙剑晚会、华东师范大学仙剑晚会、浙
江大学仙剑晚会。这四场晚会也是仙剑官方在游戏诞生二十周年之际推
出的"仙剑高校"计划的一部分，因此相比其他玩家组织晚会要有较大

的影响力。由于两种晚会在表演形式上类似，因此笔者将分别从不同角度对这两种晚会进行分析。第一种晚会规模盛大，笔者侧重从观众如何组织围观的角度进行研究；第二种晚会由玩家全程策划，笔者侧重从幕后组织角度进行研究。

1. 官方举办的全国性大型游戏主题晚会

游戏官方在举办全国性大型晚会前会将计划公布在官方微博上告知所有仙迷，各地后援会的仙迷也会将这一消息转发到各自的后援会群中。游戏官方会制作宣传片、海报进行前期预热。此外，仙剑官方频道、贴吧、微信公众号等综合性自媒体也会配合进行宣传造势。

仙剑晚会作为文化社群内部的互动仪式，对注册的仙迷玩家是免费的。以仙剑二十周年庆典晚会的派票为例，仙剑官方通过参加活动、抽奖、签到、加入后援会等方式派发免费门票。

> 仙剑二十周年庆典晚会门票获取须知：@仙剑奇侠传#仙剑20周年#庆典晚会将于7月5日在安徽合肥奥林匹克体育场盛大举行，首批门票开始发放！在5月5日仙剑高校行首站中，已有5位幸运玩家获得门票，其中1位将由官方报销路费及食宿。玩家可通过仙剑高校行、祝福墙活动、仙剑圈圈签到活动抽取门票，或加入当地后援会申请门票。(仙剑奇侠传吧)

从以上的领票公告可以看出仙剑游戏晚会与一般商业演出不同，是一场非营利性的活动。玩家通过各种渠道获得门票的同时还有可能获得意想不到的惊喜。仙剑后援会组织会对领票的成员进行数量统计，确保报名的玩家都能拿到票，同时对报名的玩家进行实名身份核实，玩家在晚会当天凭自己登记的身份和联系信息领取门票，避免门票流入票贩子手中。以下是仙剑某后援会群中的聊天记录。

> 仙迷甲："门票有卖的么0.0？"
> 仙迷乙："门票卖吗？多少？有几张？"
> ……
> 某派票群主："门票免费获取的，不要钱，如果看到有人在卖票，

大家不要上当……那天我如果看到有黄牛在卖门票，我就站到他边上发免费门票，让他卖不出去（笑）。"（仙剑某后援会群聊记录）

　　从后援会的聊天中可以看到，并不是所有仙迷都知道如何领免费门票，官方单向宣讲式的领票通知并不一定有很好的传播效果，后援会组织通过对话式的交流传播能够弥补官方传播效果的缺陷。同时，负责发放门票的后援会工作人员对自己的工作具有神圣的使命感，要避免票贩子的搅局，以防止他们破坏活动的纯洁性，该后援会管理员的话语中体现出捍卫集体文化的正义感，这是互动仪式道德感机制的情感表达。

　　各地仙剑后援会在得知庆典晚会消息后会组织群内成员组团前往晚会现场观看。在这种临时组团中有牵头领导者与相关联络者，并对自己团队的标识进行符号化设计。通常，各地后援会团队都会有自己的组织会牌、会徽和文化衫，有的后援会团队会拉着标语横幅、举起会旗前来参加活动。到达晚会场馆前，负责联络的成员会将集会地点群发给前来参加的成员，队长会高举着后援会会牌或会旗等着各地的成员前来找组织（见图6-17）。

图6-17　各地仙剑后援会用横幅和标牌召集各地成员

（笔者现场拍摄，2015年7月5日）

　　仙剑庆周年典晚会以仙剑游戏主题的歌舞、器乐演奏、Cosplay 表演、声优表演为主要节目。仙剑二十周年庆典晚会邀请了历代游戏主题曲的原唱歌手、为仙剑游戏配音的声优、国内知名 Cosplay 演员等为仙迷表演。这些表演嘉宾可能并不一定为圈外人所熟知，但他们的表演确实唤起了仙剑游戏玩家的文化情感回忆，一首首熟悉的主题曲、一个个生动的角色形象都是回忆的符号，形成一个个晚会仪式的高潮。除了这些常规节目外，现场还通过大屏幕播放来自各地后援会以及 IP 衍生品《仙剑客栈》剧组的远程祝福，将没能来到现场的玩家与嘉宾的情感寄语带给现场观众，营造全国各地仙迷共同联欢的气氛。此外，仙剑二十周年庆典晚会过程中还举行了多轮抽奖活动，观众手中的门票编号是参与抽奖的凭据，礼物包括游戏纪念品、游戏专属定制手机、平板电脑等。

　　现场观众通过观看并参与互动体验游戏晚会传播的情感信息，一些后援会组织还在看台上打出巨幅横幅与晚会进行情感传播的互动。下图是仙剑庆典晚会现场（见图 6－18），玩家粉丝在晚会高潮之际打出的"仙剑"二字的横幅。从照片中可以看出，每一块横幅几乎都覆盖了一整块观众席。巨大的横幅表达了玩家粉丝对游戏文化的热爱。

图 6－18　游戏粉丝在晚会现场拉出巨幅横幅表达情感祝福
（笔者现场拍摄，2015 年 7 月 5 日）

2. 游戏玩家组织策划的游戏主题晚会

　　游戏玩家组织承办的游戏主题晚会在形式上与官方举办的全国性晚会类似，区别在于玩家组织承办的晚会在策划、宣传、实施等方面全部都由玩家组织自行处理，游戏官方仅提供支持与赞助等配合工作。在该部分，笔者以 2015 年仙剑高校行的最后一站——浙江大学仙剑晚会为例，通过现场观察和与组织者进行访谈相结合的方法揭开游戏晚会仪式的幕后故事。

　　浙江大学仙剑晚会是由浙江大学仙剑文化社与浙江大学教育基金会联合向仙剑游戏官方申请举办的。笔者采访了该台晚会的主要负责人"小 2 逍遥"与"JM"等人，他们都是浙江仙剑后援会的成员。据了解，"小 2 逍遥"和"JM"在看了其他高校举办的仙剑高校行活动后萌发了自己组织晚会的想法，并且为了能够申请组织该晚会特意在学校内成立了游戏文化社团——浙江大学仙剑文化社。

　　　　官方想深入高校开展活动，高校的学生团体有意的可以向官方申请承办。这次高校行总共四站，北师大是某学院申请举办的、武大是武大仙剑文化社，华东师大是经管学院的什么组织承办的，咱们学校最奇葩是学校教育基金会（EFSA）和一个没有正式成立的社团（浙江大学仙剑文化社）承办的。在举办晚会的那个时候，我们社团还在进行学校答辩，因此当时是以 EFSA 为主要申请主体，我们作为其中成员一起参加承办的，现在社团已经成功通过答辩。当时，我们社团主要参与晚会工作的人有我、JM、溟殿、总攻大人等几个。我在其中担当总策划，在筹备过程中也算是各路联系。节目是我和 JM 一起编排设计的，我们分头找节目，之前从来没有做过类似的活动，这是第一次。（小 2 逍遥）

　　　　第一次听说仙剑高校行是在 4 月 22 日，仙六第一次放宣传，那时候追宣传，知道了有高校行这么一回事。想想仙剑二十周年了，在这个充满纪念意义的年度里，仙剑要走进校园，与学生进行亲密的接触，作为一名仙迷，内心无疑是十分激动的。看过前一年武汉大学的晚会，当时就想着，如果他们再办一场，我一定要去现场，要去和他们一起感受。色花告诉我们，如无意外，他们 2015 年的晚会会在 5 月 16 日举办，那天是周六。我当时就跟他说，我一定去，去见他们，去现场看晚会，去感受籼米的狂欢。就在 4 月 22 日，小 2 告诉我，仙剑高校行第二站会在武汉大学举办，和武大仙剑文化社的晚会一起。我记得 5 月 15 日我毕业实习刚刚结束，那天晚上就和木剑乘了晚 11 点的火车，宿夜赶到了武汉大学。晚会那天玩得特别开心，能亲身接触到姚仙、一龙和小可他们，能亲身感受到大家对仙剑的热爱和支持，能认识一大帮新的朋友，结下新的情谊。当时的感觉就是，大学四年，能在最后的时刻让我也办这样一场晚会，感觉毕业无憾了。在我答辩结束后，小 2 告诉我，高校行最后一站要来浙大，时间大概在十月中旬。他想在浙大办一场有模有样的仙剑晚会，我也想。我们商量了很多，其间也发生过争执，最后决定由未成形的浙大仙剑文化社与 EFSA 合作办一场晚会，晚会的节目由我们来负责。(JM)

笔者通过参访发现，"小 2 逍遥"和"JM"举办仙剑主题晚会的动机都是出于对游戏文化的情感认同而决定自己策划一场。此外，看了其他高校玩家举办的仙剑晚会后大受鼓舞，觉得自己也能够举办类似的活动，正好游戏官方也有意走进高校玩家群体，于是他们着手举办一次晚会活动。情感文化的力量能够促使人们从事情感工作。为了举办游戏晚会，他们不仅自己成立了学生社团，还与其他社会组织开展合作，这是在游戏情感文化驱动下的社会交往与情感传播行为。此外，游戏文化情感传播还能建立新的社会关系。因为有共同的游戏爱好，"小 2 逍遥"和"JM"等浙江的仙剑爱好者也会不远千里前往武汉大学与当地的仙迷一起参加线下互动活动，建立了新的友谊。游戏原本的线上社会关系通过线下仪式进一步强化，形成现实世界的新社会关系。

为了办好这次晚会，"小 2 逍遥"和"JM"等组织者利用线上线下传播渠道开展广泛宣传（宣传海报见图 6 - 19），吸引更多的人来参加活动，扩大影响力。柯林斯指出，互动仪式的符号在各个层序上循环，随时间和空间的扩展形成长期的互动仪式链，促进社会结构的生产。"小 2 逍遥"他们不仅在线下举办仪式晚会，还通过网络直播将现场情况传播给更多未能亲临现场的玩家。在这个过程中，晚会仪式携带的情感与符号在更大时空范围上开展，循环形成不断扩展的互动仪式链，促进游戏文化社会的团结。

图 6－19　"剑归余杭"浙江大学仙剑晚会宣传海报

（图片由"小 2 逍遥"提供，2015 年 10 月 24 日）

校内宣传比如 98 论坛、现场摆摊的方式，线上利用微博微信，微博方面我们还请官方帮忙转发扩散。官网上一把消息挂出来，我们就开始宣传。微博一发，官博一转。现场摆摊和 98 论坛宣传的覆盖面主要是本校学生，本校中仙迷的比例不算太高。线上仙剑官博的转发（比较有效），因为关注官博的绝大多数是仙迷，这个上面仙迷比例足够高，但（毕竟）都是全国各地的，在杭州的只有一部分。当时我决定线下办活动，但线上也要有直播让更多的人看到。晚会现场主要面向本校学生，线上 YY 直播面向广大仙迷，这两部分我们都进行。利用两个渠道的优势，把影响扩大化，我们是这么想的也是这么做的。现场还让淏殿做了微博直播，他坐第三排正中间，演到什么环节了拍张照片直接发到微博上。YY 因为不能发视频，就负责有声直播，我之前有做过几场这种 YY 直播，没有视频怎么办，拍照上传电脑，截个图直接敲到 8206 频道上去。（小 2 逍遥）

在节目设计与演员选择上，他们充分调动了自己的人际关系网。晚会演职人员不仅有校内的同学，也有校外各地的表演者。这其中的大部分人此前并未见过面，是因为共同的游戏爱好而聚在一起合作，他们属于格兰诺维特所说的弱关系（weak ties）连带，能够创造社会结构之间的流动，促进社会资源流动与新社会关系的发展。他们所邀请的演员各有专长，有的善于器乐演奏（表演现场见图 6－20），有的善于 Cosplay 表演（见图6－21），有的善于主持互动。这些人力资源的整合是弱连带的力量。

图 6－20　浙江大学文琴民乐团在仙剑晚会上的器乐演奏

（图片由"小 2 逍遥"提供，2015 年 10 月 24 日）

图 6－21　浙江大学仙剑晚会玩家社群成员 Cosplay 剧表演

（图片由"小 2 逍遥"提供，2015 年 10 月 24 日）

节目选定后就是找人，乐器演奏方面是 EFSA 学妹找的人，歌曲演唱我从微博召唤了小伙伴，主持人则是小 2 请的好友 Lee 苍狼和风间龙，另外我们还请了学姐为诗词策划。两个 Cos 剧，一个是小 2 写的剧本，从群里征的人，一个是诗雨、雪梨①他们自己排的，算是意外之喜。晚会三个篇章八个节目，学姐还写了一阙《少年游》的词，分成三段，其中结合了每个篇章节目的名字。晚会展示的 PPT 是 Susie 星空夏熬夜做的，特别精彩，而且还按我的效果要求修改了很多遍，非常感谢 Susie……整场晚会，从筹备到正式演出，心一直是悬着的，微博宣传、现场宣传、节目彩排、舞台效果、展示效果，生怕出了什么差错，尽管很多时候都是瞎操心。群里的小伙伴都说我忙这忙那，其实真的没做多少工作，都是小伙伴们一直在帮我的忙，真的特别感谢他们。（JM）

此外，在设计节目时，他们还具有较强的知识产权意识，对一些歌曲类节目，他们在网上向作者要了授权以后才列为晚会节目。这在某种程度上与游戏属于版权产业有关，他们通过游戏娱乐消费潜移默化地形成理论性的版权意识。在采访中，他们强调玩游戏一定要买正版，这是对游戏创作者的尊重，也是促进产业健康发展的举手之劳。

官方主题曲在各路活动晚会中演唱得比较多了，JM 希望换个花样，表演一些同人曲，这两首曲子是他找来的，他去要的授权，他找词曲作者找原唱要的授权，我们来找演员演唱。也相当于为同人曲传播增添了一条渠道。（小 2 逍遥）

小 2 根据前面北师大、武大和华师的晚会，初步拟定了节目单子交给我。为了别具声色，我对节目进行了修改和调整。我想节目里不仅要有仙剑展现给我们的精彩与感动，还要有我们这一群粉丝对仙剑的热爱与支持。所以在节目单里，歌曲方面，除了《誓言成晖》这样的官方主题曲，我还大胆加入了《譬如朝露》这样的沧兰同人歌，也推荐了《尘梦忆仙》这样有纪念意义的二十周年献礼。歌曲演唱我从微博召唤了小伙伴，MV 的授权早在节目准备之初就

---

① "诗雨""雪梨"是国内知名 Cosplay 演员，属于校外嘉宾，因此 JM 觉得能请到她们来演出是意外之喜。

向芝爱_和苏若薛拿到了。（JM）

　　设计好节目以后最重要的工作就是排练。玩家自己举办线下晚会最大困难就是没法让来自全国各地的表演人员在一起排练。因此，早些年的晚会活动只在线上 YY 频道中举办。传统的晚会演出活动都需要经过一次次的现场彩排来达到最终效果。由于参与晚会表演的人员都分散在全国各地，在时间和经费成本有限的条件下，他们大多数时候只能通过互联网交流节目排练情况，很少有机会集体彩排。因此，"小 2 逍遥"等组织者只能根据地域的限制尽量让他们各自排练，自己在其中负责内容把关与协调工作。最终，通过有效的沟通与协调，这场没有经过正式彩排的晚会还是获得了预期的效果。

　　　　演员校内校外都有，乐器演奏是校内的人表演，第一个 Cosplay 剧是咱校内的人，因为那个剧要集体排练，我们不可能让外地的人过来排练，因为排练成形至少要一周时间，这个还是以本校的为主，乐器演奏也是。歌手的话，《誓言成晖》那个是本校的十佳歌手，《譬如朝露》是我们群的学姐，她是 JM 找来的。《尘梦忆仙》是 JM 从上海请的人和本校一个人一起合唱的……一般是校内的人排校内的节目，校外的人自己排练。本校的人和外面请来的人是不太可能出一个节目的，原因很简单，因为都不在一个城市，时间上也很难凑，因此没法一起排练。总体彩排也没有，因为我们请的主持人是前一天晚上才到杭州的，他助理也是。我们请的 7 位职业 Cosplay 嘉宾，其中 6 个人是前一天到的，他们来自全国各地的，23 号晚上到，24 号正式开演了，所以提前请他们来彩排也是不太现实的。24 号白天她们还在一个教室里排练呢，只是 24 号临开始前让她们去踩了个台，这确实是没有办法。主持人 23 号晚上到了后，我直接把他拉到李摩西楼后面去交流了一下流程，PPT 和音乐整个流程跑了一遍，24 号开始前也是 PPT 节目、音乐节目按流程简单跑一次，这也姑且算是彩排了。因为我们有一些嘉宾是外地的，如果全是本校的，想什么时候彩排都行。所以能给我们进行整体彩排的时间也就 24 小时不到。我客观评价晚会效果，不如武大，但比北师大要好。听很多人

描述，我们要比北师大那台晚会好。华东师大我全程在场，我感觉我比他们要好。我们仅次于武大，当时我在场。（小2逍遥）

　　尽管23、24那两天有点累，但是在现场看到那么多喜欢仙剑的朋友们，在听到他们对晚会嘉宾和节目的热烈掌声，在整个晚会基本按照设想顺利结束的时候，内心真的十分欣慰。（JM）

　　通过自己策划举办线下游戏主题晚会（现场全景见图6－22），"小2逍遥"和"JM"等人从中获得了情感满足，这种情感满足是具有文化归属的成员身份认同感。组织这次活动不仅给他们本人带来文化团结感，还拓展了个人的社交圈子。同时，策划仪式活动的成就感给他们带来了情感能量，使他们今后有信心开展类似的组织活动。

图6－22　"剑归余杭"浙江大学仙剑晚会演出现场全景

（图片由"小2逍遥"提供，2015年10月24日）

　　24号那天下午两点三十五，在杭州东站的北三出口见到了笑犬、云叔和小丹丹，① 他们亲切地和我握了手，当时就幸福懵了。原先还有点担心，不知道怎么和他们交流，怕路上气氛尴尬，没想到笑犬他们都挺健谈，从开始等车到去向宾馆的路上，我们时不时地聊一些日常的话题，气氛算是非常融洽，男神还跟我开了几个小

———————————

① 笑犬、云叔和小丹丹是游戏主创人员，特此说明。

玩笑，三个人都特别特别棒。……正如我后面和笑犬所说，5 月 16 日的武大晚会，让我对毕业季没了遗憾，10 月 24 日这一场浙大晚会，在我即将离开母校的这一场盛宴，圆了我大学四年的梦想。(JM)

晚会后我们把晚会的录像剪辑成视频发到网上@游戏官方和主创人员，给更多的人看，同时在结束字幕中感谢了所有为这次晚会付出过努力的朋友。以后像这样的官方提供支持，我们自己来运作的活动，像办晚会、办游戏制作人访谈等我们都可以这么做。促进官方和玩家的一个交流。(小 2 逍遥)

综上所述，由于线下大型互动仪式有游戏官方的介入而更显得正式。参加这类活动的机会也更显得珍贵。因此，通过参加线下大型互动仪式，游戏玩家容易形成高度的文化认同与群体归属感，这是其他类型的互动仪式难以达到的效果。仪式需要经常举办来维持情感凝聚力，因此游戏官方为了维系与玩家粉丝之间的情感联系，策划组织大型线下活动的商业行为背后也蕴含着情感仪式的逻辑。此外，玩家在这类活动中的交友选择也更广泛。因为这些活动机会难得，全国各地的大部分玩家都会前来参加，许多远隔万里原本只能在线上交流的玩家借此契机可以在线下见面，他们会倍加珍惜这样的机会。因此，这些活动中结交的朋友关系会显得弥足珍贵，这些友谊关系的情感载荷非常强，有利于长久地维持情感联系。总之，以游戏为主题的线下大型互动仪式是游戏玩家参与的仪式化程度最高的游戏文化活动。

第五节 游戏玩家社群情感团结的仪式机制：
情感能量与符号资本的匹配

互动仪式不仅在短期情境中开展，还可以在中长期情境中积累与拓展。从以上关于游戏玩家组织开展各种互动仪式可以看出，游戏玩家互动不仅可以在游戏情境内进行，也可以在游戏外进行深度拓展。这就是说，那些具有相同游戏爱好的个体通过游戏内成功的互动仪式（IRs）形成了更多寻求同类团结的社会互动取向，并被激发去创造与延伸游戏关系中的互动仪式（IRs）。这一更大范围的互动仪式（IRs）的拓展是通过个体情感能量与以身份符号为代表的符号资本的再投资实现的。

　　笔者通过对仙剑游戏玩家社群研究发现，互动仪式是游戏社群形成情感团结与文化认同的基本动力结构。游戏社群以统一的价值取向与文化认同，通过有组织的管理将分散在天南地北的玩家聚拢起来，并通过各种社群互动仪式活动增进玩家间的交流与情感，促进社群情感团结与凝聚。玩家在社群活动中积累了游戏相关的符号资本与情感能量，这些情感能量与符号资本的流动不仅有利于个人多重资本与情感的积累，也有益于维护社群的文化认同与情感团结。具体对游戏社群组织而言，游戏社群的互动仪式活动能够产生集体团结与社群归属的向心力，并将这种集体情感进行符号化表征，形成社群凝聚力的情感符号资本。当社群被符号所象征，玩家对符号的认知也能够唤醒他们内心的情感能量。对游戏玩家个人而言，社群中的成员不仅能够通过社群活动感受到自己与社群集体的情感联系，产生"我们"的情感团结，而且能够以互动仪式产生的情感与符号为资源，进行后续的社会互动，拓展更为广阔的社会关系。因此，互动仪式中的情感与符号循环模式（图6－23），即"互动仪式—情感/情感能量—符号/符号资本—互动仪式"，是游戏社群情感团结与文化认同的基本动力结构。

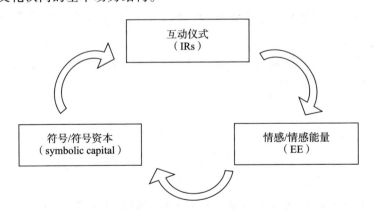

图6－23　游戏社群互动仪式的动态循环结构

一　身份符号：游戏玩家社群归属的符号资本

　　物以类聚，人以群分。各个文化族群往往是由身份符号相似的个体所组成的，个体在互动仪式市场中也通常会寻找那些与自己的身份符号属性相匹配的人进行交往。身份符号作为进入互动仪式市场的必要条件与特殊符号资本，不仅使玩家成员的身份获得社群同侪的认可，而且使玩家获得了渴望的身份符号认同，积累了自己的身份符号资本，有利于在游戏社群交往中进行人际关系再投资，实现自我拓展，促进玩家的社会化发展。此外，因为身份符号蕴含着特定文化的情感张力，因此当玩家在进行身份认同的时候，实际上也在寻求自身文化与社会的认同。

（一）参与组织仪式活动的必要条件

开展互动仪式要求设置局外人的进入界限，其中成员身份符号就是准入互动社群的钥匙。游戏玩家寻找社群组织的第一步就是玩家身份识别，只要是仙剑游戏玩家，就可以顺利通过认证进入仙剑后援会社群开展互动交友。游戏社群对玩家成员身份符号的认证兼具包容性与严格性。只要不违反组织的规章制度，游戏社群都愿意接纳具有相似身份符号的成员。游戏社群的身份符号准入门槛使得社群文化身份更纯粹，有利于激发共同的文化情感。

一方面，包括仙剑玩家组织在内的大多数游戏玩家组织都明令严禁成员在群内发无关广告、不雅内容等，对违反组织规章制度或触及组织文化底线的成员，游戏组织会将其踢出组织。

> 微博内容：冯＊＊，原上海仙剑后援会成员，也是制作会服的唯一联系人，会服的 3000 元定金转入他本人账户。由于订购数量少，（我们决定）取消制作并与冯确定退款，结果冯却利用各种理由推托。现已完全失去联系！为了不让他人再次受骗，现恳请社会各界扩散，有任何线索欢迎私信！感谢！（上海仙剑后援会）
>
> 微博评论：3000 块钱虽不多，伤害的感情可不小，希望能早日把这人找出来，大家帮扩吧。（@管＊＊）

以上是 2014 年上海仙剑后援会中发生的一起成员触碰组织底线的事件。由于"冯＊＊"的行为触及了组织的道德底线，给组织成员造成损失，上海仙剑后援会将其从组织名单中剔除。正如网友"管＊＊"的评论，损失的钱财虽不多，但伤害了组织成员的感情，"冯＊＊"的行为触及了组织的情感底线，因此管理层将其踢出组织。

另一方面,游戏玩家组织具有身份上的包容性。游戏玩家组织是促进玩家之间交流的平台,因此大多数游戏玩家组织都对成员具有包容性。只要不违反组织规章制度,组织都允许具有相同游戏爱好的玩家进行各种互动。只要喜欢仙剑文化的人就可以加入仙剑后援会。许多仙剑后援会成员不仅是仙剑游戏的忠实玩家,也是其他游戏的爱好者,对此仙剑后援会不反对在群内开展谈论其他游戏的话题,只要成员之间和谐相处就行,这体现了仙剑玩家组织的包容性。

> 逸剑轩北京后援会,由热爱国产仙侠游戏的粉丝组成,欢迎广大仙迷的加入。后援会 QQ 群:一群 103＊＊＊382(满) 二群 159＊＊＊744(满) 三群114＊＊＊090 后援会 YY:469＊＊＊55。(北京仙剑后援会介绍语)

从以上仙剑玩家组织介绍中可以看出,仙剑玩家组织不排斥其他游戏玩家的加入,只要对仙剑文化游戏感兴趣的人都可以一起互动交流,具有广泛的成员包容性。

(二) 实现玩家文化身份认同的特色符号资源

成员身份符号是实现玩家身份认同与个体符号资本积累的特色符号资源。

一方面,游戏玩家组织的互动仪式活动以游戏文化作为中心符号,强调游戏文化的神圣性,有利于形成情感团结,促进玩家在文化上的身份认同。仙剑后援会组织以仙剑文化为核心开展多层面的线上线下互动仪式,促进了玩家对游戏文化的情感认同,形成一种与认知相关的成员身份感,有利于仙剑游戏玩家的身份认同与群体团结。

另一方面,身份符号作为代表群体的符号使成员感到自己与集体相关。因此,成员身份符号是通过各种与集体相关的文化符号的不断积累而具有越来越强的身份意义。因此,身份符号是游戏玩家渴望积累的重要特色符号资本。每一次仙剑互动仪式活动的经历都是仙剑玩家符号资本的积累,有利于促进与强化仙剑玩家的身份认同。

(三) 促进玩家符号资本的再投资与社会关系拓展

积累的身份符号资本能够在互动仪式市场中再投资,在各个层面拓展个体的社会关系，不断延伸个体的互动仪式链。

一方面，那些具有丰富身份符号资本储备的成员通常利用身份符号进行再投资，从互动仪式市场中获得更多的资源、权力与地位。像"小2逍遥"等人利用每次参加仙剑互动仪式的经历积累的文化资本与社会资本承办了游戏官方的高校行晚会，不仅锻炼了个人能力，而且还提升了自己在组织中的地位与权力。他们以身份符号为桥梁在社群中结交更多的玩家好友，积累人际关系，逐渐成为游戏社群中的网红明星成员，吸引更多人的关注。

另一方面，这些社交明星成员不仅善于利用身份符号进行游戏世界的关系投资，他们往往能够将线上关系延伸到游戏外的生活世界，以游戏身份为媒介建立更广泛的社会人际关系。这种利用身份符号的再投资在一定程度上促进了虚拟游戏世界与现实生活世界的联系互通，巩固与拓展了玩家的社会关系网络。仙剑后援会组织中的玩家通过共同的身份符号开展日常交流活动，将线上游戏内的关系延伸到游戏外的生活世界，是利用身份符号进行社会关系再投资的典型行为。这种社会关系投资促进了二次元世界与三次元世界的联系互通，拓展了个人的交际网络，有利于提高玩家的线上世界与线下社会的生存能力。

总之，身份符号作为进入互动仪式市场的必要条件与特殊符号资本，不仅使玩家成员获得身份认同感，还积累了自身的符号资本，有利于在互动仪式市场中进行再投资，延伸互动仪式链，拓展社会关系，促进玩家社会化发展。

二　情感能量：推动游戏玩家情感团结与文化认同的内在动力

互动仪式成功运行的结果就是产生团结感。其中，情感能量是推动互动仪式情感团结与文化认同的内在动力，是个体在互动中寻求的重要回报。高度的情感能量是一种对社会互动充满自信与热情的感受。它是个人所拥有的大量涂尔干所言的对于群体的仪式团结。[①] 一个人能够获得的情感能量的多少是决定其是否愿意进一步参与互动仪式交往的关键

---

① 参见乔纳森·特纳、简·斯戴兹《情感社会学》，孙俊才、文军译，上海人民出版社，2007，第 161 页。

资源。因此，情感能量也是个体在互动交往中做出决策的重要标准。情感能量最大化是个体做出社会选择的共同标准。

（一）情感能量是玩家形成社群情感团结与文化认同的内在动力

情感能量是推动互动仪式进行的内在驱动力。玩家进入社群参与互动是为了寻求作为社群一员的情感能量的满足。同时，情感能量具有社会认知取向，能够产生社群定向的文化情感认同。当参与者从参与互动的群体活动中得到充分的情感能量后，他会成为该群体的热情支持者，促进社群的情感团结。因此，游戏社群的情感团结与文化认同是玩家情感能量推动的结果。以仙剑后援会为代表的玩家社群通过各种线上线下的互动仪式激发成员内心的情感能量，并利用情感能量维持社群的活力与凝聚力。

（二）情感能量是玩家进行社会关系投资的重要资源

情感能量是互动仪式市场流通的重要资本，与符号资本一样是成员决定其是否愿意进行互动仪式的关键资源。游戏玩家利用社群互动中获得的情感能量储备投资现实社会人际关系是典型的社会关系再投资行为。仙剑后援会玩家在情感能量的驱动下发展出以游戏为媒介的多重社会关系。在社会关系拓展中，那些拥有较高情感能量储备的玩家往往具有较高积极性，是社群中的社交明星。他们往往能够在社群中建立更多的社会关系，从而获得更多情感能量回报。他们在建立与拓展自身社会关系的同时，也促进了社群人际关系的进一步互动，推动了游戏社群的人际关系往来与凝聚。

（三）情感能量最大化标准促进社会结构多样化与个体社会化成长

情感能量收益最大化是人们社会选择的共同标准。玩家投入各种物质与情感成本进行社群互动仪式活动最终都是为了获得情感能量收益最大化。迈克尔·哈蒙德认为，人在社会进化过程中形成了追求积极情感最大化的社会取向。多样化的社会生活结构能够满足人们多样性的情感联系，使个体能够获得多种积极情感的选择。① 游戏等二次元世界丰富

---

① 参见乔纳森·特纳、简·斯戴兹《情感社会学》，孙俊才、文军译，上海人民出版社，2007，第 226~232 页。

了玩家生活世界体验，使玩家的生活圈子更加多样化，增加玩家社会情感联系的多样性。此外，长期处于单一情境中会减弱人的情感唤醒体验。时常变换互动的情境可以避免情境习惯化对积极情感体验的束缚。玩家通过在游戏世界与现实世界之间的穿梭，不断切换着社会互动的情境，可以在一定程度上避免日常生活习惯化对玩家积极情感体验的束缚。虚拟的游戏世界之所以对玩家有吸引力，是因为游戏世界在一定程度上打破了现实世界的习惯，创造了还没有被习惯化的新奇的情境。因此，以互动仪式为主要机制的各种游戏文化社群活动不仅有利于促进社会结构多元化与社会文化的多样性，而且能够与玩家习惯了的生活世界形成互补，有利于玩家在不同情境世界的穿梭中塑造自我，促进个体社会化成长。

三　情感与符号的匹配促进游戏社群动态团结

笔者通过对游戏社群的仪式活动研究发现，游戏社群中的情感能量与符号资本流动不仅有利于个人情感与资本的积累，也有益于维护组织社群的动态团结。同时，游戏社群中情感能量与符号资本储备的权力分层并不是出于领导或统治的需要，而是具有了一种管理与秩序的性质。这样的机制不仅是对社群成员身份与资本的维护，更是对社群文化的认同。此外，游戏玩家的线下仪式活动是对线上社群团结仪式的有益补充与拓展。线上线下的多情境仪式活动有利于符号互动的多通道感知，丰富仪式情感与符号资本的生产与积累。因此，具有互联网优势的游戏社群通常会在线上仪式互动之外拓展线下仪式，以多通道的符号互动促进组织社群的情感联系与集体团结。

第七章　作为新型仪式化生活与情感
传播的网络游戏

　　互动仪式是洞察微观社会的基点，互动仪式链是社会结构的基础。互动仪式链理论强调微观互动对宏观社会建构的重要作用，为我们观察人们通过互动仪式与情感传播建构群体团结提供了崭新的理论视角。一方面，仪式是动态的符号，符号是静态的仪式。仪式作为人类情感互动与社会整合的机制，是如何激发社会取向的情感，并成为形成和保持对社会结构与文化承诺的重要力量的？另一方面，游戏作为人类文明的原初形态，是人类文化各领域的基本结构。"游戏的人"在互联网时代如何通过符号互动与情感传播建构新型的社会关系与意义生活？本书以互动仪式链理论为视角，对网络游戏社群的社群交往与情感团结议题进行系统研究，以期发现游戏玩家通过仪式化展演与情感传播建构的意义世界。

　　笔者通过眼动实验研究发现，在微观心理与生理机制上，网络游戏互动能够激发游戏玩家的社会情感认知。这一社会情感会沿着玩家与玩家的游戏内互动延伸到现实生活中的人际关系与文化情感认知中。笔者通过民族志研究发现，网络游戏社群的社会互动与情感传播的核心机制是互动仪式，互动仪式的情感与符号循环匹配机制是游戏社群情感生成与传播的基本动力结构。一方面，玩家通过游戏互动传播文化符号，分享情感体验，建构了志同道合的游戏玩家社群。另一方面，玩家通过组织互动仪式活动增进了社群成员的情感团结与文化认同，建构了新型的仪式化生活。因此，我们不应停留在网络游戏只是"小孩子玩的"刻板印象中，而应从文化与社会的视角将其视为人们在万物互联的时代进行仪式化生活与情感交往的意义生活方式。本章将从游戏情感传播在人类文明进步与发展中的历时维度，与游戏社群社群交往与情感团结的共时维度，共同审视游戏文化传播对社会整合与发展的重要意义。

第一节　充满情感传播的游戏是推动文明进步
与社会整合的重要力量之一

　　情感是推动人类文明进化与社会整合的重要力量。自然选择的进化机制通过对人类的大脑进行配置，使其能够产生大量的情感，进而这些情感又被用于社会关系的培育。情感成为人类超越猿这种社会水平较低动物的途径。[①] 在具体的社会进化过程中，人类的选择压力催生了促进社会结构整合的情感联系，使人类成为具有深度社会性的物种。因此，人类的情感是创建和保持社会关系以及对较大规模的社会文化结构形式承诺的关键力量之一。

　　游戏作为一种审美冲动具有一定的情感实践功能。在微观层面，审美是人类理解世界的一种特殊形式，指人与世界形成一种无功利的、形象的和情感的关系状态。人类的审美游戏实践弥合了人性分裂，使人成为完整意义上的人。在宏观层面，游戏作为一种意义隽永的存在，是人类最原始的生存方式。游戏是通向精神自由与推动文明进步的桥梁。赫伊津哈指出，游戏是人类文化诸领域的共同要素，是一种活跃在人类文化所有领域中的基本结构。[②] 游戏与文明的同一性关系进一步肯定了游戏对于文明诞生、进步与发展的重要作用。游戏是人类文明的摇篮。"初始阶段的文明是游戏的文明。文明不像婴儿出自母体，它在文明之中诞生，它就是游戏，且决不会离开游戏。"[③] 因此，我们脱离游戏去谈文明发展，是无本之木、空中楼阁。因为游戏是文明存在与发展的必要条件，是文明的本质要素。在游戏成分缺失的情况下，真正的文明是不可能存在的。[④] 文明是在游戏中并作为游戏而产生和发展起来的。游戏作为推

---

① 参见乔纳森·特纳、简·斯戴兹《情感社会学》，孙俊才、文军译，上海人民出版社，2007，第218页。

② See Robert Anchor, "Johan Huizinga and His Critics, History and Theory," 17 (1), 1978, pp. 77 - 78.

③ 引自约翰·赫伊津哈《游戏的人：文化中游戏成分的研究》，何道宽译，花城出版社，2007，第5页。

④ 参见约翰·赫伊津哈《游戏的人：文化中游戏成分的研究》，何道宽译，花城出版社，2007，第4页。

进文明进化的酵母，在整个人类社会发展过程中都具有极其重要的作用。因此，人是游戏者，游戏的审美与情感实践是推动文明进步与社会整合的重要力量之一。

在现代社会，虽然游戏的具体形态发生了巨大变化，从原始游戏发展成网络游戏，但游戏文化对社会发展的积极作用并没有削弱。在当代社会，随着游戏化成为互联网时代的重要趋势，游戏成分成为隐藏到社会生活与文化现象背后的精神力量。我们发现，越是发达的国家，其国民的游戏精神越是活跃，而缺乏游戏精神的文明其文化活力相对较弱。游戏与游戏精神基本上是文明、文化生命力的代名词，游戏精神就是文明发展的原动力与维持力量。① 我们可以从世界游戏产业在国家及地区排行中看出，游戏产业越发达的国家，往往也是经济社会与文明程度越发达的地区。在新冠肺炎疫情突袭而至前，中国、美国、日本是全球游戏市场收入最高的三个国家（见图7-1）。② 新冠肺炎疫情突袭而至之后，亚太、北美、欧洲地区仍是全球游戏产业最发达的地区。其中，欧洲和北美市场收入占全球游戏市场总收入的比例超过了40%，亚太地区的游戏玩家规模占全球总玩家规模的55%。③ 我们发现，这些国家和地区不仅

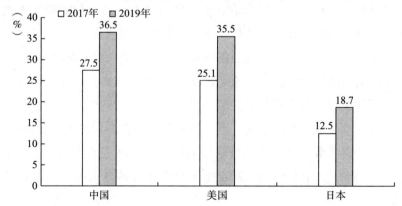

图7-1　2017年和2019年全球前三大游戏市场收入情况占比

① 参见刘铭《赫伊津哈文明史观研究》，博士学位论文，复旦大学，2012，第92~93页。
② 《2020年全球游戏行业市场现状及竞争格局分析 中国为全球最大市场》，前瞻经济学人，https://baijiahao.baidu.com/s?id=1669537167779224515&wfr=spider&for=pc，最后访问日期：2020年11月30日。
③ 《Newzoo：2023年全球游戏市场收入将首次突破2000亿美元》，https://www.163.com/dy/article/GE5ST9GB05268BP2.html，最后访问日期：2020年11月30日。

是当今世界经济活力最发达的主要地区，也是文化软实力最雄厚的主要地区。

游戏精神与游戏情感文化实践改变了人类社会的生产方式与生活方式，是人们在互联网时代数字化生存的预演。游戏是通往未来的线索，它提升了人的幸福感，构建了更美好的社会关系，创造了更强大的社群团结，推动了经济发展……游戏潜移默化地重塑着人类潜在的未来。[①]

第二节　"共在"思想下的网络空间"在场"互动仪式

网络空间的互动是以"身体不在场"为特征的符号互动，这与传统面对面的互动仪式较为不同。那么，网络空间开展的互动仪式是否仍旧需要满足"身体共在"条件？这几乎成为研究网络互动仪式不可回避的话题。大多数研究者都从网络互动具有及时反馈的角度对此做了解答。笔者认为，前人的研究只是通过经验层面的推导，让网络互动的情形无限趋近面对面的互动，并没有在逻辑层面进行充分论证。而经验与逻辑是存在偏差的。笔者通过逻辑与经验的综合研究发现，互动仪式之所以强调"身体共在"，是为了使参与者能够实现相互影响。因此，只要能够实现相互影响，就不必纠结于是否必须亲身到场这一条件。一方面，在当今的万物互联时代，人与人之间不必亲身在场就能实现及时互动。因此，只要互动仪式成员处于同一个互动仪式活动中，相互关注与积极互动，就能够较好地实现相互影响。因此，我们不能机械地将这一条件理解为必须"亲身到场"。另一方面，我们也不能简单机械的认为"身体共在"这一条件在互联网条件下可有可无。哲学存在论认为，"此在"的我们与他人是一种"共在"的关系，这是人存在于世界之中的基本建构。因此，无论我们是否亲身到场，我们都共同在此。因此，当我们在"共在"这一哲学存在论思想下理解"身体共在"这一条件，就不会落入非此即彼的在者之思。以存在之思看待"共在"生成中的互动仪式链，这将有助于我们跳出微观社会学的局限，以更全面的视野来看待互

---

① 参见简·麦戈尼格尔《游戏改变世界——游戏化如何让现实变得更美好》，闾佳译，浙江人民出版社，2012。

动仪式链理论及其实践活动。

第三节　互动仪式是促进游戏社群文化认同
与情感团结的动力机制

网络游戏的多维互动娱乐方式符合互动仪式运行机制。首先，网络游戏互动是游戏爱好者基于共同爱好与机缘在网络空间云端共聚的互动仪式活动。其次，网络游戏的亚文化属性使其有排斥局外人的符号资本与身份认同机制。再次，共享情感的关注焦点与有节奏的情感连带是网络游戏互动娱乐过程的核心仪式机制。游戏爱好者通过成功的网络游戏互动产生了集体团结与社群归属的情感，获得了情感能量的满足与道德情操体验。同时，游戏互动的情感实践产生的代表集体的文化符号又增进了个体与社群的情感关系。网络游戏互动的情感与符号结果又作为新的游戏仪式的刺激与资源，推动玩家游戏互动仪式情感传播的长期链式循环。

社群化是当今互联网社会关系的主要组织形式。当今的网络社群已经从最初的"聊天社区"发展成基于文化情感与价值认同的"新型社群"。本书在之前研究基础上将网络社群的发展阶段进行了新的梳理与对比，并系统分析了互联网社群传播的一般互动仪式机制。有研究指出，随着互联网通信技术的发展与网络亚文化的细分，经过十几年的发展，网络社群已经从最初以聊天、资讯为功能的1.0时代发展成基于共同情感、兴趣与价值取向的3.0时代。在当今的互联网社群中，具有共同兴趣爱好与文化符号资本的人们通过网络空间的云端共聚，通过有节奏的情感连带相互关注与符号互动，构建社群的一般互动仪式。新型的网络社群不仅具有内容与资源等经济价值，而且具有情感价值。社群成员由于在情感层面拥有共同的价值观而具有更高的信任度。

在所有网络社群类型中，游戏类社群的粉丝与用户访问量最多，是互联网亚文化社群中的典型代表。笔者通过对游戏玩家社群研究发现，游戏玩家社群是以游戏文化为中心符号，以共享情感为纽带的文化情感共同体。互动仪式市场中情感能量与符号资本的匹配与循环模式是游戏社群文化认同与情感团结的动力结构。对游戏社群组织而言，互动仪式能够产生集体团结与文化认同，并将这种情感进行符号化表征，形成社群凝聚力的情感符号资本。对游戏玩家个人而言，社群中的成员能够以互动仪式社群产生的情感与符号为资源，进行后续的社会互动，拓展游戏社会关系。因此，互动仪式中的情感与符号循环模式，即"仪式互动－情感能量－符号资本－仪式互动"，是游戏社群文化认同与情感团结的基本动力结构。其中，情感能量与符号资本是游戏社群组织进行互动仪式的核心资源。

笔者通过对网络游戏及其社群的互动仪式活动研究发现，游戏社群中的情感能量与符号资本的流动不仅有利于个人情感与资本的积累，也有益于维护组织社群的动态团结。一方面，游戏社群成员的情感能量与符号资本储备显示了其在社群中的文化实力与地位。那些情感能量高、符号资本储备多的成员往往成为社群中的明星人物。文化资本储备高的成员在一定程度上可以实现文化资本与金融资本的转化与变现，实现社群互动的增值。这集中体现在直播平台的礼物打赏等社群互动仪式活动中。另一方面，拥有并认可游戏社群情感能量与符号资本的成员，会形成维护群体团结与荣誉的道德感，他们会自发地与破坏群体团结的行为进行斗争。而追求情感能量最大化的标准，也成为互动仪式市场形成统一价值取向的内在动力逻辑，使得游戏社群的互动仪式具有内在秩序。此外，游戏玩家的线下仪式活动是对线上社群团结仪式的有益补充与拓展。线上线下的多情境仪式活动有利于符号互动的多通道感知，丰富仪式情感与符号资本的生产与积累。因此，游戏社群通常会在线上仪式互动之外拓展线下仪式，以多通道的符号互动促进组织社群的情感联系与集体团结。

第四节　网络游戏是我们观察人们精神交往与意义建构的重要窗口

游戏从纯粹的精神文化符号上看是一种仪式性活动。仪式激发情感，呼唤意义。当全社会维系于同一仪式、同一情感时，仪式显得尤其威严，情感变得特别活跃。于是，集体的仪式和集体的情感，其作用便得到确定，或称为维系诸野蛮部落的力量之一。它们成为精神生活的第一缕曙光，表明精神生活已得到升华，精神不复只专注于满足身体需要的任务。① 人类成了仪式方面的艺术家。游戏是文化本质的、固有的、不可或缺的、绝非偶然的成分。人类文明在游戏中诞生，并且以游戏的面目出现。因此，游戏形态的进化史就是人类文明演化的缩影。游戏的互动仪式活动就是人类文明进行社会意义建构的重要表征。

　　通过考察网络游戏这一作为游戏文化在当代的典型样态，我们发现网络游戏爱好者平均年龄接近 30 岁，且男女分布较为平衡。他们日常除了玩游戏，还喜爱旅游、度假、看电影等娱乐休闲活动。因此，我们应当抛弃网络游戏只是"小孩子玩的"这类观念，而应该将其视为人们在互联网时代进行数字化生活的方式之一，并将其看作我们观察人类在互联网时代精神交往与意义建构的重要窗口。那些多人在线游戏是人们进行数字化生存的预演与模拟；虚实交织的 VR、AR 游戏是人类探索虚拟世界与现实生活融合的大胆尝试与创新；努力摆脱设备终端的云游戏是人类徜徉云端世界的探索与演练。它们通过前沿科技的文化创新与游戏玩家多维度的互动仪式，构建新型的仪式化生活，创造多元美好的有意义生活。

　　游戏在引导我们乐观向上地投入自己擅长并享受的事情的同时，重塑我们更美好的未来。

---

① 　参见 A. N. 怀特海《宗教的形成：符号的意义及效果》，周邦宪译，贵州人民出版社，2007，第 5 页。

参考文献

一 中文参考文献

A. N. 怀特海：《宗教的形成：符号的意义及效果》，周邦宪译，贵州人民出版社，2007。

Jesper Juul：《游戏、玩家、世界：对游戏本质的探讨》，关萍萍译，《文化艺术研究》2009 年第 1 期。

Markus Friedl：《在线游戏互动性理论》，陈宗斌译，清华大学出版社，2006。

R. E. 帕克等：《城市社会学》，宋峻岭等译，华夏出版社，1987。

爱德华·威尔逊：《知识大融通：21 世纪的科学与人文》，梁锦鋆译，中信出版社，2016。

安东尼·吉登斯：《社会的构成结构化理论大纲》，李康等译，生活·读书·新知三联书店，1998。

本尼迪克特·安德森：《想象的共同体：民族主义的起源与散布》（增订版），上海人民出版社，2011。

彼得斯：《交流的无奈——传播思想史》，何道宽译，华夏出版社，2003。

卜玉梅：《虚拟民族志：田野、方法与伦理》，《社会学研究》2012 年第 6 期。

才源源、崔丽娟、李昕：《青少年网络游戏行为的心理需求研究》，《心理科学》2007 年第 1 期。

蔡骐：《风格化表演与仪式化互动：重新审视网络直播》，《学术界》2019 年第 3 期。

车文博：《人本主义心理学》，浙江教育出版社，2003。

陈柏峰：《熟人社会：村庄秩序机制的理想型探究》，《社会》2011 年第 1 期。

陈共德：《互联网精神交往形态分析》，博士学位论文，中国社会科学院研究生院，2002。

陈佳靖：《网路空间·人际关系·线上线下·生活世界》，《资讯社会研究》2003 年第 4 期。

陈静静：《互联网与少数民族多维文化认同的建构——以云南少数民族网络媒介为例》，《国际新闻界》2010 年第 2 期。

陈坤虎、雷庚玲、吴英璋：《不同阶段青少年之自我认同内容及危机探索之发展差异》，《中华心理学刊》2005 年第 3 期。

陈力丹、郭闻捷：《网络"偷菜"游戏的流行说明了什么》，《社会科学战线》2011 年第 7 期。

陈向明：《质的研究方法与社会科学研究》，教育科学出版社，2000。

陈阳：《网络游戏中的空间交互与玩家社交体验研究》，硕士学位论文，哈尔滨工业大学，2012。

陈怡安：《线上游戏的魅力》，《资讯社会研究》2002 年第 3 期。

陈彧：《共享仪式与互赠游戏——以百度贴吧为例的虚拟粉丝社群研究》，《当代传播》2013 年第 6 期。

成伯清：《社会建设的情感维度——从社群主义的观点看》，《南京社会科学》2011 年第 1 期。

次仁群宗：《新媒介环境下的民族认同及其群体传播研究：以玉树地震后的南京大学藏族学生为例》，《青年研究》2010 年第 6 期。

戴维·波普诺：《社会学》（第十版），李强等译，中国人民大学出版社，1999。

邓昕：《互动仪式链视角下的弹幕视频解析——以 Bilibili 网为例》，《新闻界》2015 年第 13 期。

邓志强：《"仪式"的多维学科诠释》，《青年学报》2019 年第 2 期。

董虫草：《艺术与游戏》，人民出版社，2004。

董辉：《游戏、身份认同与社会团结——基于英雄联盟玩家的研究》，硕士学位论文，沈阳师范大学，2018。

恩斯特·卡西尔：《人论》，甘阳译，上海译文出版社，1985。

方文：《群体符号边界如何形成？——以北京基督新教群体为例》，《社会学研究》2005 年第 1 期。

斐迪南·滕尼斯：《共同体与社会》，林荣远译，商务印书馆，1999。

费尔迪南·德·索绪尔：《普通语言学教程》英译本，W. 巴斯金译，纽约，1959。

弗朗西斯科·德利奇：《记忆与遗忘的社会建构》，《国外社会科学》2007 年第 4 期。

尕藏草：《互联网场域的族际交往》，《青年研究》2014 年第 3 期。

高丽华：《基于社会化媒体平台的互动仪式传播》，《中国出版》2014 年第 7 期。

谷学强：《互动仪式链视角下网络表情包的情感动员——以"帝吧出征 FB"为例》，《新闻与传播评论》2018 年第 5 期。

关萍萍：《电子游戏的多重互动性研究》，《北京邮电大学学报》（社会科学版）2011 年第 5 期。

关萍萍：《互动媒介论——网络游戏多重互动与叙事模式》，浙江大学出版社，2012。

郭鸿：《认知符号学与认知语言学》，《符号与传媒》2011 年第 1 期。

郭景萍：《集体行动的情感逻辑》，《河北学刊》2006 年第 2 期。

郭庆光：《传播学教程》（第二版），中国人民大学出版社，2011。

哈贝马斯：《交往与社会进化》，张博树译，重庆出版社，1989。

韩璐：《基于互动仪式链理论的移动社交媒体互动传播研究——以新浪微博、腾讯微信为例》，硕士学位论文，兰州大学，2014。

汉斯－格奥尔格·伽达默尔：《真理与方法》，洪汉鼎译，商务印书馆，2013。

黄华新，徐慈华：《符号学视野中的网络互动》，《自然辩证法研究》2003 年第 1 期。

黄少华、陈文江：《重塑自我的游戏：网络空间的人际交往》，兰州大学出版社，2002。

黄少华：《论网络空间的人际交往》，《社会科学研究》2002 年第 4 期。

黄少华：《青少年网络游戏行为研究》，《淮阴师范学院学报》（哲学社会科学版）2008 年第 1 期。

黄少华：《网络空间的族群化》，《兰州大学学报》（社会科学版）2013 年第 1 期。

黄少华：《网络空间的族群认同——以中穆 BBS 虚拟社区的族群认同实践为例》，博士学位论文，兰州大学，2008。

黄少华：《网络空间中的族群认同：一个分析架构》，《淮阴师范学院学报》（哲学社会科学版）2011 年第 2 期。

黄少华：《网络游戏意识对网络游戏行为的影响》，《新闻与传播研究》2009 年第 1 期。

黄莹、王茂林：《符号资本与情感能量：互动仪式链视角下网络直播互动分析》，《传媒》2017 年第 4 期。

霍然、吴翠丽：《微博话题事件的情感演化机制分析——基于互动仪式理论的视域》，《天府新论》2017 年第 4 期。

简·麦戈尼格尔：《游戏改变世界——游戏化如何让现实变得更美好》，闾佳译，浙江人民出版社，2012。

蒋晓丽、何飞：《互动仪式理论视域下网络话题事件的情感传播研究》，《湘潭大学学报》（哲学社会科学版）2016 年第 2 期。

康德：《判断力批判》，邓晓芒译，杨祖陶校，人民出版社，2002。

兰德尔·柯林斯：《互动仪式链》，林聚任、王丽君译，商务印书馆，2009。

李赫、吴牡丹：《互动仪式链视角下的微信人际传播分析》，《今传媒》2016 年第 11 期。

李君如、杨棠安：《线上游戏玩家表现与其人格特质之研究》，《高雄师大学报》2005 年总第 19 期。

李思屈：《传媒运作与日常生活的三重结构》，《西南民族大学学报》（人文社科版），2005 年第 3 期。

李思屈：《大数据条件下的符号学应用》，《南京邮电大学学报》（社会科学版）2021 年第 4 期。

李思屈、关萍萍：《论数字娱乐产业的审美经济特征》，《杭州师范大学学报》（社会科学版）2007 年第 5 期。

李思屈：《技术与梦想：文化产业发展的新趋势》，《河南社会科学》2015 年第 8 期。

李思屈：《精神符号学导论》，《中外文化与文论》2015 年第 3 期。

李思屈、李涛：《文化产业概论》（第二版），浙江大学出版社，2010。

李思屈、刘研：《论传播符号学的学理逻辑与精神逻辑》，《新闻与传播研究》2013 年第 8 期。

李思屈：《数字娱乐产业》，四川大学出版社，2006。

李婷：《眼动交互界面设计与实例开发》，硕士学位论文，浙江大学，2012。

李霞：《微博仪式互动的社会心理学研究——以新浪微博为例》，博士学位论文，南开大学，2013。

李音：《"礼物"的另类解读——社会网视域下的直播"送礼"研究》，《北京社会科学》2019年第9期。

理查德·罗蒂：《偶然、反讽与团结》，徐文瑞译，商务印书馆，2003。

林宛萤、张昕之：《"隐形少年"现形记：香港御宅族网际网路使用与社会资本建构初探》，《新闻学研究》2012年7月。

林秀芳、蔡佩蓉、李雅雯：《云嘉南地区高职学生休闲时间使用网络游戏与社会适应能力关系之研究》，台北教育大学体育学术研讨会，2008。

林雅容：《自我认同形塑之初探：青少年、角色扮演与线上游戏》，《资讯社会研究》2009年1月。

林宇玲：《网路与公共领域：从审议模式转向多元公众模式》，《新闻学研究》2014年第118期。

刘德寰、肖轶：《青少年非网络游戏玩家的族群特征》，《杭州师范大学学报》（社会科学版）2014年第5期。

刘建明：《传播的仪式观：仪式是传播的本体而非类比》，《湖北大学学报》（哲学社会科学版）2018年第2期。

刘铭：《赫伊津哈文明史观研究》，博士学位论文，复旦大学，2012。

刘研：《电子游戏的情感传播研究》，博士学位论文，浙江大学，2014。

刘洋：《虚拟空间的客家族群认同建构——以客家联谊会QQ群为例》，《前沿》2014年第2期。

罗伯特·F. 波特、保罗·D. 博尔斯：《传播与认知科学：媒介心理生理学测量的理论与方法》，支庭荣等译，清华大学出版社，2012。

马丁·海德格尔：《存在与时间》（修订本），陈嘉映、王庆节译，生活·读书·新知三联书店，2014。

马梦娇：《基于互动仪式链理论的粉丝文化传播机制研究》，《今传媒》2018年第11期。

曼纽尔·卡斯特：《网络社会的崛起》，夏铸九、王志弘等译，社会科学文献出版社，2003。

孟伟：《网络游戏中的互动传播——游戏中的游戏者分析》，《河南社会

　　科学》2008 年第 3 期。

诺尔曼·丹森:《情感论》,魏中军、孙安迹译,辽宁人民出版社,1989。

诺曼·K. 邓津、伊冯娜·S. 林肯主编《定性研究策略与艺术》,风笑天
　　等译,重庆大学出版社,2007。

帕森斯:《社会行动的结构》,张明德等译,译林出版社,2003。

潘曙雅、张煜祺:《虚拟在场:网络粉丝社群的互动仪式链》,《国际新
　　闻界》2014 年第 9 期。

彭兰:《网络传播概论》,中国人民大学出版社,2001。

皮埃尔·布迪厄、华康德:《实践与反思——社会学导引》,李猛、李康
　　译,中央编译出版社,2004。

齐格蒙特·鲍曼:《共同体》,欧阳景根译,江苏人民出版社,2007。

齐瓦·孔达:《社会认知——洞悉人心的科学》,周治金、朱新秤译,人
　　民邮电出版社,2013。

乔纳森·特纳、简·斯戴兹:《情感社会学》,孙俊才、文军译,上海人
　　民出版社,2007。

乔纳森·特纳:《人类情感——社会学的理论》,孙俊才、文军译,东方
　　出版社,2009。

乔治·H. 米德:《心灵、自我与社会》,赵月瑟译,华夏出版社,1998。

丘海雄、张应祥:《理性选择理论述评》,《中山大学学报》(社会科学
　　版) 1998 年第 1 期。

任娟娟:《网络穆斯林社群社会记忆的建构——对中国穆斯林网站 BBS
　　社群的个案研究》,硕士论文,兰州大学,2006。

斯宾塞:《心理学原理》,载蒋孔阳主编《十九世纪西方美学史(英法美
　　卷)》,复旦大学出版社,1990。

隋岩:《论网络语言对个体情绪社会化传播的作用》,《国际新闻界》2020
　　年第 1 期。

唐纳德·诺曼:《设计心理学 3:情感化设计》,何笑梅、欧秋杏译,中
　　信出版社,2015。

特克·S:《虚拟化身:网路世代的身份认同》,谭天、吴佳真译,远流
　　出版事业股份有限公司,1998。

特伦斯·霍克斯:《结构主义和符号》,瞿铁鹏译,刘峰校,上海译文出

版社，1997。

王宁：《消费社会学一个分析的视角》，社会科学文献出版社，2001。

王鹏、林聚任：《情感能量的理性化分析——试论柯林斯的"互动仪式市场模型"》，《山东大学学报》（哲学社会科学版）2006年第1期。

王武召：《社会交往论》，北京大学出版社，2002。

王希恩：《民族过程与国家》，甘肃人民出版社，1998。

王昀：《另类公共领域？——线上预习社区之检视》，《国际新闻界》2015年第8期。

王喆：《"为了部落"：多人在线游戏玩家的结盟合作行为研究》，《国际新闻界》2018年第8期。

维特根斯坦：《哲学研究》，陈嘉映译，上海世纪出版集团，2001。

吴迪，严三九：《网络亚文化群体的互动仪式链模型探究》，《现代传播》2016年第3期。

吴飞：《火塘·教堂·电视——一个少数民族社区的社会传播网络研究》，光明日报出版社，2008。

吴汝钧：《游戏三昧：禅的实践与终极关怀》，学生书局，1993。

席勒：《审美教育书简》，张玉能译，译林出版社，2012。

谢金林：《情感与网络抗争动员——基于湖北石首事件的个案分析》，《公共管理学报》2012年第1期。

徐静：《认同、权力、资本：青少年网络游戏中的情感研究》，博士学位论文，浙江大学，2015。

燕保珠：《眼动研究在网站可用性测试中的应用》，硕士学位论文，北京邮电大学，2011。

杨富春、周敏：《新媒介环境中网络亚文化族群的表现及分析》，《编辑学刊》2012年第4期。

杨国斌：《悲情与戏谑：网络事件中的情感动员》，《传播与社会学刊》2009年第9期。

杨宜音：《"社会认同的理论与经验研究"工作坊召开研讨会》，《社会学研究》2005年第4期。

姚纪纲：《交往的世界——当代交往理论探索》，人民出版社，2002。

姚新勇：《网络、文学、少数民族及知识—情感共同体》，《江苏社会科学》2008 年第 2 期。

喻国明、耿晓梦：《从游戏玩家的类型研究到未来线上用户的特质模
　　型——兼论游戏范式对于未来传播研究的价值》，《当代传播》2019 年
　　第 3 期。

袁光锋：《公共舆论中的"情感"政治：一个分析框架》，《南京社会科
　　学》2018 年第 3 期。

袁光锋：《互联网空间中的"情感"与诠释社群——理解互联网中的
　　"情感"政治》，《中国网络传播研究》2014 年第 8 辑。

袁靖华：《大众传媒的符号救济与新生代农民工的城市融入——基于符号
　　资本的视角》，《新闻与传播研究》2011 年第 1 期。

约翰·菲斯克：《传播符号学理论》，张锦华等译，远流出版事业有限公
　　司，1995。

约翰·赫伊津哈：《人：游戏者》，成穷泽，贵州人民出版社，1998。

约翰·赫伊津哈：《游戏的人：文化中游戏成分的研究》，何道宽译，花
　　城出版社，2007。

岳伟：《批判与重构——人的形象重塑及其教育意义探索》，华中师范大
　　学出版社，2009。

曾群：《青少年失业与社会排斥风险》，上海学林出版社，2006。

翟本瑞：《连线文化》，南华大学社会学研究所，2002。

詹姆斯·凯瑞：《作为文化的传播："媒介与社会"论文集》，丁未译，
　　华夏出版社，2005。

张军、储庆：《微观与宏观社会学理论融合的经典路向——以吉登斯与柯
　　林斯为例》，《安徽农业大学学报》（社会科学版）2007 年第 3 期。

张夷君：《虚拟社群信任对消费者网络团购意愿影响之研究》，博士学位
　　论文，复旦大学，2010。

张屹：《基于"互动仪式链"的网络文学虚拟社区研究》，《当代文坛》
　　2017 年第 1 期。

张玉佩：《穿梭虚拟世界的游戏少年：他/她们的社会资本之累积与转
　　换》，《中华传播学刊》2013 年 6 月（总）第 23 期。

张玉佩：《游戏、人生：从线上游戏玩家探讨网路世界与日常生活的结
　　合》，《新闻学研究》2009 年第 1 期。

张玉璞:《基于互动仪式链理论的青年弹幕互动仪式作用机制研究》,《当代青年研究》2018 年第 3 期。

张智庭:《激情符号学》,《符号与传媒》2011 年第 3 期。

赵毅衡:《符号学》,南京大学出版社,2012。

赵毅衡:《关于认知符号学的思考:人文还是科学?》,《符号与传媒》2015 年第 2 期。

钟建安、张光曦:《进化心理学的过去和现在》,《心理科学进展》,2005 年第 5 期。

钟智锦:《互联网对大学生网络社会资本和现实社会资本的影响》,《新闻大学》2015 年第 3 期。

钟智锦:《使用与满足:网络游戏动机及其对游戏行为的影响》,《国际新闻界》2010 年第 10 期。

周涛:《Wiki 社群的社会网络分析》,硕士学位论文,华东师范大学,2005。

朱丹红,吴自强,黄凌飞:《网络游戏中的社会互动与认同》,《兰州大学学报》(社会科学版)2013 年第 5 期。

朱国玮:《神经营销学:认知、购买决策与大脑》,湖南大学出版社,2012。

朱伟珏:《资本的一种非经济学解读》,《社会科学》2005 年第 6 期。

诸葛达维:《传播符号学跨学科研究的新视角:认知神经科学方法》,《符号与传媒》2017 年第 1 辑。

诸葛达维:《互联网时代的弹幕电影分析——基于互动仪式链视角》,《新闻界》2015 年第 3 期。

诸葛达维:《游戏社群情感传播的互动仪式机制研究》,《浙江传媒学院学报》2018 年第 1 期。

诸葛达维:《游戏社群情感团结和文化认同的动力机制研究》,《现代传播(中国传媒大学学报)》2019 年第 2 期。

诸葛达维:《政治社会化与互动仪式链:主流媒体新闻游戏的价值传播研究》,《中国出版》2021 年第 11 期。

宗争:《游戏学:符号学叙述学研究》,四川大学出版社,2014。

二　英文参考文献

Aldler, P. R. and Christopher. J. A, *Internet Community Primer: Overview and*

Business Opportunities (Digital Places, 1998).

Ang, CS et al. , "Social Roles of Players in MMORPG Guilds : a Social Network Analytic Perspective," *Information Communication & Society*, 13 (1 – 4), 2010, pp. 592 – 614.

Armon-Jones, C. , "The Social Functions of Emotion," in Harré, Rom, ed. , *The Social Construction of Emotions* (New York, NY: Blackwell, 1986), pp. 57 – 82.

Barber, B. , *The Logic and Limits of Trust* (Brunswick: New Rutgers University Press, 1983).

Birgitte Holm Sørensen, "Online Games: Scenario for Community and Manifestation of Masculinity," *Nora Nordic Journal of Womens Studies*, 11 (3), 2003.

Boudreau, K and Consalvo, M. , "Families and Social Network Games," *Information Communication & Society*, 17 (9), 2014.

Bourdieu Pierre, *The Field of Cultural Production: Essays on Art and Literature* (Columbia University Press, 1993).

Cantamesse Matteo et al. , "Interweaving Interactions in Virtual Worlds: a Case Study," *Studies in Health Technology and Informatics*, 167, 2011.

Choi B. and Kim J. , "Why People Continue to Play Online Games: In Search of Critical Design Factors to Increase Customer Loyalty to Online Contents," *Cyberpsychology & Behavior*, 7 (1), 2004.

Choi B. , et al. , "Collaborate and Share: An Experimental Study of the Effects of Task and Reward Interdependencies in Online Games," *Cyberpsychology & Behavior*, 10 (4), 2007.

Clifford Geertz, *The Interpretation of Cultures* (New York: Basic Books, 1973).

Cole H. and Griffiths MD. , "Social Interactions in Massively Multiplayer Online Role-playing Gamers," *Cyberpsychology& Behavior*, 10 (4), 2007.

Collins, *Conflict Sociology: Toward an Explanatory Science* (New York: Academic Press, 1975).

Crawford. G. and Rutter J. , "Digital Game and Culture Studies," in J. Rutter & J. Bryce, eds. , *Understading Digital Games* (London UK: SAGE,

2006).

Crawford Garry, Gosling Victoria K. & Light Ben, *Online Gaming in Context*: *the Social and Cultural Significance of Online Games* (Routledge, New York, 2011).

Cuihua Shen and Wenhong Chen, "Gamers' Confidants: Massively Multiplayer Online Game Participation and Core Networks in China," *Social Networks*, 40, 2015.

Durkheim E. , *The Elementary Forms of the Religious Life* (New York: Free Press, 1912/1965).

Edward Shils, "Primordial, Personal, Sacred and Civil Ties: Some Particular Observation on the Relationships of Sociological Research and Theory," *The British Journal of Sociology*, 8 (2), 1957.

Ekstrom M. , et al. , "Spaces for Public Orientation? Longitudinal Effects of Internet Use in Adolescence," *Information Communication & Society*, 17 (2), 2014.

Elson, M. , et al. , " More than Stories with Buttons: Narratives Mechanics and Context as Determinant of Player Experience in Digital Games," *Journal of Communication*, 64 (3), 2014.

Erika Summers-Effler, "A Theory of the Self, Emotion, and Culture," *Advances in Group Processes*, 21, 2004.

Erika Summers-Effler, "Ritual Theory," in J. E. Stets and J. Turner, eds. , *Part of the Series Handbooks of Sociology and Social Research* (New York: Springer Link, 2010).

Erin L. O'Connor. et al. , "Sense of Community, Social Identity and Social Support Among Players of Massively Multiplayer Online Games (MMOGs): A Qualitative Analysis," *Journal of Community & Applied Social Psychology*, 25 (6), 2015.

Felix Reer and Nicole C. Krämer, "Underlying Factors of Social Capital Acquisition in the Context of Online-gaming: Comparing World of Warcraft and Counter-Strike," *Computers in Human Behavior*, 36, 2014.

Francis Dalisay et al. , "Motivations for Game Play and the Social Capital and

Civic Potential of Video Games," *New Media & Society*, 17 (9), 2015.

Fredlik Barth, *Ethnic Groups and Boundaries: The Social Organization of Culture Difference* (Boston MA: Little Brown and Company, 1969).

Frostling-Henningsson, M. , "First-Person Shooter Games as a Way of Connecting to People: 'Brothers in Blood'," *Cyberpsychology & Behavior*, 12 (5), 2009.

Goodman, Bryna, "Appealing to the Public. Newspaper Presentation and Adjudication of Emtion," *Twentith-Century China*, 3 (2), 2006.

Grodal T. , "Video Game and the Pleasures of Control," in D. Zillmann & P. Vorderer, eds. , *Media Entertainnment: The Psychology of its Appeal* (Mahwah, NJ: Lawrence Eribaum Associates, 2000).

Hagel III, J. and Armstrong, A. G. , *Net Gain: Expanding Markets through Virtual Communities* (Boston MAHarvard Business School Press, 1997).

Hainey Thomas et al. , "The Differences in Motivations of Online Game Players and Offline Game Players: A Combined Analysis of Two Studies at Higher Education Level," *Computers & Education*, 57 (4), 2011.

Hammarstrom G. , "The Construct of Intergenerational Solidarity in a Lineage Perspective: A Discussion on Underlying Theoretical Assumptions," *Journal of Aging Studies*, 19 (1), 2015.

Jacobs S, Allen R T. , *Emotion, Reason, and Tradition: Essays on the Social, Political and Economic Thought of Micheal Polanyi* (Burlington, VT: Ashgate, 2005).

Jakob Nielsen, *Why You Only Need to Test with 5 Users*, 2000.

Jeffrey Alexander, "Core Solidarity, Ethnic Outgroup, and Social Differentiation: A Multidimensional Model of Inclusion in Modern Societies," in J. Dofney and A. Akiwowo, eds. , *National and Ethnic Movements* (London Sage, 1980).

Jesper Juul, *The Game, the Player, the World: Looking for a Heart of Gameness, Digital Games Research Conference Proceedings*edited by Marinka Copier and Joost Raessens (Utrecht University, 2003).

Jingbo Meng, et al. , "Channels Matter: Multimodal Connectedness, Types of

Co-Players and Social Capital for Multiplayer Online Battle Arena Gamers," *Computers in Human Behavior*, 52, 2015.

J. Weeks, *The Value of Differencein Identity*: *Community*, *Culture*, *Difference* (Londen & Iahart, 1998).

Kobayashi Tetsuro, "Bridging Social Capital in Online Communities: Heterogeneity and Social Tolerance of Online Game Players in Japan," *Human Communication Research*, 36 (4), 2010.

Lange, PG., "Learning Real-Life Lessons From Online Games," *Games and Culture*, 6 (1), 2011.

Leung, L., "College Student Motives for Chatting on ICQ," *New Media & Society*, 3 (4), 2001.

McMillan, D. W. & D. M. Chavis, "Sense of Community: A Definition and Theory," *Journal of Community Psychology*, 14 (1), 1986.

Michael P. McCreery et al., "Social Interaction in a Virtual Environment: Examining Socio-Spatial Interactivity and Social Presence Using Behavioral Analytics," *Computers in Human Behavior*, 51, 2015.

Mihaly Csikszentmihalyi, *The Psychology of Optimal Experience* (New York: Harper Collins Publishers, 1991).

M. Jakobsson and TL. Taylor, The Sopranos Meets Ever Quest: Social Networking in Massively Multiplayer Online Games (MelbourneDAC, 2003).

Molyneux, L., et al., "Gaming Social Capital: Exploring Civic Value in Multiplayer Video Games," *Journal of Computer-Mediated Communication*, 20 (4), 2015.

Pena, J. and Hancock, JT., "An Analysis of Socioemotional and Task Communication in Online Multiplayer Video Games," *Communication Research*, 33 (1), 2006.

Privette, G., "Peak Experience, Peak Performance, and Flow: A Comparative Analysis of Positive Human Experience," *Journal of Personality and Social Psychology*, 45 (6), 1983.

Rachel Kowert, et al., "Unpopular, Overweight, and Socially Inept: Reconsidering the Stereotype of Online Gamers," *Cyberpsychology*, *Behavior*, *and Social Networking*, 17 (3), 2014.

Reid and Elizabeth, "Virtual Worlds: Culture and Imagination," in S. G. Jones, ed., *Cybersociety Computer-Mediated Communication and Community*, 1995.

Rheingold, H., *Virtual Community: Homesteading on the Electronic Frontier* (Reading, Mass., Addison. -Wesley Inc, 1993).

Richard Bartle, Who Plays MUAs? Comms Plus!, October/November, 1990.

Richard, R., "*Game Design: Theory & Practice* (Plano, Texas: Wordware Publishing, Inc, 2001).

Robert Anchor, "History and Play: Johan Huizinga and His Critics," *History and Theory*, 17 (1), 1978.

Romm, C., N. et al., "Virtual Communities and Society: Toward an Integrative Three Phase Model," *International Journal of Information Management*, 17 (4), 1997.

Schmierbach, M., et al., "Electronic Friend or Virtual Foe: Exploring the Role of Competitive and Cooperative Multiplayer Video Game Modes in Fostering Enjoyment," *Media Psychology*, 15 (3), 2012.

Schonbrodt, FD. and Asendorpf, JB., "Virtual Social Environments as a Tool for Psychological Assessment: Dynamics of Interaction With a Virtual Spouse," *Psychological Assessment*, 23 (1), 2011.

Seokshin Son. et al., "Analysis of Context Dependence in Social Interaction Networks of a Massively Multiplayer Online Role-Playing Game," *PLOSONE*, 7 (4), 2012.

Shen, CH., "Network Patterns and Social Architecture in Massively Multiplayer Online Games: Mapping the Social World of Ever Quest II," *New Media & Society*, 16 (4), 2014.

Steinkuehler, C. and Williams, D., "Where Everybody Knows Your (Screen) Name: Online Games as 'Third Places'," *Journal of Computer-Mediated Communication*, 11 (4), 2006.

Stephens. G. L., "Cognition and Emotion in Peirce's Theory of Mental Activity," transactions of *Charles Sanders Peirce Society*, 2 (spring issue), 1981.

Stephen Van E., "Primodialism Lives!" *APAS-CP: Newsletter of the Organ-*

ized Selection in Comparative Politics of the American Political Science Association 12 （1）, 2001Tajfel, *Differentiation between Social Groups*: *Studies in the Social Psychology of Intergroup Relations. Chapters*1-3 （London: Academic Press, 1978）.

Steven L. Gordon, "Institutional and Orientations in Selectively Appropriating Emotions to Self," in D. D. Franks & E. D. McCarthy, eds. , the *Sociology of Emotions*: *Original Essays and Research Papers* （Greenwich, CT: JAI Press, 1989）.

Tajfel H. and J. C. Turne, "The Social Identity Theory of Intergroup Behavior," in Worchel S, Austin W, eds. , *Psychology of Intergroup Relations* （Nelson Hall: Chicago, 1986）.

Tooby, J and Cosmides, L. "Evolutionary Psychology and the Generation of Culture, Part I: Theoretical Considerations," *Ethology and Sociobiology*, 10, 1989.

Wallace R A, A Wolf, *Contemporary Sociological Theory*: *Expanding the Classical Tradition*, 6*th ed* （Upper SaddleRiver, NJ: Pearson, 2006）.

Williams, JP and Kirschner, D. , "Coordinated Action in the Massively Multiplayer Online Game World of Warcraft," *Symbolic Interaction*, 35 （3）, 2012.

Willson, M. , "Social Games as Partial Platforms for Identity Co-Creation," *Media International Australia*, 154, 2015.

Yee, N, "Motivations for Play in Online Games," *Cyberpsychology & Behavior*, 6, 2006a.

Yee, N. , "The Demographic, Motivations and Derived Experiences of Users of Massive-Multiuser Online Graphical Environments," *Teleoperators and Virtual Environments*, 15, 2006b.

Zhang F and Kaufman D. , "Older Adults' Social Interactions in Massively Multiplayer Online Role-Playing Games （MMORPGs）," *Games and Culture*, 11 （1 − 2）, 2016.

三　网页文章与数据报告

199IT：《Newzoo：中国重度游戏玩家高于全球平均水平》, http：//www.

199it. com/archives/882341. html.

艾瑞咨询:《2015 中国二次元行业报告》，2015 年 6 月。

艾瑞咨询:《2015 中国二次元用户报告》，2015 年 6 月。

艾瑞咨询:《2019 年中国游戏直播行业研究报告》，2019 年 6 月。

艾瑞咨询:《2021 年中国二次元产业研究报告》，2021 年 10 月。

北京津发科技股份有限公司:《利用眼动追踪技术测试 Guerrilla Games 公司游戏产品〈杀戮地带 3〉的用户体验》，http://www. kingfar. cn/newsShow_ 66. html.

Crawford, C. , 2017, "*The Art of Computer Game Design*", From http://www. vancouver. wsu. edu/fac/peabody/game-book/Coverpage. html.

ESA:《美国网络游戏玩家平均年龄 37 岁》，http://news. 17173. com/content/2012 - 01 - 13/20120113163622747. shtml.

卢彦:《社群 +:互联网 + 企业行动路线图》，转引自《互联网 + 社群方法论:九阳神功（因为太干，所以很长)》，新浪博客，http://blog. sina. com. cn/s/blog_ 14ccb27a10102w4hj. html.

企鹅智酷:《2015 年中国移动社群生态报告》，2015 年。

搜狐 IT:《主播年薪超千万元 游戏直播平台挖角大战白热化》，http://it. sohu. com/20150130/n408221278. shtml.

速途研究院:《2015 互联网社群发展研究报告》，2015 年 7 月 8 日。

腾讯科技:《〈牛津词典〉2015 年年度词汇:一个 Emoji 表情》，http://tech. qq. com/a/20151117/062213. htm.

游迅网:《2014 年全球游戏产业报告:日本玩家最爱花钱、美国产值最高》，http://www. yxdown. com/news/201407/129458. html.

《易观智库 & 中国移动社群生态报告 2015》，转引自搜狐公众平台:《90 后社交行为调查报告，95 后基本不玩微信》，http://mt. sohu. com/20150810/n418485976. shtml.

仙剑后援会官方主页:http://www. softstar. net. cn/news/palhyh/.

仙剑奇侠传六官网公告:http://pal6. changyou. com/2015/synthesize_ 07 09/415. html.

新浪游戏:《揭秘百度贴吧:中国最大的游戏粉丝组织》，http://games. sina. com. cn/y/n/2015 - 09 - 09/fxhqhuf8257393. shtml.

中国音像与数字出版协会游戏出版工作委员会（GPC）、国际数据公司
　　（IDC）:《2019年中国游戏产业报告（摘要版）》，中国书籍出版社，
　　2019年12月。

中国互联网信息中心:《第44次中国互联网络发展状况统计报告》，2019
　　年8月。

附　录

附录一　实验被试人口统计学信息

本书中的实验研究被试总共招募 58 名被试，剔除 3 名无效被试，共招募有效被试 55 人，其中男性 33 人，女性 22 人。被试平均年龄 23.3，方差 2.9；被试平均游戏年龄 12.3，方差 3.8。眼动实验主要在 2016 年 3—4 月在浙江大学传媒与国际文化学院 985 新媒体实验室进行。具体被试人口统计学信息如下表（见附表 1－1）。

附表 1－1　游戏眼动实验被试人口统计学信息

编号	性别	年龄	开始接触游戏的年龄	玩过的游戏类型
M01	男	26	12	竞技、射击类、手游
M02	男	26	12	竞技、网游、手游
M03	男	26	12	角色扮演类、射击类、手游
M04	男	26	11	网游、电竞、手游
M05	男	26	11	竞技、动作类、角色扮演类
M06	男	23	12	卡牌、电竞
M07	男	22	4	几乎所有类型都玩过
M08	男	22	8	电竞、休闲、网游
M09	男	20	9	几乎所有类型都玩过
M10	男	21	15	网游、手游
M11	男	21	9	竞技、闯关、休闲
M12	男	21	7	几乎所有类型
M13	男	21	19	网游、手游、电竞
M14	男	25	7	体育类、动作类、电竞
M15	男	21	10	电竞类、体育类、射击类

编号	性别	年龄	开始接触游戏的年龄	玩过的游戏类型
M16	男	24	7	体育类、动作类、角色扮演类
M17	男	24	10	电竞、角色扮演、射击类
M18	男	23	13	体育类、电竞、角色扮演类
M19	男	22	10	竞技、RPG、射击类
M20	男	24	13	射击类、电竞
M21	男	23	10	MOBA、卡牌
M22	男	30	13	基本都玩过
M23	男	23	7	射击类、战役类
M24	男	21	9	RPG、MOBA、电竞
M25	男	22	10	竞技、养成
M26	男	26	13	战略、竞技、射击、体育
M27	男	28	12	基本都玩过
M28	男	24	11	射击类、即时战略、运动模拟
M29	男	19	10	MOBA、格斗
M30	男	21	9	电竞、RPG
M31	男	19	12	第一人称射击
M32	男	28	9	基本都玩过
M33	男	32	12	基本都玩过
F01	女	20	10	电竞、网游、手游
F02	女	21	10	休闲类、动作类
F03	女	21	13	基本都有玩过
F04	女	22	10	休闲、RPG、射击类
F05	女	22	12	战棋、网游、休闲、单机
F06	女	21	13	电竞、RPG、小游戏、闯关
F07	女	21	12	竞技、闯关、角色扮演类
F08	女	22	14	休闲类、闯关类、RPG、射击类、
F09	女	22	15	电竞、角色扮演类、小游戏
F10	女	21	9	竞技、RPG、小游戏、单机
F11	女	22	10	几乎所有类型

编号	性别	年龄	开始接触游戏的年龄	玩过的游戏类型
F12	女	21	15	手游
F13	女	24	19	手游、动作类
F14	女	23	8	休闲类、手游
F15	女	28	8	竞技、射击类、体育类
F16	女	22	9	竞技、闯关
F17	女	27	13	休闲类、动作类、角色扮演类
F18	女	22	8	手游、闯关类、角色扮演类
F19	女	23	15	动作类、益智类、RPG、棋牌类
F20	女	22	9	闯关、MOBA
F21	女	30	14	闯关、单机、手游
F22	女	27	14	网游、手游

附录二　访谈玩家人口统计学资料

本研究共招募访谈对象 24 名，其中男性访谈对象 19 名，女性访谈对象 5 名。访谈对象的平均年龄为 22.8，平均游戏年龄为 13.2。大部分为在校大学生，少部分为刚就业的青年。访谈主要于 2015—2016 年在与玩家的线下接触中完成。其中，"小 2 逍遥""枫铃""JM""YYHF""YMC""伊卡""圈圈"是游戏玩家社群中的领导者或管理员，其余访谈对象均为游戏社群一般成员。

附表 2－1　访谈玩家的基本资料

编号	昵称	性别	年龄	开始接触游戏的年龄	常玩游戏类型
01	小 2 逍遥	男	23	8	角色扮演、手游
02	枫铃	男	23	8	角色扮演、手游
03	HF	男	21	10	几乎所有
04	JM	男	23	8	角色扮演
05	YYHF	男	21	10	角色扮演

编号	昵称	性别	年龄	开始接触游戏的年龄	常玩游戏类型
06	哲轩	男	21	8	角色扮演、策略类
07	QM	男	21	9	几乎所有
08	WD	男	26	8	几乎所有
09	SY	男	27	8	几乎所有
10	FZK	男	28	8	角色扮演、射击类
11	Oasis	男	22	10	射击类、策略类
12	GC	男	21	10	竞技类、策略类
13	BLM	男	21	10	竞技类、射击类
14	Bill	男	29	8	几乎所有
15	YMC	男	23	11	几乎所有
16	KN	男	21	9	角色扮演、电竞类
17	YZ	男	19	12	射击类
18	SZY	男	21	10	电竞类、射击类
19	SZW	男	21	10	电竞类、射击类
20	少女花菜菜	女	26	10	几乎所有
21	伊卡	女	26	12	角色扮演
22	二次元 CY	女	22	9	电竞类、闯关类
23	ST	女	21	11	角色扮演、休闲类
24	圈圈	女	20	13	角色扮演

后　记

　　从进入浙江大学攻读博士学位开始，我就专注于情感传播与游戏社群研究。其间，我从传播符号学、认知神经科学、情感社会学等学科入手，为该研究的开展进行了多角度的探索，最终于 2016 年形成了博士论文《情感交往与社群团结研究——以电子游戏的互动仪式链为视角》。当时，博士论文匿名评阅人指出："该研究能够站在网络文化发展的前沿，以电子游戏玩家的互动仪式链为研究对象，依托传播符号学、情感社会学、互动仪式链等理论，从电子游戏的情感互动视角，切入人类情感交往与社群团结的议题，展开对互联网等虚拟情境互动建构的社会关系以及在虚拟空间交往过程中情感的抒发所达到的文化认同、族群认同的分析，较为准确地提出了自己的观点。其次，论文结构严谨，逻辑性较强，文字表述清晰，分析较为透彻，具有一定的理论深度和实用价值。"评阅人的评价，使我更加坚定从事这一领域研究的信心。于是，博士毕业后，我在博士论文基础上结合近几年游戏产业的发展情况，对其进行了进一步的修改与完善，最终在浙江省哲学社会科学规划后期资助项目的资助下，完成了《社群交往与情感团结——对网络游戏社群的互动仪式链观察》一书。在此，感谢浙江省社科联对我研究的大力支持。

　　同时，我也要对研究开展期间给予我帮助的各位同仁表示衷心的感谢。首先，十分感谢以"小 2 逍遥"（李仑博）为代表的仙剑后援会成员给本研究提供的现场资料与访谈，感谢民族志研究中的各位游戏玩家，是你们的配合，为本研究助力了可靠的经验材料。其次，我也要感谢"浙江大学 985 新媒体实验室"对本书实验部分的大力支持，为本研究的创新提供了科学的支持。同时，我还要感谢以我的导师李思屈教授、师母李涛教授为代表的浙江大学"西溪符号学派"对我的指导与帮助，是你们的谆谆教导为我开启了学术之路。此外，我还要感谢研究中出现的游戏企业，是你们的优秀作品为本研究的展开提供了丰富多彩的次元世界。

  在本书完成之际，元宇宙概念横空出世、EDG 电竞夺冠等成为热点事件。这说明，融合了虚拟与现实的游戏世界与充满活力的游戏社群不仅具有理论研究意义，而且具有显著的现实与未来意义。希望本书的出版能够为学术界的相关研究和行业界的实践探索提供一定的参考价值，为人们多角度认识网络游戏及其社群提供有益的帮助。

诸葛达维

2021 年 10 月 25 日于杭州

图书在版编目（CIP）数据

社群交往与情感团结：对网络游戏社群的互动仪式
链观察 / 诸葛达维著. -- 北京：社会科学文献出版社，
2021.12（2023.4 重印）
　ISBN 978 - 7 - 5201 - 9442 - 6

　Ⅰ.①社…　Ⅱ.①诸…　Ⅲ.①网络游戏 - 社会心理学
- 研究　Ⅳ.①G898.3②C912.6 - 0

　中国版本图书馆 CIP 数据核字（2021）第 247314 号

社群交往与情感团结
　　——对网络游戏社群的互动仪式链观察

著　　者 / 诸葛达维

出 版 人 / 王利民
责任编辑 / 谢蕊芬　孙　瑜
责任印制 / 王京美

出　　版 / 社会科学文献出版社·群学出版分社（010）59367002
　　　　　地址：北京市北三环中路甲 29 号院华龙大厦　邮编：100029
　　　　　网址：www. ssap. com. cn
发　　行 / 社会科学文献出版社（010）59367028
印　　装 / 唐山玺诚印务有限公司

规　　格 / 开　本：787mm × 1092mm　1/16
　　　　　印　张：17.25　字　数：277 千字
版　　次 / 2021 年 12 月第 1 版　2023 年 4 月第 2 次印刷
书　　号 / ISBN 978 - 7 - 5201 - 9442 - 6
定　　价 / 98.00 元

读者服务电话：4008918866